コミュニティの創造的探求

公共社会学の視点

金子 勇

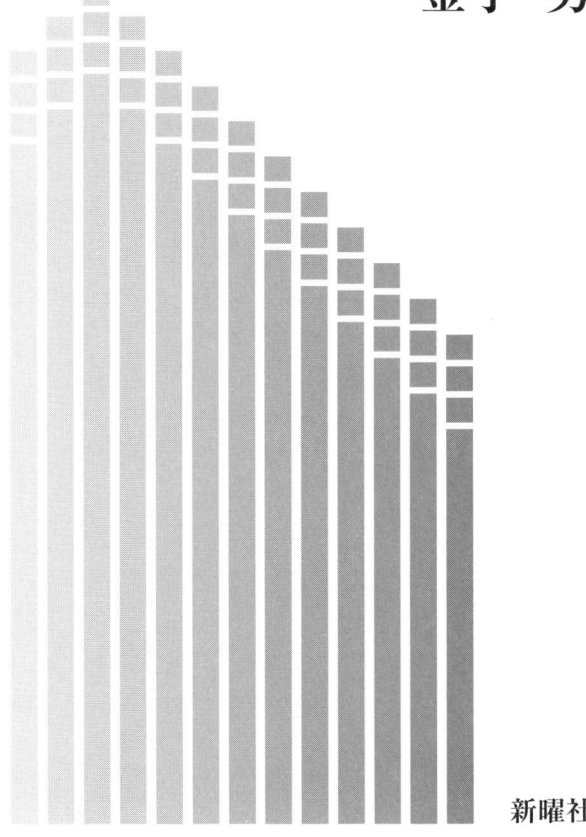

新曜社

はじめに

　本書は，日本はもとより世界各国においても，枕詞として語られたり，ユートピアモデルとして使用される頻度が高いコミュニティ概念に，都市化，高齢化，少子化，国際化が同時進行する転換期にふさわしい解釈をほどこして，その効用を高めようとする試みである。全体を貫くテーマは，現代都市市民の離散した関心を，社会全体を基盤にした共同関心に向けて，どのような方法で収斂させるかにある。そのために，理論（theory）と現場（theater）は同根であるという前提から，私自身が 35 年間行ってきた 15 都市での社会調査の結果と経験を，既存の包括的なコミュニティ学説にさまざまなレベルで融合させた。
　また，「少子化する高齢社会」に突入した現代日本では，多くの点でコミュニティ・ケアをもっと豊かにする必要があるという前提から，本書では枕詞としてのコミュニティを超えて，コミュニティの創造的側面を強調してみた。
　私の実証的な研究課題は，「都市化とコミュニティ」，「高齢化と地域福祉」，「少子化と子育て支援」に三分されるが，その根底にコミュニティ社会システム論を置き，経験的に実証可能なコミュニティ理論の探求を心がけてきた。日常語を超えて学術用語と政策用語を兼ねるコミュニティに，実践的有効性が感じ取れる意味内容を補填して，実際の成果としてコミュニティづくりに応用できる具体的方法を明らかにするように努めた。総合的結論を先取りすると，コミュニティの創造には，個人間の互いの親しさだけではなく，集合的目標の共有と協働こそが肝要であるに尽きる。
　本書のテーマの筆頭は，地域社会における相互性と互恵性の意識からなる集合的関係の有無である。一定の生活空間において，成員に共有される感情的結合と強い愛着が「心の習慣」になる。それは，集合的凝集性と永続性を生み出

す互恵性，義務感，道徳的感情などを総合化した心の状態である。ここから成員間に潜在的・顕在的に認められる社会目標の形成，個人を超えた組織的な集合体活動や社会運動の存在，それらの総合作用として強弱に揺れる個人の帰属感などが論点として引き出された。

個別のテーマは，限られた空間・場所・地理的範域としてのコミュニティ，成員に共有された理想とそれが具体化された社会目標としてのコミュニティ，ソーシャル・キャピタルの内実としてのコミュニティ，成員の帰属対象としてのコミュニティ，集合体として活動するコミュニティなどであった。とりわけ集合体活動の分析に力点をおいたのは，そこに災害や非常時の合法的な支配，権威，リーダーシップが顕在化するからである。同時に集合性そのものもまた，連帯性と凝集性，結合と参加を維持する価値基盤になりうるかどうかを，多方面から論じた。

本書の企画は5年前に遡るが，それからは試行錯誤の連続であった。この期間，編集部の小田亜佐子氏からは，『マクロ社会学』(1993年) の時と同じように，細やかな注意点と適切なコメントをたくさん頂戴した。また出版に際しては塩浦暲社長に格別のご配慮をいただいた。お二人に心より感謝を申しのべたい。それらに応えるべく，各章ごとの論点を積み上げ，コミュニティの全体像を描こうと努めた。

本書のコミュニティ研究は社会学分野に限定してはいるものの，内容としてはコミュニティづくりに関心をもつすべての市民，行政関係者，マスコミに開かれたものなので，今後の「少子化する高齢社会」と地域福祉の探求に参考にしていただければ幸いである。

  2011年1月8日

                  金子　勇

目　次

はじめに　i

第1章　コミュニティ社会学の探求 ……………………… 1

　　第1節　コミュニティの多義性　1
　　第2節　コミュニティ理解の時代差　3
　　第3節　コミュニティの活性化論　9
　　第4節　都市のコミュニティ活動空間　14
　　第5節　福祉コミュニティ論　19

第2章　コミュニティの社会学史 ………………………… 27

　　第1節　多用されるコミュニティ　27
　　第2節　コミュニティの理論的探求　31
　　第3節　都市社会学におけるコミュニティ　40

第3章　コミュニティの応用社会学 ……………………… 49

　　第1節　フランスに見る個人主義社会　49
　　第2節　コミュニティの有効性　52
　　第3節　集合共生するコミュニティ　59
　　第4節　戦略的概念としてのコミュニティ　64
　　第5節　コミュニティの「公私問題」　67

第4章　コミュニティ研究の成果と継承 … 75

- 第1節　社会分析としての事例研究　75
- 第2節　『ミドルタウン』——コミュニティ研究の古典探求1　79
- 第3節　『ストリート・コーナー・ソサエティ』　92
　　　　　——コミュニティ研究の古典探求2
- 第4節　『心の習慣』——コミュニティ研究の古典探求3　98
- 第5節　コミュニティ研究の応用に向けて　106

第5章　コミュニティの福祉社会学 … 109

- 第1節　少子化対策の見直し　109
- 第2節　少子化する都市・札幌　115
- 第3節　コミュニティ・ケア論と児童虐待　119
- 第4節　コミュニティ・ケア研究における児童虐待防止　125
- 第5節　コミュニティ・ケア論の組み替え　130

第6章　コミュニティとソーシャル・キャピタル … 137

- 第1節　ソーシャル・キャピタルの有効性　137
- 第2節　ソーシャル・キャピタルと健康　145
- 第3節　高齢化する過疎社会　148
- 第4節　高齢者のコミュニティ生活と意識　154
- 第5節　コミュニティ・アクション論　158

第7章　サクセスフル・コミュニティの探求 … 163

- 第1節　社会負担としてのコミュニティ税　163
- 第2節　コミュニティの成長と発展　166
- 第3節　少子化克服のための社会資源　173
- 第4節　相違の恐怖の克服　183

参考文献　189
おわりに　205
人名索引・事項索引　208

装幀・図版制作　谷崎文子

第1章　コミュニティ社会学の探求

キーワード：生活の質（QOL），ソーシャル・キャピタル，結合定質，連帯性，凝集性，福祉コミュニティ，総合地域福祉システム，支えあい

第1節　コミュニティの多義性

学術用語としてのコミュニティ

「コミュニティ」は都市の現状を認識し分析する学術用語であり，合わせてより良い生活の質（QOL）*1 を求める方向を照らし出す政策用語として，個人あるいは政府・自治体，企業・団体の側からも活用されている。さらに都市の成長や発展を目的とした社会運動でもコミュニティづくりが議論され，社会成員にはコミュニティを通して「市民」としての地域社会参加と社会貢献が呼びかけられることも多い。ただ，コミュニティの意味は，長期間の使用によりかなり混乱を示してきた。

コミュニティ論についての学術的な再検討は，これまでにも時代のニーズを取り込みながら多方面から繰り返されてきた。「都市化とコミュニティ」はワースの「アーバニズム」論（Wirth, 1938＝1978）以降の標準的な問題設定であり，日本では1980年代まで続いた。しかし，高齢化が進む現代都市では，「都市化」よりも「都市高齢化」（金子, 1993）と位置づけるほうが，的確な実

---

*1　Quality of Life. 市民の暮らしよさ，豊かさ，幸福感を客観指標（都市施設や都市装置の現状）と主観指標（満足感や評価）で解明し，総合化した概念．GNPなどの経済指標では測れない生活の質（QOL）をとらえるための社会指標が，40年以上にわたり国連の機関や各国で研究されてきた．

表 1-1　コミュニティ再解釈の基準点

1. 実態としての存在	⟷	象徴的な存在
2. 目標としての有効性	⟷	手段としての有効性
3. 戦略としての現実性	⟷	動員できる可視性
4. 歴史性を帯びる概念	⟷	将来性に富む概念
5. ソーシャル・キャピタル	⟷	アイデンティティ意識
6. 社会システム	⟷	ソーシャル・キャピタル
7. 空間性を帯びる	⟷	空間を超越している
8. 政治社会的概念	⟷	精神文化的概念
9. 個人のボランタリー・アクションの集積	⟷	個人に外在し，拘束する集合体

（出典）金子（2009a: 261）を修正

態解明には有効である。「政策的コミュニティづくり」は高齢化の進行に伴って「地域福祉の構築」に変容した（金子，1997）。このような都市的動向が 20 世紀末まで続いた。

　21 世紀の日本では，高齢社会のもとで「少子化」の特徴が鮮明になったことを受けて，コミュニティ論の延長線上において「都市の少子化と地域子育て支援」が新しく課題になった（金子，2003）。そのように実際の都市社会現象とそれに深く関連する社会問題を分析・解明し，対応策を模索する際に，多様な立場から「コミュニティ」の再解釈が行われてきた。私はそれらの概略を検討して，大局的な観点から表 1-1 のようにまとめたことがある（金子，2009a: 261）。

実体か象徴か

　やっかいなことに，コミュニティとは実体か象徴かという判断でさえも，これまでの経験から簡単には得られない。コミュニティづくりを目標とするには，社会成員間にソーシャル・キャピタル*2 をはじめ多くの社会資源が必要である。ソーシャル・キャピタルとコミュニティを同一視する立場をとるならば，コミュニティは達成目標なのか，もしくは目標達成の条件なのか，速やかな決

---

*2　social capital. 個人がもつ社会的ネットワークとそこから生じる互酬性と信頼性の規範の総称．家族，親戚，友人など親しい関係から所属団体などの広い関係を含む．社会的ネットワークは 36 頁参照．

定が求められるであろう．また，コミュニティのゲマインシャフト概念（32頁）への親近性に配慮すると歴史的概念になるが，政策上の社会目標に転用すれば，将来性に関わる理念と内容を含むことになる．

パーソンズの社会システム論とコミュニティ研究を接合させた理論都市社会学者ともいうべきウォレン（Warren, 1972）のいう「社会システムとしてのコミュニティ」論も健在であり，コミュニティをソーシャル・キャピタルと見なす人々も学界の一部には根強く残っている（宮川・大守編，2004）．空間的な限定を優先するコミュニティ論と同時に，空間を超越したネット・コミュニティやビジュアル・コミュニティを志向することも可能である．思想史的には，政治社会的な意味合いとともに，精神文化としての使用法もコミュニティ論において並立してきた．

第2節　コミュニティ理解の時代差

50年間の推移

「社会関係の全様相がますます共同社会から遠ざかっている」（金子編，2003: 4）や「個人はただ自己の力をたのみ自己の力によって立つほかはない」（同上: 4）が高田保馬*3によって書かれたのは1953年のことであり，その先見の明には脱帽するしかない．なぜなら同じ状況が，半世紀後の日本ではますます強まっているからである．

高度成長期が終わった1970年代中期から，日本社会全体で私化（privatization）*4が蔓延して，私生活主義が突出し，全体社会レベルで利益社会化が鮮明になった．その空間的頂点に，「少子化する高齢社会」*5が進行する今日の大都市がある．そこでは社会軸となる連帯性（solidarité）が弱まり，したがって社会の共同性は衰弱し，個人の自己責任が声高に叫ばれつつも，疾病，失業，貧困などを原因として，個人生活の連続性（succession）が次第に困難となっ

---

*3　高田保馬（1883-1972）．日本最高の理論社会学者，経済学者．著書は100冊を越える．金子編『高田保馬リカバリー』（2003）で全体像がわかる．
*4　自己もしくは身近な小集団への関心が突出し，公的な視点や社会性に欠ける考え方ないしは行動様式．
*5　金子の用語．高齢社会の推進力として少子化に着目し，少子化対策と高齢化対策の融合を主張した．金子『少子化する高齢社会』（2006a）で全体像がわかる．

てきた。

結合定量と結合定質

　高田保馬の「結合定量の法則」に依拠すれば，個人の総社会関係量は変わらない。1955年には地域社会の成員同士の親密さが，そのまま成員のもつ総社会関係に占める親密さの質に直結した。これは，昭和20年代にきだみのる*6 が参与観察法によって描き出した，東京都恩方村の小さな集落世界が参考になる（きだ，1948〔1981〕；1963；1967）。55年の日本人にとって，親密な結合関係の相手としては身近な地域社会成員が大半を占めていた。しかし2005年の日本ではその傾向は消失して，せいぜい地元に残された親世代の一人暮らし高齢者にその痕跡が認められるだけになった。すなわち成員の総社会関係に占めるコミュニティの量と質が変容したのである。

　それは私が93年に提起した「結合定質の法則」（金子，1993: 64）とも整合する。これは，高田保馬の「結合定量」を応用して，人間は特に親しい関係をどこかに必ずもつとする法則である。親しさの基準は個人によってさまざまであるが，地域の社会関係が弱くても，地域とは無縁の友人，親戚，知人，ボランタリーな集団，「なじみ社会」（磯村，1959）などに親しい関係が広がり，コミュニティとしてではなく，別のどこかで親密な関係をもつという私の仮説が「結合定質の法則」である。

　人間の社会関係には量的な制約があり，同時に質的にも上限がある。すなわち500人との日常的な交流は不可能であり，15人との親密なつきあいも難しい。1955年のように個人の親しい関係の大半が地域社会内部で得られる時代もあり，50年後の個人志向が強い時代では，逆に地域社会を超越した友人や集団関係のなかで「親密な他者」が発見されることもある。

「黄落」時代のコミュニティ

　コミュニティを取り巻く高齢化が進んだ今日の状況を，「三丁目の夕日」の

---

　*6　本名山田吉彦（1895-1975）．パリ大学でモースに師事し，社会学・人類学を学ぶ．ファーブル『昆虫記』やレヴィ・ブリュル『未開社会の思惟』を翻訳．著書に『気違い部落周游紀行』（1948），『単純生活者の手記』（1963），『にっぽん部落』（1967）などがある．

第1章　コミュニティ社会学の探求

表 1-2　現代日本の地域社会における結節機関までの平均距離

機関	距離(km)
郵便局	1.1
小学校	1.1
公民館	1.3
警察署・交番	1.4
消防署	2.3
市町村役場	2.9
国公立病院	4.1
保健所	7.1
裁判所	7.4
税務署	7.6
社会保険事務所	9.9

（注）各機関までの平均距離は，各機関の圏内（日本の国土面積÷当該機関の設置数）を円と仮定し，その半径の2分の1とした

（資料）小学校，公民館数：文部科学省『平成13年度文部科学白書』，消防署数：総務省『平成13年度消防白書』，国公立病院数：厚生労働省『平成12年度医療施設調査』

（出典）総務省郵政企画管理局編『日本の郵便2002』（2002：3）

　時代と比較してみよう。まず，①内的要因としての高齢化に並行して外的要因としての国際化が進行したことによって，全体社会発の地域問題が普遍的になった。世界同時不況による地域経済の低迷や失業者の増加が，後者の典型的事例になる。それに伴って，②道路側溝が壊れ，公園のベンチが破損したというような，小社会としての町内発の地域問題の比重が軽くなる。他都市に通勤して就寝に帰るだけの「定時制市民」が大半でなくても，高齢化率*7が30％を越えた地方都市の現状では，世代によって町内の関心事が異なるために，地域社会全体に関わる問題を構成しえなくなった。

　個人が定住地を変える地域移動*8は年率5％程度に落ち着いたが，日常的な通勤や出張の範囲は拡大した。それは③個人行動圏の拡大として理解できる。札幌でも福岡でも，東京への日帰り出張は当たり前になった。その結果，居住地域に限定されるローカルな関心は後回しとなる。身近な隣人だけに依存するという「三丁目の夕日」の時代よりも，高速交通手段を前提に行動圏が広がった時代では，関係の選択力が強くなったのであり，徒歩15分圏内の地域社会を越えた結合関係が可能になった。もちろん表1-2のように，依然として徒歩圏内には，家族生活や地域生活を営むうえでの重要な機関が重なり合って存在する。

＊7　65歳以上人口が全人口に占める割合．7％を基準値として高齢化社会，14％を越えると高齢社会と呼ぶことが多い．

＊8　社会移動の一部であり，元の居住地を離れ，別の居住地に移り住むこと．職業上の地位の移動を含むことが多い．日常的な通勤・通学とは区別される．

図1-1　1955年のコミュニティと第二次関係　　図1-2　2005年のコミュニティと第二次関係

　社会関係を周知の第一次関係（primary group）と第二次関係（secondary group）*9 に分ければ，④総論的には間接接触を主体とする第二次関係が急増したと見られる。そのなかでも郵便局，小学校，公民館，交番などは個人，家族，近隣社会における QOL にとって重要な機能を果たし続けている。それは第二次関係においても親密な他者が得られることを意味する。
　第二次関係の全体像は，ワースによりアーバニズム論として概括されている（Wirth, 1938＝1978）。なかでも基本的な帰属先が地域社会ではなく，勤務先の企業や団体である組織人（オーガニゼーション・マン，70頁）が社会の中心に位置するようになり，⑤現役世代における帰属分散が進行中である。
　コミュニティの50年間の変容は，図1-1と図1-2のようにまとめられる。個人の総社会関係に占めるコミュニティ内部の親密な関係の比重が大きかった1955年の「三丁目の夕日」の時代では，成員の関係全体に占める親密さの基盤としてコミュニティの比率が高かった。しかし50年後の21世紀初頭では，コミュニティが占める比率は下がっており，逆に第二次関係の重みが増している。

コミュニティの使用法

　このように，1955年と2005年のコミュニティ像を簡単に比較しても，その

---

*9　第一次関係は，直接的で親密な成員間の結合．連帯感と一体感が濃厚であり，長く維持される．近隣，友人などが代表的．第二次関係は，特定の利害関心に基づく間接接触，あるいは一時的・皮相的な直接接触を特徴とする成員の関係．都心空間やメディアを媒介して接触する匿名の関係が典型．

表1-3　自治体規模別「社会参加活動」への関与（1976年，複数回答，%）

自治体規模	社会奉仕	地域的共同作業	自治会・町内会などの世話	ＰＴＡの世話	同窓会の世話	民生委員その他	団体加入者率
全国	7.4	22.0	8.9	5.7	6.6	2.4	26.4
30万人以上都市	4.9	13.5	6.9	4.5	5.8	2.2	30.9
15〜30万人都市	7.2	22.4	8.7	5.7	6.3	2.3	27.4
5〜15万人都市	7.4	23.2	9.3	5.9	6.9	2.3	24.4
5万人未満都市	8.8	26.3	9.9	6.3	7.3	2.5	27.3
都市周辺町村	9.6	29.0	10.4	6.3	6.7	2.8	24.9
町村	10.5	30.9	11.2	7.2	7.9	2.7	23.0

（出典）経済企画庁編『昭和53年版　国民生活白書』（1978: 108）

変容ぶりは容易に推察できる。地域移動に欠け，定住を基本として，日常生活が狭い範囲で繰り返される高度成長期以前の時代に，コミュニティ概念が構築されたことは，今日的な理解と有効性を妨げる理由の一つに挙げられる。その結果，今日まで6通りのコミュニティ論がそれぞれ無関係なままで用いられてきた現実がある。

それらは，①「地域での」という意味しかない，②身近な日常生活が営まれる地区の広がりを指す，③ソーシャル・キャピタルと同義とする，④ソーシャル・キャピタルと対概念とする，⑤規範概念として使用する，⑥定義しないまま使用する，に類別できる（金子，2007: 36）。

2010年になっても，それら6通りの使用法は続いているが，コミュニティ理論で重要な専門アソシエーション*10と機能的ネットワークは，第二次関係に含まれるようになった。その意味で，伝統的に重みを増した第二次関係を豊富に有する21世紀日本都市の市民は，従来のコミュニティとの関わりを変容させてきた。

表1-3は第二次関係としての「社会参加活動」への関与の仕方である。これは，1976年の総理府統計局による「社会生活基本調査」結果の一部である。団体加入については，自治体の規模が大きくなるにつれて加入率が高くなる。その反面，コミュニティ相互扶助の指標として「地域的共同作業」（自治会・町内会で行う地域内の道路清掃，あき缶集めなどの共同作業）や「社会奉仕活

---

*10　professional association. 地域社会にある専門サービス機関．表1-2の結節機関に加えて，保育所，幼稚園，子育て支援センター，在宅支援サービスセンター，児童相談所なども含む．

動」「自治会・町内会などの世話」の3点に関しては，自治体の規模とは逆相関する。

したがって，当時の『国民生活白書』では「適当な組織があれば，積極的に奉仕的活動を行うようになる」（経済企画庁編，1978: 109），「組織化などの面で適切な措置を講ずれば，ボランティア活動への意欲は増す」（同上: 110）などとのべられた。しかし，その後政府・自治体は「適当な組織」をつくらず「適切な措置」もしないまま事態は推移してきた。その結果として，今日では6種類のコミュニティ論が並立している。

コミュニティ理解の不消化

日本政府による1970年代の代表的なコミュニティ理解は，「新しい地域的な連帯感に支えられた近隣社会」や「生活の場において市民としての自主性と責任を自覚した個人および家族を構成主体として地域性と各種の共通目標をもった開放的でしかも構成員相互に信頼感のある集団」（経済企画庁編，1976: 142）であった。この表現から，政府も含めた日本社会における当時のコミュニティ概念の不消化ぶりが実によくわかる。「連帯感」，「近隣社会」，「市民としての自主性」，「地域性」などが何を指すのか，その後の政府の各種「白書」や社会学界でも結局合意に至らず，40年以上も各方面で独自に用いられてきたために，コミュニティの理論的含意がほとんど共有されてこなかった。

「国民生活意識」も「コミュニティは，個人や家族では達成され得ない地域住民の様々な要求を実現する場として人間性の回復と真の自己実現をもたらすもの」（経済企画庁編，1979: 152）と見なされていた。ここでも「白書」と同様に，「人間性」や「自己実現」など包括的な概念が使用されており，指標化への意欲が感じられず，理論的な観点から見て定義の精密さに欠ける。

社会学のコミュニティ研究も，最盛期と低迷期が繰り返されてきた。自治省が1969年に「モデル・コミュニティ事業」を立ち上げてから10年間はコミュニティ社会学の全盛期であったが，その事業が「箱もの」建設に特化してからは，精力的な研究は現われなくなった。都市社会学における「都市化とコミュニティ」を主題とする実証研究は，国策としてのモデル・コミュニティ事業とは別に，東京近郊の住民運動を媒介とした運動論的なコミュニティ・モデル研

究（奥田道大）と，地方都市の綜合的コミュニティ研究（鈴木広）が併存するようになり，定義も指標も分離したまま21世紀初頭に至っている。

第3節　コミュニティの活性化論

地域性

社会的実体としてのコミュニティは，社会成員が日常生活を営み，企業や団体などが活動するための空間をもつ集落社会である。コミュニティはアソシエーション*11とは異なり，地域性を基盤にする（locality-based）社会である。地域性には境界が内在し，範域が比較的狭く明確な場合はもちろん，世界中に範域が拡散した場合もまた，ゆるやかな境界は存在する。個人はコミュニティの内外を自由に移動するが，アソシエーションでは個人のメンバーシップの有無が移動を左右する。メンバーシップがなければ，個人がアソシエーション境界内外を自由に移動することは不可能である。

しかし，社会成員は地域性を自由に超出する。日常性と非日常性を軸とした空間移動では，コミュニティ内外への通勤通学や買い物行動など，成員の日常的移動が普遍化する。

地理的条件

一般的にいえば，より良い地理的条件はコミュニティ発展の促進条件になりやすい。そのほか，坂道が多い地形や大河が貫流する地理的特徴なども，コミュニティ発展や停滞に大きい影響を与える。

コミュニティの地理的条件それ自体が，農林漁業の生産様式を決定するし，天然の港湾に恵まれれば，資源や商品の積出し港として工業生産活動の機能が優勢になる。ここでも自然資源と社会資源の比較優位（comparative advantage）*12原則は明瞭である。自治体が管轄する面積の小さいコミュニティでは，人口や機関の集積が劣るために，居住を軸とした生活空間も狭く，コミュニティ

---

*11　association.明確な目標をもち,所属する成員が目標達成をめざして活動する集合体.マッキーバー（53頁）はコミュニティの「器官」としてアソシエーションを位置づけた．

*12　経済学者リカードが使った用語．比較生産費の差で貿易上の利益が出ること．機械の優劣，労働者の熟練度，完全競争・完全雇用などの実状が優位判断に利用される．

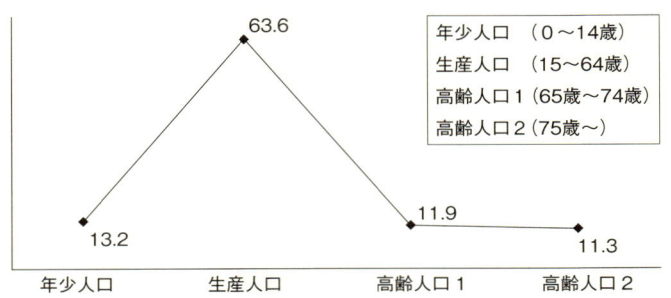

図1-3　日本の人口構成（2010年11月）　（資料）総務省公表データより作成

発展の速度も遅い。

　集中豪雨で生じる鉄砲水の被害や火山の爆発による火砕流の危険性は，地形の状態に直接左右される。水質や地質の悪い地域では，集落の建設も難しく，定住志向が高まらない事実を歴史は教えてくれる。逆に，佐賀県鳥栖市のように，平坦な地形で交通が便利であれば，産業が徐々に集積して，経済活動は必ず有利になり，成長都市の仲間入りをする。ちなみに都市比較の中で，鳥栖市は「住みよさランキング」が783市町村のうち第5位になったことがある（東洋経済新報社編，2008: 70）。

　1970年代から大都市自治体を中心として，社会的共通資本の充実がシビルミニマム（松下，1971）*13 として進められたことは，21世紀都市のインフラ水準を決定する大きな動きであった。エネルギー施設，鉄道，地下鉄，一般道路と高速道路，工場，企業の本社支社，学校，予備校，病院，大公園などが都市に集中してきた。そしてその基幹は人口にある。

人口数

　コミュニティの人口は数量と構成の両面から議論できる。「少子化する高齢社会」では，総人口数の減少は不可避であり，高齢化率の増加とともに，年少人口数の減少とその比率の低下が同時に発生する（図1-3）。

　このような人口環境を背景にもつコミュニティでは，地域性を軸とした世代

---

*13　1970年代の都市に最低限必要と考えられた生活基準．社会資本・社会保障・社会保健の3部門からなり，自治体行政の政策公準となった．

間共生により，多層的，体系的な人間関係も形成され，福祉サービスも創造される。経験則としても，社会成員個人は一定地域に長く居住すれば，そこへの帰属感も強くなるといえる。

しかし，限界集落（大野，2008)*14 に典型的なように，総人口が 3,000 人を割り，高齢化率が 50％を越えた地域では，コミュニティ機能が消滅する。商店街はシャッター通りに変貌して，内科，小児科，外科などの開業医院が閉鎖される。公共交通機関が廃止され，小学校が統廃合され，交番もこれに続く。最終的に郵便局が残るが，郵政民営化によってそれも削減され，今後民営化が見直されても復活は容易ではない。

人口の激減は地域がもつ諸機能を崩壊させるから，ある程度の人口数と世代間の均衡はコミュニティの前提でもある。地域性を帯びる社会成員は，コミュニティの経済活動，政治活動，精神文化活動などの創造者でもあり，コミュニティにおける社会関係の担い手でもある。ソーシャル・キャピタルとしてまとめられる社会関係こそ，コミュニティ活動を展開できる基盤になる。

コミュニティの人口構成は，産業構造，地理的特性，歴史などによって大部分決定される。特に自然的属性としての性別と世代別の比率は決定的に重要である。加えて社会的属性としての外国人比率，少数民族比率，宗教の分布，職業構造と階層構造などは，コミュニティを知る際に重要な情報になる。ワースのアーバニズム（34頁）のうち異質性指標の根幹となるのは，これらの社会的属性である。

職業の異質性は，コミュニティ内で多様な職業に従事する人々の割合で表わされる。それは地域の産業構造，経済力，QOL などを考察する要件になる。通常，経済力と社会的分業の複雑性の間には正の相関がある。そのほか，フィッシャー（Fischer, 1984＝1996）が力説した下位文化*15 の多様性もまた，都市の経済力，階層分化，科学・文化の水準を表わしている。

---

*14　65歳以上の高齢者が半数以上を占め，人口減少が続き，生活機能が消滅に向かっている集落．

*15　subculture. 都市社会学者フィッシャーの用語．重複するネットワークをもち，小規模だが共通の文化を分かち合う人々の集合．都市に多く認められる．

近隣

コミュニティは集合体であるが，その基本的構成要素には個人はもとより家族，近隣，専門アソシエーション，NPOなどが含まれる。このうち家族は婚姻と血縁を紐帯とする社会集団である。近隣は共住という事実によって形成され，地域性を不可欠とする。官僚制などを内包する組織，団体とは異なり，近隣はフォーマルなアソシエーションではない。近隣には企業や大学のような指示・命令系統もなく，入会や退会の規則もない。

近隣における活動は自発性を要件とするが，それらの活動において，リーダーの役を演じるのは，組織化する能力が強く，威信も高く，いくつも役職を兼務する人々である。ただしリーダーとしては正式な職務がなく，その役割には規定もない。

帰属感

帰属感とは，地域住民がもつコミュニティ意識である。これをコミュニティ・モラールとノルム*16に分けたのは鈴木広（鈴木広編，1978b）であった。コミュニティ・モラールは「三つの要素群から合成されている」（同上：14）。まず「地域の共同生活状態についてもつ情報と関心」，次に「地域の共同生活状態にたいする満足感」，そして「地域の共同生活状態にたいする総合評価と主体的関与の構え」の3要素から構成される。すなわちIntegration（統合・関与）因子，Attachment（愛着・満足）因子，Commitment（関心・参加）因子に分類できる。これらを覚えやすいように，私はCIAとしてきた。

ただし，「情報と関心」は「認知的要素」であるから，Integration（統合・関与）とするよりは（認知・統合）としたほうがCommitmentの（関心・参加）と重複する危険性を排除できると思われる。「関与」も「参加」も類似概念であり，このほうが誤解を招かないですむ。鈴木モデルの修正を含むこの三者を図式化すると図1-4が得られる。

一般的にいえば，高齢者の地元への愛着心の強さは，そのまま市町村への愛

---

*16 モラール（morale, 意欲）は，人間の意識面の「やる気」を表現し，強弱の水準を示す．ノルム（norm, 規範）は，人間の意識面の「行為の判断基準」を表現し，社会の動きに対する同調・逸脱の水準として使用される．

第1章　コミュニティ社会学の探求

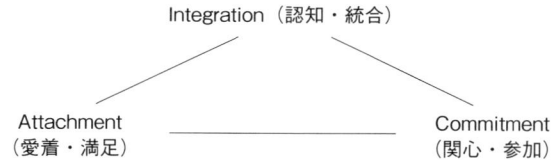

図1-4　コミュニティ・モラールの3要素　(注)鈴木モデル(鈴木広編, 1978b)を修正

着につながり，永住意思を強めるため，都市部と農村部の区別を問わず，コミュニティ・モラールは非常に高い（金子，2006b: 167-183）。身近な居住地域に親族や友人・知己が多く，日常の交流がきわめて盛んであることが，愛着心を増幅させる。

土着と流動
　「土着・流動というタームは，土地や地域にたいしていわれることが多く，（中略）一般的には社会構造にたいする土着であり，流動であると定義する。すなわち，具体的には階層・集団・地域・権力という社会構造の四局面のどれかまたはすべてにたいして，通時的にみて生活者のかかわり（関与）が安定・持続・反復している状態が土着であり，振動・変化する状態が流動である」（鈴木広編，1978b: 42）

と鈴木広はまとめている。

　この「土着と流動」の視点は地域を越えた社会構造を射程に入れているだけに，社会システム全般にも有効である。なぜなら，コミュニティ論そのものもまた，時代の制約を受けるからである。「コミュニティが必要である」といわれてきた「少子化する高齢社会」では，高齢者にはそれまでの人生において依拠してきた帰属集団と地域への安定・持続・反復した関与がある一方で，現役世代は65歳までに階層や地域などで多くの振動や変化を経験する。そのため，定住した個人でさえも，そのまま自動的に地域に安定的な関与をもつに至っていない。

　個人はそのライフステージに応じた関わり方を採用するのだから，いちがいに「地域への関与をもっと高めよう」とは言いにくい。階層が維持され，帰属

集団への関与が持続して，安定した関与が確認されれば，その後に地域への関心が登場する。その順位を逆転させるわけにはいかないが，高齢化は総体的に居住地域への持続的関与を増大させることは事実である。

世代論的には，学校に所属する青春世代，企業，団体への所属を優先する中年世代の両者は帰属先が鮮明だが，定年後に地域社会へ戻る高齢者の帰属先は職業経歴やジェンダーの差異による違いが大きく，一定したパターンを示していない。また，必ずしも地域社会だけが高齢者の受け皿というわけでもない。

加えて社会と企業という複数規範からの交差圧力や二重規範*17が現役世代を貫徹し，職業経歴によっては高齢世代にも残存する。競争的人生を歩んで来た企業人であれば，職業上の地位を喪失した定年後も，相手を包み込む無限配慮としてのコミュニティにはなじみにくい。その結果，アイデンティティ基盤も混乱する。

第4節　都市のコミュニティ活動空間

コミュニティの一般理論レベルで，その興隆，衰退，再生議論が可能かどうかは論者の問題意識次第である。ほぼ30年前に私は，現代都市研究でコミュニティ概念はなお有効であるという視点を採用して，「都市化とコミュニティ」を整理したことがある（金子，1982）。それから10年おきに「高齢化と地域福祉」（金子，1993; 1995; 1998）と「少子化と子育て支援」（金子，2003; 2006a; 2006b）をテーマにしてきた。本書ではそれらすべての経験を活かして，ここでは現代都市が抱える諸問題を以下の5点に整理して，コミュニティ各論への応用と有効性を考えておこう。

現代都市の諸問題
(1) 再活性化のため，投資のため，魅力を増すため，革新するため，創造するため，維持するために，「地方がもつ潜在的可能性を強化する」という

---

*17　成員が複数の集団に所属する場合，それぞれがもつ行為の準拠枠である規範が異なることがある．企業と社会，会社の経営側と組合側など．どちらの規範を優先するかで成員の悩みが深まる．

経済的原則
(2) 社会的再配分，空間的再配置，文化的多様性など「社会的多様性と公正」という社会的原則
(3) 世界規模で崩壊が危惧されている生態システムの持続可能性を中核とする「環境保護」とバランスのとれた生態的原則
(4) 大都市レベルの行政を統合し，都市の空間的格差を縮小し，市民各層の断片化と排除を避けるための「空間的公正」という地理的原則
(5) デモクラシー，内発的政策決定，自律性，協力，パートナーシップを基盤とする際の「自立的都市行政」という政治的原則

　これら諸原則はいずれも学際的で大きなテーマであり，コミュニティ論の適用事例を正しく選択すれば，その概念的有効性も高まるはずである。
　都市コミュニティの5原則が成功する条件は，地域「生活の質」(QOL) の向上であり，フリーライダー (Bellah, et. al., 1985＝1991: 211) を避けて，地域社会成員がコミュニティ事業（イベントやビジネスを含む）に応分の関与を行うことこそが成功のカギを握っている。

問題状況下のコミュニティ

　どうしたら地域社会成員がより良い社会的ネットワークで結びつけられるか。個人レベルでも集団間でも，ネットワークの多層性をめざしたコミュニティづくりが議論されてきた。地域とはどの範囲の空間か，あるいはそこに居住する成員そのものを指すのか。かりに趣味や関心が同じ仲間を指すのであれば，そこに集う人々に十分な連帯性 (solidarity)＊18や凝集性 (cohesion)＊19が認められるには，何をどうすればよいか。
　会合，イベント，ビジネスのための十分な地域空間が存在するのか。このこともまた，長いコミュニティ研究史では問い続けられてきた。地域社会成員による活動が円滑に行われるためには，空間的な支えが不可欠であり，具体的には地域活動センターの存在や小中学校の空き教室の開放がそれに該当する。加えて，施設内の会議室だけではなく，図書や資料の閲覧空間，公園や緑地，寺

　＊18　社会成員の間，ならびに成員と社会全体の間にある相対的に強力な相互依存関係．
　＊19　社会成員のまとまり状態，またはその意識．社会全体に成員を引きとめる作用をもつ．

院の境内，さらに中国や台湾においては廟なども，コミュニティ（社区）成員の集合場所になる。寺院や廟は地域シンボル機能をもつから，成員の帰属感（belongingness）にも深く関連する。

もし活動の場所がなければ，地元の有力者やリーダーと呼ばれる少数の成員が，自らの所有空間（たとえば自宅客間など）を提供することがある。しかし，長期的なコミュニティづくりの場合は，何らかのかたちで集会の場所をもたない限り，多くの成員によるコミュニティ参加機会が増えることはないであろう。

集会施設単独の建築計画

日本では1969年から30年以上にわたって，国策の一環として自治省による「モデル・コミュニティづくり」が実施され，都市だけでなく中山間地域でも集会用の施設が大量に建設されてきた。ただし，厳密にいえば集会施設単独の建築計画が多く，周囲にある生活機能に配慮した市場，商店，学校，鉄道駅，バスステーション，交番，郵便局，病院，公園緑地などが計画的に配置されてこなかった。さらに，通勤通学という定期の日常的移動により，成員の多くに地域活動の時間的余裕がなく，コミュニティづくりに参加できない事例が多い。そのために全体としてコミュニティ意識は強化されず，地域において伝統的に保持されてきた凝集性の維持が難しくなってきた。

しかし，成員の日常活動は地域社会内だけで完結するわけではない。人間，商品，サービスも空間的境界を越えて移動しているから，拠点としての「場所」に対するこだわりは弱まった。会合や物流などに必要な公的地域空間が，日常的に有効活用されていないこともある。むしろ必要に迫られて，Coming, Keeping, Working（後述，表1-4）する際に，それらが利用できる程度の条件整備ができていれば，コミュニティ活動としては事が足りるのである。

身近な活動空間

一般に有効な公的地域空間には，コミュニティセンター，区民センター，小学校教室，社会教育施設の集会場，お寺の境内，廟，教会などの宗教的集会の場所，公園緑地，民間企業が提供する集会場などがある。

自治体が提供するコミュニティセンターや区民センターは象徴的施設であり，

地域社会成員ならば自由に活用できる。とはいえ，事前の申し込みが必要な場合も多い。平日の午前中は比較的空いており，学習や研修の場所として用いられている。日曜や祝日には，各種イベントに活用されることもある。

学校施設の地域開放には体育館，図書室，校庭などが挙げられる。しかし事故の際の責任所在が不明であれば，開放はそれほど進展しない。小学校は主要な公的地域空間であるが，児童が長時間いるために，近隣住民といえども勝手な利用はできない。おそらく小学校は，学区の範囲内にある施設の中では，コミュニティの核になりうる利便性を一番多く兼ね備えている。だが，使用時の責任問題がすっきりしなければ，そして外部者の無断侵入による児童殺傷などの事件が発生し，それが全国的に報道されると，いまだ萌芽的な学校開放運動は中断してしまう。

また頻繁な校内暴力によって，学校内のセキュリティ・システムが強化されると，学校内部の関係者だけでなく，外部に対しても閉鎖的になる。学校によっては，放課後の校内が無人の真空状態に陥る。

いわゆる「割れ窓理論」(Kelling & Coles, 1996 = 2004: 130) *20 によれば，人がいるところは安全性も高い。「無秩序は，公園や道路から市民を遠ざけるばかりでなく，最終的には地域の商店街を空洞化させ，私たちの都市の社会的紐帯と商業的活力を危うくする」(同上: 78)。一般に安全性と無秩序は逆相関にあるから，この知見を活用しながら小学校内外の安全を守るためには，何をどうしたらよいのか。

周知のように校庭の開放がコミュニティ形成要件だとしても，それによって学校が独自に校内安全を確保できるかどうかは不明である。特に不審者の教室侵入や放課後の帰宅途中の児童を狙う犯罪は，今日でも根絶されたわけではない。

コミュニティの安全にとって，コミュニティ内部の優良な地域公共財として，小学校の校庭や教室の有効活用は大きな意味をもっている。しかしそのためには，政府のワークライフバランス推進だけの単純政策（111 頁）では限界があ

---

*20　社会における小さな犯罪としての「割れ窓」を直ちに修理することが，大きな犯罪抑止に直結するという考え方。地下鉄車輌の落書きを消したり，公園の植え込みを低くして電灯を要所に置いたことで死角をなくした結果，殺人や暴力などの犯罪が減少したニューヨーク市の事例が著名である。

る。なぜならその政策は、職場と家庭の両立ライフにのみこだわっており、最初から地域社会を素通りしているからである。

校庭や教室の開放に多くの市民が参加することで、地域の犯罪の芽を摘み取りたい。子育て支援は「子ども手当」だけではない。「人がいるところは、安全性も高い」という命題は、フリーライダーを容認せず、地域安全のためにそこに居住する成員全体の協力を求める根拠になる。

学校以外の社会教育の場所、たとえば、図書館、文化センター、博物館、美術館などの文化施設もまた、小中学校との連携によって、地域全体で社会教育活動を活発化する方向に活用されれば、コミュニティづくりの核としても有効になってくる。

宗教的会合の場

1990年代に台北で地域福祉調査をした経験から、宗教・信仰の多様さが台湾の人々の日常生活から浮かんでくる（金子、1997: 194-234）。いわゆる地域活動への参加は不十分なのに、廟の建築と拡幅に寄付されている資金は巨額に上っていた。いわゆる「三歩一小廟、五歩一大廟」（三歩歩くと小さい廟があり、五歩歩くと大きい廟がある）は「白髪三千丈」のような大げさな表現ではあるが、まったくの空論ともいえない。

たとえば、不法に建築された廟であっても、会合の場としての活用を心がけると、コミュニティ意識の涵養に役立つ。台北市内でも多くの市民が寺院や廟を訪れて祈りを捧げており、寺院や廟も地域社会に溶け込んで、高齢者間の交流や婦人の交流、託児所としてもその空間の一部が転用されていた。

どの国でも地域活動の場の獲得は難しいが、高速道路下の空き地、高速鉄道の高架橋の下、駅舎内の会合施設、河川敷の空き地などは、積極的な活用が待たれる。ただし集会機能を強化するには、単一機能に限定した公共施設の建設では不十分であり、地域公共施設において地元ニーズを充たす多様な集会機能が求められる（同上：240-244）。

民間企業の提供

集会機能を備える施設は、行政だけでなく民間部門からも提供される。民間

企業に経済力があれば、時間の制約はあるが、地元サービスの観点から施設を提供し、集会機能が発揮されることがある。たとえば菓子メーカーが地元販売店のコーナーを客に開放してコーヒーの無料サービスを行い、全体的には営業成績を上げることもある。これは施設という空間資源活用の事例であるが、喫茶店、レストラン、ファストフード店、書店などもそのような地域貢献の方針から、会議や会合の場を開放して、結果的に集客を増やすところが出てきた。住宅団地の一角に、一人暮らし高齢者のいわゆる孤独死・孤立死を予防する活動センターをつくり、シニアサロン化している事例も全国的に散見されるようになった（松宮, 2011）。

第5節　福祉コミュニティ論

コミュニティの計量的調査

私は学問の入口で都市社会学を専攻し、内外のコミュニティ社会学を理論的かつ実証的な日本都市の研究基盤におき、「都市化とコミュニティ」、「高齢化と地域福祉」、「少子化と子育て支援」を、社会調査によって解明したい具体的なテーマとしてきた。

この35年間に、500人規模の計量的調査を全国15の地方都市で行ってきた。そこでの課題はコミュニティとは何かという定義への問いかけよりも、コミュニティがあること（もしくはないこと）で、都市生活はどうなるのか（なったのか）が中心であった。操作的に作成したコミュニティ指標[*21]の有効性にこだわりながら、都市化、高齢化、少子化関連のデータを収集して、コミュニティ論の応用としての分析を進めてきた（金子, 1982; 1984; 1993; 1997; 2003; 2006a; 2006b; 2007）。

総合地域福祉システム

私は当時も今も、都市社会学分野で頻繁に引用される「ウェルマン問題」を

[*21] 指標とは、物的・生物的・社会的に観察可能な特性を指し、同時に観察できない特性を代理表現するもの。特にQOLを測定する社会指標が国内外で研究されてきたが、コミュニティに関連しては、その連帯性や凝集性だけでなく、権力さえも指標化されることがある。

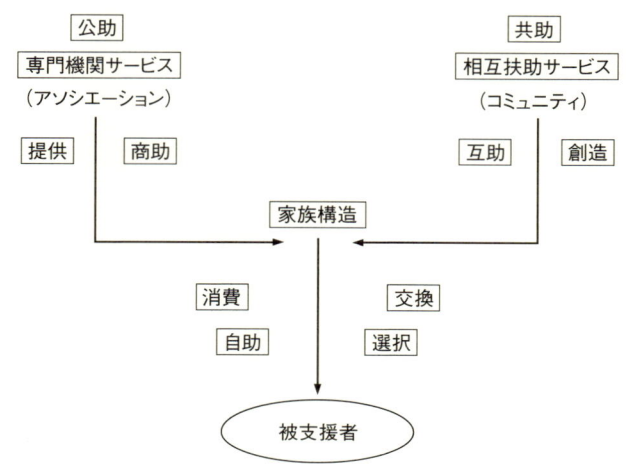

図1-5　総合地域福祉システムのモデル　（出典）金子（2009: 259）を修正

避けて、次のような学界特有の流れに引き込まれないように心がけてきた。すなわち「コミュニティは喪失した」「コミュニティは存続している」「コミュニティは自由に作り直せる」（Wellman, 1979＝2006）という3分類に、自らが設計した調査枠組みを当てはめなかったのである。むしろ、私はコミュニティ・ケアを含む総合地域福祉システム論として、問題解決型のコミュニティ社会学を組み立て直す方向性を考えてきた。

私は1990年代から「少子化する高齢社会」を念頭において、自助、互助、公助、共助、商助を取り込んだ全体像を図1-5のように構想するようになった（金子, 1997）。自助とは個人が自立する意欲をもち、自らの努力で家族を含め隣人・知人の世話にならないというライフスタイルを表わす。互助とは近隣において相互に支援し合う関係様式である。公助は行政が政策として提供するサービスの総称であり、この提供主体は国と自治体に二分される。共助とは近隣を越えた広がりをもつ地域社会での支援様式であり、多数→多数、多数→個人、個人→個人に、それぞれ提供するサービスが認められる。商助とは、企業や団体が医療福祉介護のサービスを必要とする個人に対して、有償でそれを提供する活動の総称である。私はこれら5種類の支援様式を区別しながら、総合地域福祉システムのモデルを理論化してきた（金子編, 2011）。

第 1 章　コミュニティ社会学の探求

　このモデル図は，アソシエーションである専門機関サービスと狭義のコミュニティを意味する相互扶助サービスの二元論から出発し，最終的には家族構造がこれらの両支援を受け入れるかどうかの触媒になり，被支援者と結び合う構成とした。つまり，専門機関に人材がそろい，日常的な地域社会関係を軸とした相互扶助サービスが行われていても，サービスの受け入れには家族も決定権をもつので，それが被支援者としての高齢者個人へ確実に届くかどうかはわからない。たとえば「少子化する高齢社会」では，単身の高齢者が増加しているから，サービスの選択を高齢者自身が行う場合もあるが，その時でもケアマネージャーは別居している子ども家族に支援の内容について問い合わせる。その意味で，専門アソシエーションによるサービスという公助の支援でも，コミュニティによる相互扶助という共助の支援でも，家族が選択と判断の触媒となる構造は変わらない。

コミュニティの問題処理力
　「役割縮小」した高齢者に公助や共助によるサービスが届かなかった事例として，高齢者の孤独死・孤立死＊22などを挙げることができる。同時に，公助や互助がなければ，児童の不登校や虐待などの子ども関連の事件も発生しやすい。このような全世代にまたがるコミュニティ問題解明には，ウォレンのコミュニティ論で指摘された，①コミュニティの自律性，②コミュニティ問題処理力，③コミュニティの政策決定権力の広範囲にわたる配分，などへの配慮も含めたコミュニティ機能論を活用したい（Warren, 1972）。
　なかでもコミュニティ問題処理力（community viability）は重要であり，都市の個別研究テーマのなかで私も具体化に苦心してきた。「もし問題処理力というものを，コミュニティ・レベルで問題に対処するコミュニティの能力，と考えるとした場合，どのような状況が問題であり，決定であり，行動なのかを，誰がきめるのか」（Warren, 1970 = 1978: 296）。

　＊22　一人暮らしの老若男女市民が亡くなり，周囲の誰からも気づかれないまま，死亡発見が大幅に遅れた際に用いられる表現．

サービスシステムとしてのコミュニティ

「サービスシステムとしてのコミュニティ」は1980年代初頭に私が社会学界デビューして以来の持論であり、紆余曲折を経て、「総合地域福祉サービスシステムの一部であり、地域性が濃厚な社会的ネットワークのなかで一定数の成員が相互扶助で創りあげる関係の様式である」と位置づけ直している。

ここにいうサービスは、個人間と集団間および個人と集団との間の交流から形成され、支援の主体にも客体にも利用される。そこではコミュニティ論の通説と同じく、対面的、選択的、親密性を基本とした成員間の結合関係があり、老若男女の成員は感情的絆で結ばれていて、「われら性」(we-ness) をもっている。すなわち、一人は全員でもある。成員の個人意識とコミュニティ意識は区別されつつ融合している。

しかし、選択された相手との対面的で親密な結合関係の総称がコミュニティであるとすると、それとは異なり、単なる一時的接触としての第二次関係も都市生活にはたくさんある。これらの大半はその場限りの交流にとどまるが、少数の第二次関係は公助や商助を背景にもつ専門機関サービスの基盤にもなりうる。すなわち専門アソシエーションが提供するサービスを体現するような第二次関係は、ケアマネージャーやヘルパーなど、あるいは児童相談所の専門相談員として、それぞれを必要とする個人や家族に対して積極的な働きをもつ。そこでは「親密な第二次関係」すら成立する。

コミュニティ機能

半世紀前から世界のコミュニティ論の研究史では、主要なコミュニティ要素として①空間的範域、②社会的相互作用、③共通の絆が、最大公約数的な定義として合意されてきた (Hillery, 1955＝1978)。一定の地域社会で相互作用が維持され、それを共通の絆と見る伝統は、日本社会学にも根強く残っている。職業上の関係でさえ相互作用と見なせることは、分離や対立まで含む取引行為そのものからも想定できる。なぜなら原材料や商品の内容を問わず、販売者と消費者間には両者を媒介にした親密な関係が構築され、一定の絆が成立するからである。同じ価格ならば、それまでのつきあいのルートから購入される。このような商取引慣習もまた、第二次関係において絆を結び、長続きする相互作

表1-4　集まりの3類型

第1段階	Coming together is a beginning.	実践的集まりの創造が開始
第2段階	Keeping together is progress.	実践的集まりの維持が前進
第3段階	Working together is success.	実践的集まりの活用が成功

(出典)　金子（2007: 39）

用の基盤になる。その意味で，サービスシステムとしてのコミュニティは，消費だけではなく，販売や生産のなかでも生み出されるものである。

　ウォレンのローカリティ関連機能は，①生産─分配─消費，②社会化，③社会統制，④社会参加，⑤相互扶助に分類され，すべてがコミュニティの主要な機能と見なされ，しかもこれらが緊密に結びついた状態にあるとされる。彼はそれをコミュニティの社会システムと表現した（Warren, *op.cit.*: 135-166）。

　もちろん，このような社会化，社会参加，社会的相互作用の程度，頻度，親密度は，家族そして家族内の成員ごとに異なる。かりにコミュニティ成員間における相互作用の頻度が低く，親密でなければ，成員個人もしくは家族全体の「共通の絆」は把握できず，それをコミュニティの構成要件とは認めにくい。なぜなら，そこでは老若男女間の「われら性」が見えにくいからである。

　地域移動が激しかった高度成長期では，他出した家族員と地元に残された家族全体との間で，その結合度は大きく異なっていた。大都市に流入した個人は，ふるさとの家族が属するコミュニティとも，移動先の都市生活においても，親密な関係を取り結べず，社会関係の「分離効果」＊23 を体験することが多かった。

居住者による集まり（togetherness）

　高齢化への序章として，地域の中に中高年世代の関与が増幅可能なルートを用意しておくことには，大きな意義がある。その見取り図として，私はいくつかの補助線を用意してきた。コミュニティづくりでは居住者による集まり（togetherness）がおもな要件となる（55頁）。個人でも集団・団体を軸としても構わないが，一定の空間内部に集まりができれば，コミュニティづくりの萌

＊23　地域移動により，それまでもっていた社会関係の全体量が減少すること，および親しい関係がなくなることを指す．地域移動は5頁参照．

芽になる。それが育つかどうかはその集まりの強度による。これを集まりの段階，換言すれば，"experiencing together" のサブカテゴリーとすると，**表1-4**の3類型が可能になる。

近隣関係調査

　私はコミュニティ論に参入した当初から，この要件として近隣関係の親密性を指標として優先的に考えてきた。35年にわたり実施してきた都市調査では，共同性を探求する手法として「近隣関係の親密性」測定を行ってきた。富良野市から鹿児島市まで，住民基本台帳から20〜79歳500人を対象にして，それぞれ層化二段無作為抽出法による訪問面接調査を実施して，調査データを収集した。

　「あなたは，隣近所の方とどのようなお付き合いをされていますか」という設問に，1「よく家を行ったり来たりする」，2「ときどき家を行ったり来たりする」，3「会えば世間話をする程度」，4「会えばあいさつをする程度」，5「全く付き合っていない」という回答を設定した。

　集計に際して，1と2を合計して「家を行き来」，3はそのままで「世間話」，4と5を合計して「挨拶以下」とまとめ直した。「家を行き来」が親密性と同義だと仮定すると，たとえば富良野市，白老町，鹿児島市はその比率が30％を越えていたが，伊達市では27.5％にとどまった。しかも「挨拶以下」が40％に迫ろうとしている。高齢者を受け入れる立場から，その移住促進を市の最優先策にして一定の成果を出してきた伊達市の弱点が，このような近隣関係の弱さである。人為的流動性が高齢定住志向者の土着性を妨げる。移住政策に必然的に付随する負の効果である。

　同時に「近隣関係の親密性」には世代効果が顕著に認められる。すなわち高齢者のそれは高い比率を示してきた。私はこの系列の調査を，同じ方式のサンプリングながら，対象者を60〜79歳に絞って行ってきた。小樽高齢者（1986年）の近隣関係の親密性は35.5％，久留米高齢者（1986年）が35.4％，札幌高齢者（1987年）が30.1％，千歳高齢者（1999年）が32.4％，宜野湾高齢者（2000年）が36.5％であった。

第1章　コミュニティ社会学の探求

支えあい	内容
A　調べあい	福祉ニーズ，参加活動ニーズ，ボランティア情報
B　触れあい	小地域福祉活動，友愛訪問，触れあい集会
C　癒しあい	会食，障害者支援，母子父子家庭支援，生活福祉相談，子育て支援，除雪
D　繋ぎあい	ボランティア交流会，在宅介護者の集い
E　学びあい	ボランティア研修，介護資格研修，福祉教育実践研究
F　広めあい	広報誌，短信発行，福祉の集い

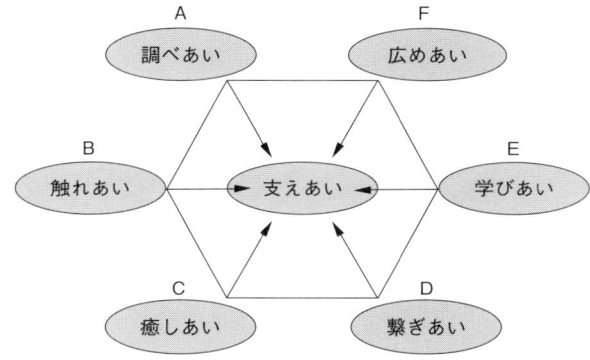

図1-6　福祉コミュニティ機能　（出典）金子（2003: 96）を修正

コミュニティづくりへの応用

　コミュニティ機能は多岐にわたるが，成員が関与する際のルート，契機には何を想定しておけばよいか。高齢者は定住していても，65歳までの現役世代は高齢者より地域移動が活発だから，地域社会のなかで全世代の恒常的な集まりは期待しがたい。すなわち，今日では地域全体で永続する結合維持を目標にすることはできない。しかし，状況に応じて一時的・臨時・部分的な集まりを用意することは可能である。それが「少子化する高齢社会」における地域福祉の構造を柔軟にしてくれる。とりわけ福祉コミュニティの観点から，「支えあい」の下位概念は上のように整理できる（**図1-6**）。

　本書では都市社会学で展開されてきたコミュニティ論にこだわりながら，「少子化する高齢社会」という新しい時代に有効な理論的展開を心がけていく。「過去・現在・未来」ではなく，何よりも「未来」を照射しながら「過去からの現在」を見つめ直して，現代日本社会における社会学を軸としたコミュニティ論の有効性を高めてみたい。

第2章 コミュニティの社会学史

キーワード：大衆社会，ゲマインシャフト，アーバニズム，有限責任のコミュニティ
コミュニティ社会システム論，コミュニティネス

第1節 多用されるコミュニティ

混乱するコミュニティ概念

　膨大なコミュニティ研究の文献をひもとくと，一般的定義や操作的定義で取り上げられた事例の大半において，概念をめぐる極度の混乱が見てとれる。コミュニティとして，地域社会はもとより，工場，労働組合，法人，専門職が含まれたり，監獄コミュニティ，軍隊コミュニティ，宗教コミュニティ，アカデミック・コミュニティ，さらにヨーロッパ・コミュニティや世界コミュニティへの言及も珍しくない。

　このように一つの言葉が多くの異なった意味で使用されている事実は，科学的なコミュニケーション目的にとっての有効性を減少させる。社会学の学術概念であったコミュニティが，その意味を拡散し始めて久しいが，そのために学術的意義を喪失しつつあるという逆説が鮮明になってきた。一種のマジックワードに変貌したコミュニティ概念を，科学目的では使用しないという地点に向かって，私たちは驀進しているのではないか。

ヒラリーの分類

　コミュニティ概念は半世紀前のヒラリーの分類でも実に94の定義に分けら

表2-1 ヒラリーによるコミュニティの定義分類

定義の基準となった考え方ないしは要素	定義数
Ⅰ 総論としてのコミュニティ (generic community)	
A 社会的相互性	
1. 地理的範域	
a 自足性	8
b 共同生活	9
血縁	2
c 同類意識	7
d 共通の目標, 規範, 手段	20
e 諸制度の集合	2
f 地域集団	5
g 個性	2
2. 地域以外の共通する特徴	
a 自足性	1
b 共同生活	3
c 同類意識	5
d 共通の目標, 規範, 手段	5
3. 社会システム	1
4. 個性	3
5. 態度の総体	1
6. 過程	2
B. 生態学的諸関係	3
Ⅱ 農村コミュニティ (rural community)	
1. 地理的範域	
a 自足性	1
b 共同生活	3
c 同類意識	3
d 共通の目標, 規範, 手段	3
e 地域集団	5
定義総数	94

(出典) Hillery (1955=1978: 307-308)

れ, ①一定の地理的範域, ②社会的相互作用, ③共通の絆が最大公約数として抽出された (Hillery, 1955=1978)。結局これらは, コミュニティ概念の厳密さの欠如を表わしているにすぎない (表2-1)。

今日でも「コミュニティ」を使用する論者は, その内容に注意を欠き, 不正確な使用法で, 錯覚を起こさせる概念にしていないだろうか。コミュニティ概念に触れる人は誰でも, 実態を指すのか規範としての使用かだけは, 最小限留

表 2-2　道徳的コミュニティと大衆社会の選択特性

道徳的コミュニティ	大衆社会
同一化 　成員は重要で意味のある集団・団体への深い帰属感をもつ	疎外 　成員は意味のある集団・団体から「切り離されている」という深刻な意識をもつ
道徳的統合 　成員は共通の目標を追求しているという意識をもち，ほかの成員との一体感がある	道徳的崩壊 　成員は異なった目標を追求し，ほかの成員に対して何の一体感も感じていない
包摂 　成員はさまざまな集団の中に埋没し，これらの集団へやむにやまれぬ欲求をもって参加する	解放 　成員は意味のある集団メンバーシップを何ももたず，さまざまな集団の集合的活動に参加するという強制感も全く感じていない
全体性 　成員はお互いを本質的な意義と価値からなる完全な人間存在（whole person）と見ている	分節性 　成員はお互いを目標に向けての手段と見なし，ほかの成員に対して本質的な意義と価値を振り当てない

（出典）Poplin（1972: 6）

意しておきたい．1970 年代からの「大衆社会」*1 がもたらす諸問題への処方箋という理解は，コミュニティが期待概念として用いられたものであり，内容としては「漠然としたあこがれ」にすぎなかったと思われる．この大衆社会が空間的に発展した「都市社会」になっても，文脈は同様である．

道徳的コミュニティ

　表 2-2 は，一方に現状としての「大衆社会」を，他方に「道徳的コミュニティ」をおいて，両者を対比している．確かにこのような理解の仕方は，1980 年代までの研究では珍しくなかった．表の左項目は大衆社会と対置したコミュニティ特性であるから，同一化と疎外，道徳的統合と道徳的崩壊，包摂と解放，全体性と分節性が対照的にまとめられている．

＊1　mass society. 第一次大戦後に始まった先進国共通の社会状況．産業・技術・マスコミ等の発達によって大衆の動向が政治・経済・社会の鍵を握るようになる．オルテガ『大衆の反逆』（1930＝1967）を始め，リースマン『孤独な群衆』（1961＝1964），フロム『自由からの逃走』（1941＝1951）などの大衆社会論が輩出した．

特に道徳的コミュニティという表現は，規範の同一性ならびに集団との一体性，そこへ包摂される感情，個人の役割についての全体性を含むので，このコミュニティ概念の使用法は，個人が親しい人々と意味のある関係をもつ堅固なつながりの網の目の中にいる状態を指すことになる。その対極には現代の大衆社会における個人の疎外が想定され，疎外の延長線上にあるパーソナリティ崩壊も増加してきたことが示唆されている。

　アメリカの社会学者ニスベット*2 によれば，20世紀の根本的テーマの一つは「コミュニティの探求」であった（Nisbet, 1953＝1986）。大社会としての全体社会であり，また最大のアソシエーションである国家が，個人に安全性と充足性を与えないから，中間集団の一つであるコミュニティが探求されるという図式である。ニスベットにとって1950年代のアメリカとは，ウェルマン風にいえばすでにコミュニティを喪失した（community lost）と認識されていた。

　国家はつねに最大の社会資源（169頁）をもつが，個人の社会的認知や友情というニーズを満たす手段としては，その資源は不適切である。ニスベットは，現代社会から疎外された人々が安全性の確認と帰属感を望むために，その提供主体としてコミュニティを位置づける。「共住し，協働し，一緒に経験し，一緒に存在＝共生するという日常的なニーズに応える」機能を，私たちはコミュニティに託しているのである。

　その種のコミュニティ機能には，人間同士の対面的接触を軸とする関係性とそこから得る帰属意識が期待される。そのために，狭義のコミュニティ理解の代表例として，このようなコミュニティ概念が規定されてきた。同時に，「都市化とコミュニティ」という問題の立て方自体が，都市化の進む特定の時代，すなわち日本では高度成長期を表現することになる。急速な人口増加と社会的異質性の増大が，個人の疎外感と不安感を高めたので，日常の対面的接触を重視する狭義のコミュニティへの参加もしくはその機能の強化こそが，個人の不安感を払拭する。また，疎外感も消えて，地域社会の安心・安全が強くなる。しかしこの文脈のコミュニティ定義は，研究者や行政が表明したコミュニティ

---

*2　R. Nisbet (1913-1996).アメリカの社会学者.『社会学的発想の系譜』(1966＝1975) や『現代社会学入門』(1970＝1977) など，社会学史，社会理論を専門とする．加えて芸術と科学にも造詣が深く,『想像力の復権』(1976＝1980) という一般書もある．

への期待感にすぎない。

第2節　コミュニティの理論的探求

ゲマインシャフトとゲゼルシャフト

19世紀中盤にヨーロッパの一翼で生まれた資本主義は、近代化、産業化＊3、都市化といわれる全体社会レベルの社会変動＊4を引き起こした。最初に産業革命が発生したイギリスをはじめ、資本主義の洗礼を受けたヨーロッパ諸国では、宗教が重視されてきたそれまでの伝統社会から、世俗化（secularization）＊5が開始された。ヴェーバー＊6の古典的名著『プロテスタンティズムの倫理と資本主義の精神』（Weber, 1904-05＝1989）はこの間の過程をあますところなく描き出している。

世俗化は聖なる（sacred）基盤の崩壊である。産業革命以降の時代では、神学が支配した中世的な社会構造と宗教が支配した生活様式が脅かされ始めた。社会学の学祖コント＊7が神学、形而上学を経由して、実証的段階に至る学問を構想したのは、フランス革命後の19世紀前半という時代の要請でもあった（清水, 1978）。

19世紀の中盤に亡くなったコントの次世代に属する社会思想家たちは、コントよりも25年ほど長生きしたマルクスの経済思想を対極としつつ、歴史的な争点を提起しながら、コミュニティを取り上げるようになった。資本主義とその影響による全体社会の近代化過程を、勃興期の社会学者はそれぞれの立場で受け止めた。1887年に刊行されたテンニース＊8の『ゲマインシャフトとゲ

＊3　industrialization. 端的には化石燃料使用による動力革命だが、その変化が科学・技術の生産活動を活発化させ、生産力が上昇し、経済発展をもたらす過程を指す．負の現象として環境問題や伝統的規範の解体がもたらされることもある．

＊4　social change. 政治、経済、文化、社会統合などが融合した社会構造の変動を総称する専門用語．

＊5　神や教会の社会全体への影響が減少し、宗教とは切り離された生き方や考え方が社会成員に強まる過程．

＊6　M. Weber（1864-1920）．ドイツの社会学者、思想家、宗教家、歴史家、政治家．ヴェーバーは近代化・世俗化を世界の脱魔術化と合理化の過程として描いた．

＊7　A. Comte（1798-1857）．フランスの哲学者、数学者．「社会学」の命名者、始祖．フランス革命後の「社会の再組織化」を求めて、実証哲学を体系化した．人類の知的発展を神学的、形而上学的、実証的の3段階でとらえた．

ゼルシャフト』（Tönnies, 1887 = 1957）は，その象徴である。

　ゲマインシャフトの英訳がコミュニティであることから，両者の発想の類似性はいうまでもない。テンニースの根底には，「あらゆる分離にもかかわらず，本質的には結合している」ゲマインシャフトへの希求が認められる。実際には企業や大都市に典型化されたゲゼルシャフトのなかで，血縁・地縁の共同社会であるゲマインシャフトが求められる。

　ゲマインシャフトに思いを託したテンニースとは異なり，ヴェーバーは資本主義のなかに合理化の功罪を鮮明に読み取った。ゲゼルシャフトという表現は，ヴェーバーが取り上げた組織官僚制や都市において，はっきりと「利益社会」として確認される。「あらゆる結合にもかかわらず，本質的には分離している」ゲゼルシャフトは，それから100年以上も第二次関係として広く認められてきた。

　これらを表2-3で整理しておこう。社会学史の当初からコミュニティが大きな比重を占めていたことが理解できる。

　結合と分離*9は形式社会学*10のキーワードであり，その解釈をめぐる歴史は長い。社会学が社会関係の学問である以上，その伝統は連綿と継続している。テンニースの解釈にしても，一方の極にゲマインシャフトを置き，他方の極にゲゼルシャフトを位置づけるという一元配置ではない。むしろ縦軸にゲマインシャフトの強弱，横軸にゲゼルシャフトの強弱を置き，クロスさせた4象限を得るほうが，実際に利用する際には有効な場合が多い。

　すなわち，ゲゼルシャフトが強くてゲマインシャフトが弱い場合もあるが，ゲマインシャフトがしぶとく残存している状態も想定しておくことが，今後の理論的で実証的なコミュニティ研究では役に立つことが多いはずである。なぜなら，コミュニティが日常語の世界を超えて，専門語を経て政策用語にまで拡

---

*8　F. Tönnies（1855-1936）．ドイツの社会学者．ゲマインシャフトとゲゼルシャフトは中世から近代，過去と現在など，各方面において文化・社会類型として適用される．この対概念の提示によってテンニースは学史に残る．
*9　結合は相互肯定的で親密な社会関係の類型を表わし，分離は相互に否定的，消極的で没交渉まで含む社会関係の類型を表わす．
*10　ドイツの哲学者，社会学者ジンメル（G. Simmel, 1858-1918）の提唱した社会学．政治，経済，文化など領域が異なっても共通に見られる〈上位と下位〉，闘争，対立，模倣などの型式を扱うのが社会学であるとする．

表2-3 学説史に見る「二項対立図式」

人名	発表年	内容の概略
Maine, H.	1861	status → contract（身分から契約へ） 【生得的地位からの自由】
Spencer, H.	1876	militant type of society → industrial type of society （軍事型社会から産業型社会へ） 【社会全体への奉仕から個人の意思を重視する時代へ】
Tönnies, F.	1887	Gemeinschaft → Gesellschaft（共同社会から利益社会へ） 【血縁,地縁,精神：あらゆる分離にもかかわらず,本質的融合から】 【都市,企業,世界：あらゆる結合にもかかわらず,本質的分離へ】
Durkheim, É.	1893	solidalité mécanique → solidalité organique （機械的連帯から有機的連帯へ） 【同質性による結合から異質性による結合へ】〈分業の威力〉 　　　　　　　　　　　　　　　　　　division du travail
Cooly, C. H.	1909	primary group → secondary group （第一次集団から第二次集団へ） 【直接的接触：親密性,連帯感などを特徴とする家族,親族,近隣,遊戯集団から】 【間接的接触：相違,目標達成などを特徴とする企業,学校,政党へ】 （ただし「第二次集団」はクーリー独自の用語ではない）
MacIver, R. M.	1917	community → association（コミュニティからアソシエーションへ）
高田保馬	1919	基礎社会 → 派生社会 精神史観 → 経済史観 → 人口史観（社会学的史観）
Wirth, L.	1938	rural-folk → urban-industrial アーバニズム：人口量,人口密度,異質性,流動性

散した最大の理由は，「コミュニティがグッドライフについての視点に結びつく」(Bender, 1978: 3) からである。

アーバニズム

1920年代からのアメリカでは，シカゴに典型的に見られたように短期間で外国人の移民が急増し，人口増加とともに人口密度や異質性も高まった。シカ

ゴ学派*11 の社会学者ワース*12 によって資本主義に伴う都市化と近代化を生態学的に理論化したアーバニズム論が体系化された（Wirth, 1938＝1978）。アーバニズム論は都市化を独立変数として，社会生態，社会構造，社会意識の変動を具体的に描き出した。それは現象としての社会解体を前面に押し出したが，その問題解決の処方箋にコミュニティの機能を位置づけるものであった。

たとえば西部開拓の初期に形成された小さな町においては，鉄道の開通により外部から流入者が増加して，それまで持ち合わせていたコミュニティ機能の破壊が心配された。シカゴなどの都市では，移民の急増によって異質性が高まり，それまでの市民や来住市民を疎外し，アノミー*13 状態を蔓延させ，貧困，住宅難，スラムなどの劣悪な社会問題も生み出した。このような背景をもつシカゴ学派の多くの論説は，「都市化とコミュニティ」をセットで論じており，それは 1960 年代以降 1990 年代初頭まで，日本都市社会学でも類似の言説を導き出した。

要約すると，アーバニズム論における独立変数としての都市化と近代化は，都市の生態面における「侵食」，社会関係の「衰退」，個人意識が粉末化する「分解」を生起させ，流動性の強まりが故郷を「喪失」させると論じられてきたように思われる。しかし実際のところ，都市生活はどうだったのか。ホワイトがその著『ストリート・コーナー・ソサエティ』（Whyte, 1943〔1993〕＝2000）で論証したように，スラムでもギャング集団にさえ一定の秩序があり，反社会的ではあるがギャングなりの規範が認められた。

ウェルマンの 3 類型

コミュニティ研究史に残るウェルマンの 3 つの類型（Wellman, 1979＝2006）もまた当時から利用されてきた。ウェルマンは研究対象としてのコミュニティ

---

*11　1920 年代からシカゴ大学において，社会学者パークやバージェスを指導者とする研究者集団が現われ，実証研究で多くの成果を残した．人間生態学は，シカゴ学派が生態学の方法と目的を社会学の実証研究へ応用した分野を指す．

*12　L. Wirth（1897-1952）．アメリカの都市社会学者．ユダヤ人コミュニティを扱ったモノグラフ『ゲットー（The Ghetto）』（1928＝1981）を著わし，アーバニズム論を体系化した．マンハイムの『イデオロギーとユートピア』（1929）の英訳者としても知られる．アーバニズム論は鈴木広の整理（1973: 13）を参照．

*13　デュルケムが『自殺論』（1897〔1960〕＝1985）で無規範性として論じた後，各方面で多用され，無力感，無意味感，絶望感，自己疎隔感までを含む用語として使われている．

の現状を，喪われた (lost)，存続している (saved)，出入り自由である (liberated) と規定する。この類型だけからコミュニティ史の過程を総括することにはもちろん無理があるが，リンド夫妻の『ミドルタウン』（第4章で詳述）のような包括的な実証研究の成果は，日本の都市でも活用可能である。そのためウェルマンの3類型の活用は，時空を超えて広くコミュニティを発見する可能性を拓いた。

　歴史的なコミュニティ論は，資本主義の歴史的変動と重なりつつ，それに適合するコミュニティ定義の形成史でもある。学問の世界でも通俗的論説でも，ある時期までコミュニティは存在してその機能も健在であったが，現在では失われたとする意見が根強い。都市の居住者にとって，近代化，産業化，都市化を伴う社会変動は世俗化に等しく，伝統的なコミュニティの破壊を意味するようになってきた。

地域性とコミュニティ

　社会学史をひもとけば，コミュニティ概念は，「社会学上の単位という考え方のうち最も根本的で到達しにくいものであり，定義することが非常に困難なものの一つでもある」(Bender, 1978: 5)。とりわけ期待概念としてのコミュニティには，人間関係のなかでも優しさや互助という性質が込められるので，ある一定の場所としての地域性よりも，ある特定の経験として理解したほうが有効である。その意味で単純化すれば，コミュニティとは「コミュニティが興るところに生まれる」といってよい。

　もちろん，地域性がそのような経験を育むことは観察されてきた。西部開拓時代のアメリカでも，きだみのるが参与観察して描き出した昭和20年代の東京都恩方村でも，コミュニティはそういう優しさや互助が横溢する関係の容器であった。しかし，バーチャルな関係が世界中で可能な21世紀の時代に，地域性をコミュニティ要件としてあらかじめ想定することは，観察された事実の解釈にとって混乱の原因となることも承知しておきたい。

社会的ネットワークと共有された関係

狭義のコミュニティは、「相互性と感情的結合を特徴とする社会関係のネットワーク」として定義されてきた。このいわば「人間の社会環境」の「社会的ネットワーク」こそコミュニティの本質であるという理解は、今日でも有益な場合がある。特に家族、近隣、友人集団などは、個人を取り巻く近接した関係からなる社会環境だから、コミュニティ論では開放的な社会関係における相互性と実質的結合性がつねに求められる。

関係を共有する個人はしばしば親密であり、通常は対面的に接触するので、コミュニティとは交流（communion）であるという立場も成立する。今日的な視点でいえば、コミュニティは永続的関係をもつ人々から構成される必要はない。しかしそれは、ある一時点では仲間であるために、相互のアクセスをもち、互いに助けあう人々ではある。集まり（togetherness）（55 頁）が内包されることが接触と交流の基盤である。

マッキーバー（53 頁）によれば、コミュニティとは「共同生活の相互行為を十分に保証するような共同関心が、その成員によって認められているところの社会的統一体である」（MacIver, 1917＝1975: 135）。したがって、人々の関心の共有を探求することになるが、日常的関心は特定の目標に志向するわけではない。コミュニティはより広大な社会集合の一部である反面、それとは異なった社会集合でもあり続ける。全体社会の小宇宙では決してなく、コミュニティはより大きい全体社会やアソシエーションなどの社会集合と緊張状態にある特定の性質をもつ。

連帯性と凝集性

一般にコミュニティの特徴とされる連帯性（solidalité）や凝集性（cohesion）（15 頁）は、統一と調和を前提とされることが多い。同時に、結合と分離（32 頁）の関係性においては、コンフリクトはむしろ常態といってよいから、コンフリクトの欠如さえもコミュニティの定義に加えられる場合がある。なぜなら結合の典型のような家族内にも、夫婦間、親子間、兄弟姉妹間にコンフリクトは発生するのだから。

実体概念として用いられるコミュニティは、状況次第で規範概念にもなり、

その際には社会目標にさえ転用される。時間をかけて達成されたコミュニティは，それに直接貢献した成員だけではなくもっと多くの周辺の成員をも支援し，居住者全員に特定の利益を与えることになるから，コミュニティ創造ないしはコミュニティ機能強化の成果は大きい。

しかし，合理化が進む資本主義社会において，統一と調和が強く期待されるコミュニティは道具的目的としてのみ役立つのではない。理論社会学が明らかにしたように，社会を束ねるものは価値と規範である。キャントルは，現代都市における社会的凝集性の増進にとって，使命感（mission），未来像（vision），価値（values）の意義を繰り返し強調した（Cantle, 2005: 168）。

有限責任のコミュニティ

コミュニティは全体社会のなかの部分社会にあるとすれば，コミュニティの全体像を理解する方向はどこにあるか。一つはグリアのいう「有限責任のコミュニティ」（community of limited liability）に切り替えて，コミュニティの全体像解明を放棄することである（Greer, 1962＝1970）。コミュニティが抱える多様な領域からいくつかを選んで，そこでのリーダーやフォロワーの関係性を議論するのは，CPS（コミュニティ権力構造）*14 手法に近いダールである（Dahl, 1961＝1988）。権力エリートが都市の全領域に関わって支配するというハンター（Hunter, 1953＝1998）の結論を否定すべく，都市の3領域に限定して，部分的で重複しないリーダー像を描き出した（金子，1982）。

手法も対象都市も異なるので，ハンターもダールもそれぞれに正しいといわざるをえないが，この研究領域の「コミュニティ」の使用法は単なる枕詞に近い。コミュニティ権力の社会学では，パワーの定義・指標・分布に関心が偏在しており，コミュニティとは都市自治体と同義になっていた。

また，相互性と感情的結合を重視しすぎると，コミュニティ研究は村落社会学と結びつくよりほかはない。日本でもそのような傾向はコミュニティ研究史の伝統に残っている。村落のなかの集落だけでなく，都市のなかの市街地と近

---

*14　コミュニティレベルの政策決定において，誰が権力や影響力をもつのかを課題として，1950～60年代にCPS（community power structure）論争が盛んになった。ハンターのコミュニティ権力エリート論を発端として，これに対抗するダールの権力多元論などが論じられた．

隣もコミュニティとして研究されたからである。対照的に，地域を越えて見出される共同のネットワークを採る視点が仮定されれば，コミュニティ機能を今日的観点で応用できる契機が得られる。

コミュニティ変容理解の補助線

コミュニティという用語が「地域を越えた人間の相互作用を根幹とする社会的ネットワーク」と理解されると，歴史的現象として本格的にコミュニティを捉えることが可能となる。アメリカ西部開拓史において，どのような経験がコミュニティという構造的形態を生み出してきたのか。どれくらいの期間でそしてどんな意味合いで，新設された町はコミュニティとなったか。鉄道の敷設などの影響で，その町がコミュニティとしての意義を住民に提供しなくなった時に，コミュニティはどう変容したか。政治制度や経済制度に対してコミュニティがもつ関係とは何か。

もしコミュニティについての多くの思索が，基本的に非歴史的な社会変動のパラダイムによって形成されるならば，「コミュニティ変容と高度成長期」のように，理論と歴史を結びつけて，そこでの関係性の理解が進むはずである（金子，2009a）。理論的な実りだけでなく，歴史的にも適切な方法で，研究を導くようなコミュニティ論の結果，いくらかでも理論的成果が得られれば，コミュニティ経験のなかでの社会システム変動パターンのヒントも摑める。

現段階でコミュニティについて共有された知見を使い，過去と現在でコミュニティの位置について新しい理解を刺激し，新しい視点を開拓するためにはどのような補助線が開発されたらよいのか（片桐，2011）。

共生（living together）

コミュニティとは，成員同士のつながりが相対的に強い人間の集合体を指す用語である。その根底には共生（living together）＊15 が存在する（金子，2007）。対比されるアソシエーションとしての利益社会や団体では共生も当然あるが，競争（competition）や対立（conflict）が前面に現われることも多い。

＊15　生物学の用語である共生 symbiosis は相利共生を意味することが多い。しかし，人間の場合は，相利だけではなく利害の不一致も含む living together として広く理解される．

第 2 章　コミュニティの社会学史

　価値論的な文脈では，基礎社会としてのコミュニティはそこに収束する単一価値で特徴づけられ，一方の利益社会としてのアソシエーションの価値観は多元性に富む。機能論的な文脈では，コミュニティは多機能で特徴づけられ，他方アソシエーションは単一の目的と機能をもつ。この対照性は両者の根本的な相違を示しており，意図的に強調される場合もある。要するに，コミュニティは人間の感情と身体に直結した共生の集合体であり，利益社会は人間の理性と役割の両方で演じられる競争や対立の舞台である。

　空間的な社会形態では，農村がコミュニティ性に富み，都市が利益社会になり，それぞれに社会関係の特徴が異なる。都市の利益社会は，アーバニズム論として体系化され，大都市に特有の人間関係構造も析出された（籠山編，1981）。

　総論的にいえば，コミュニティにおける社会関係は，永続性，緊密性，相互性，人情味に富み，逆に都市社会では刹那的，他者依存であり，利益志向が強いために人情味に欠ける。なぜなら都市社会では，経済的交換が正式な契約に支配され，商品の売買が日常的となり，そこでは成員自身の利益追求が基本原則になるからである。いわゆる「他人指向型パーソナリティ」（Riesman, 1961＝1964）＊16 はその典型的モデルである。しかしコミュニティ問題の根幹には，利益社会としての都市においてどのようなコミュニティを創造するか，コミュニティ機能を強化するには何をどうすればよいかという問題が継続して潜んでいた。

5 種類のコミュニティ理解

　コミュニティを理解するには，5 種類の学説と方法があるように思われる（表 2-4）。

　社会システム論を基盤にした社会構造概念は，ヒトに関する人員配分と，有形のモノと無形の文化の両者を含む資源配分が融合した構成として認識される。特に無形文化として，価値や規範を独立させることもあり，とりわけ情報の意

＊16　社会学者リースマン（D. Riesman, 1909-2002）の用語．同調様式 3 類型の一つであり，他者の意向に気配りして，同調する社会的性格を表わす．ほかの 2 類型は内部指向型と伝統指向型パーソナリティとされる．

表2-4 コミュニティの学説と方法

1. 社会学の立場から，コミュニティを一種の「社会システム」と理解する
2. 関係論の立場から，コミュニティを一つの「共存関係」と理解する
3. 福祉学の立場から，コミュニティを一種の「共生関係」と理解する
4. 生態学の立場から，コミュニティを一つの「地域空間」と理解する
5. 人類学の立場から，コミュニティを「習慣と慣習の体系」と理解する

義を強調する視点も有効である。

　これらすべてを包摂する社会構造の視点からは，コミュニティとは「地域社会を単位とした，永続的な共助と支援の社会システム」になる。ただし，個人負担，社会資源の提供と活用，行政サービス享受，個人財産の多寡，権利と権限の大小，権力分布の強弱，ソーシャル・キャピタルの豊富と貧困などの面で，それぞれに不公平性が存在する。むしろ取り上げるコミュニティの特性が，関係論的か，生態学的か，人類学的か，社会学的か，そして福祉を追求するかに応じて，不公平性が強まる可能性もある。この傾向は，コミュニティ権力構造（CPS）の函数として，ハンターとダール以来明らかにされてきた（金子，1982）。

　また，コミュニティを居住と職業の機能的地域空間とする考え方もある。コミュニティは居住地域における社会的ネットワークから構成され，成員の社会活動参加の基盤にもなる。そのために日本でも，今後の「少子化する高齢社会」において地方に基盤をもつ（locality-based）コミュニティづくりにこれまで以上に期待が高まる。

第3節　都市社会学におけるコミュニティ

地理的範域としての地域性

　地域性の観点から多くの社会学者は，コミュニティを集落，村落，近隣，町，都市，大都市圏のような空間単位として使用してきた。その立場から見たコミュニティは，一定の場所を指し，住民が暮らしを維持するところであり，生活物資を購入し，子どもを育てる社会でもある。

　しかし，コミュニティはlocality-basedではあるが，localと同義ではないか

ら，そのまま「地方社会」と見ることはできない。多くが local community として用いられているように，元来の community には locality の意味は含まれていない。「地方社会」や「地元社会」の訳語は local community で構わないが，community は「社会」であって，「地方社会」ではない。

地域社会のなかでは日常的に「社会的相互作用と共通の絆」（ヒラリー）が認められるとはいえ，成員同士の選択が働く。隣接する成員同士がすべてつきあう関係ではない。加えて，成員は居住地から日常的に移動するし，環境への働きかけを通して範域を修正しようとする。そこでは居住者同士の社会的相互作用を越えた広域関係が生み出される。それはバーチャルな関係を含みつつ，理論的には世界システムにさえ連結される。

独立変数としての地域性

地域性は従来から活性化問題や内発的発展論[*17]でも重視されてきた。砂金や石炭など天然資源に着目して，ゴールドラッシュや黒ダイヤ（石炭）で活気を帯びていた地域社会を取り上げた研究書は内外ともに多い。天然資源を求めて人口が流入して地域の変動を促進し，その資源によって新しく誕生するコミュニティは個性をもつようになる。天然資源がなくても，その積み出し港としての役割が果たせれば，交通という機能を媒介としたコミュニティも成立する。福岡県筑豊炭田と北九州の若松港，同じく三池炭鉱と大牟田港，北海道空知炭田と苫小牧港や小樽港などは，石炭が媒介した地理的関係の典型である。

この場合，石炭が増産され，人口が増加して，地域社会全体が成長するにつれて，外部世界とそれらを結びつける交通ルートが絶えず改良され，人口は拡散する方向をもつ。

地域性は日常的範域を明瞭に有するが，非日常的には，札幌で朝食をとり，東京で夕食を済ませて，札幌の自宅に戻ることが可能だから，移動空間の伸縮性は大きい。従来の地域性は便宜上「近接性」に置換されていたので，移動性が世界規模になると，対面的接触を軸とする「近接性」よりも，バーチャルな

---

*17　地域住民，団体，組織などが現状の変革と創造をめざし，経済面の成長や生活水準の上昇を含む発展を求める活動を総称する語．地元資源や地元のリーダーシップの重要性も強調される．

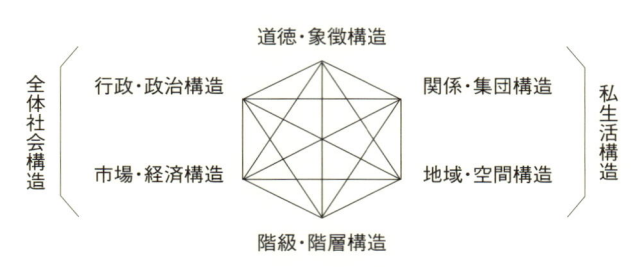

図 2-1　都市の社会構造
（出典）鈴木広編『社会学と現代社会』恒星社厚生閣（1993: 109）

（図：六角形の頂点に「道徳・象徴構造」「関係・集団構造」「地域・空間構造」「階級・階層構造」「市場・経済構造」「行政・政治構造」が配置され、左側に「全体社会構造」、右側に「私生活構造」と示されている）

表 2-5　生活構造と生活行動

生活構造	フォーマル関係 （公的，正式）	ボランタリー インボランタリー	生活拡充行動 生活基本行動
	ノンフォーマル関係 （共的，略式）*18	ボランタリー	生活拡充行動
	インフォーマル関係 （私的，無式）	達成的（友人，同僚，近隣） 帰属的（親戚，近隣，家族）	生活拡充行動 生活基本行動

接触によるコミュニティもまた出現する。ただし対面的でもバーチャルでも，人間の「群居の欲望」（高田保馬）は決して消滅したのではない。

社会集団としてのコミュニティ

次に，社会集団としての接点をもたせつつ，コミュニティをソーシャル・キャピタル論の文脈でも検討しておきたい。社会集団とは，成員のメンバーシップ，役割集合，規範を含むものである。社会構造として見たコミュニティの統合は，社会的相互作用が根幹をなし，成員のインフォーマル関係とフォーマル関係に分割される。なお，コミュニティ・ケアの研究では，後者の一部に専門アソシエーションを独立させることがある。

図 2-1 のように，地域性と集団性を都市の社会構造に位置づけておきたい。とりあえずは「私生活構造」部分に着目すると，表 2-5 を得る。

コミュニティが集団特性を保有することは，少なくともある程度は明らかである。すべてのコミュニティは一定の成員（すなわち住民）をもち，成員にさ

---

*18　フォーマル関係（組織等の公式的関係）とインフォーマル関係（非公式な仲間関係）の中間に位置する関係様式．任意性に富む一方で，共的・達成的・選択的に形成される．

まざまな役割を割り当て，成員の同調が期待される独自の社会規範をもっている。それは個人の側から「生活基本行動」と「生活拡充行動」に分けられる。

しかしコミュニティを社会集団と考えるならば，組織的なアソシエーションとしての社会集団とコミュニティとは区別しておきたい。なぜなら，集団としてのコミュニティは地域性を軸とするタテのシステム特性をもつからである。日本の地方制度からいえば，大字，丁目，市区町村，都道府県，日本国へとシステム統合されているから，垂直次元の考慮が不可欠になる。鈴木栄太郎[19]の「結節機関」説[20]もまた，この文脈で活かされる。

もう一つの軸は社会集団がもつヨコの水平的次元になる。コミュニティにおける多数のアソシエーションはいずれも水平的な関連をもつ。市役所と医師会，企業と警察，病院と学校，銀行と郵便局などは，すべて水平的な関係にある。

社会システム論としてのコミュニティ

この垂直性と水平性を考慮したコミュニティ・システム論は，ウォレンに顕著である（Warren, 1972）。そこではコミュニティを「地域に関連する主要な社会機能を遂行する社会的単位とシステムとの結合」と定義している。ウォレンが示唆するコミュニティ・システム分析には，下位システムとして社会化，社会統制，社会参加，相互扶助，生産，分配，消費という「地域関連」機能が想定されている（金子，1982）。

実際のところ，社会システム論アプローチは，社会集団アプローチの洗練された形である。社会集団と同じく社会システムは，一定の成員，役割，規範をもっている。社会システム論におけるメンバーシップは，地理的，心理的，社会的なさまざまな境界をもつ。もっともこの「境界」にこだわりすぎると，コミュニティ論の闇に突入することになり，非生産的議論で堂々巡りのジレンマに陥ってしまう。「境界」は相対的な性格を帯びるから，最初から私はこのテ

---

[19] 鈴木栄太郎（1894-1966）．農村社会学，都市社会学の分野で卓抜な成果を上げた．『日本農村社会学原理』（1940）と『都市社会学原理』（1957）が代表作品．前者の「村の精神」，後者の「正常人口の正常生活」は今日でも活用可能な概念である．
[20] 鈴木栄太郎の用語．社会的交流の機会を増加させ，都市機能を充実させる諸機関．成員の職場としても大きな意味をもつ．自然村（44頁）も鈴木の概念．行政村の対概念で，農村生活が累積した村落を指す．

ーマに深入りしない方針をとってきた。

　そうすると，共住する集合体としてのコミュニティの充足性が問われる。なぜなら，成員の生活全体では，出入り自由な「境界」を越える特定関心の共有が曖昧になってしまうからである。都市化と高齢化が進んだ現代の都市社会では，すべての人間関係がコミュニティ「境界」内部だけに限定されることは一般的にはありえない。コミュニティを総合的で包括的な全体像で理解しようとする古典的な解釈では，この問題の説明が困難になる。

　コミュニティ内部の充足性は，日本ならば昭和初期までの自然村，アメリカならば西部開拓史初期の小さな町ではもちろん見出されるが，交通機関を利用して日常的移動が激しくなった頃からは，コミュニティ内部の完結性は薄らいだまま推移してきた。確かに潜在的には自らのホームコミュニティ（家郷）において，人間は基本的生活欲求を充足していたという思いを消し去ることはできないが，それは追憶のなかの出来事に近い。

相互作用ネットワークとしてのコミュニティ

　社会システム論のもう一つのアプローチとして，コミュニティを社会的相互作用のネットワークと考えることがある。この相互作用アプローチでは，相互作用が個人間のみならず，集団間や集団と制度との間にも生まれるという公準が存在する。ただし，相互作用アプローチとコミュニティ・アクション論（158頁）とは区別をしておきたい。なぜなら，コミュニティ・アクション論は，性質において共同活動とそうでない活動に分けて考えるからである。

　コミュニティ・アクションは「特定の目標に向かって複数の人間が集まりその達成に努力する運動」（金子，1997: 123）だから，「特定の目標」が「コミュニティネス」をもたない場合も発生する。「コミュニティネス」（community-ness）*21 とは「地域社会の一部から生じる問題を解決・処理するために，地元の住民が集合的に行為したりすること」（同上: 125）であるから，全体社会の経済活動の停滞や国家政策の不備から生じる失業率の増加などは，地方限定

---

*21　コミュニティ・アクションのなかで，ローカリティの程度が高く，地元の人々がどれだけ含まれているかなどで判断される操作概念．コミュニティ・アクション論は158～160頁参照．

(locality-based) のコミュニティ・アクションだけでは解決できない。

　相互作用の見地からは，次段階のインプット・スループット・アウトプットの連鎖関係が生み出される。しかもそこでは下位システムの考え方から，下位システム間の連携や，その集合的頂点にある全体的コミュニティ社会システムが浮上する。

コミュニティ社会システム論の応用

　コミュニティを社会システムとして解釈する社会学の立場では，インプット（投入）資源とアウトプット（産出）資源を分類するメリットが得られる。たとえば，コミュニティ社会システム論をQOL研究に応用する際には，まずインプット指標を揃えて議論し，そのあとでアウトプット指標によるQOL水準を測定したい（金子，2008: 103-128）。同時に，コミュニティ社会システムのネットワーク論では，コミュニティの水平軸と垂直軸とを区別しておきたい。ここでいう水平軸とは「地域性のある個人対個人の関係や集団対集団の関係を含」み，一方垂直軸は「地方の利益集団への個人の関係と地方，州，国家組織に対する利益集団の関係とを含む」（Warren, op.cit.: 237-302）。

　ただし両者はうまく利用しないと，諸刃の剣になる。たとえば市のマスタープランに，インプット指標（投入指標）とアウトプット指標（産出指標）が混在していることがある。札幌市の「第二次札幌新まちづくり計画」では，市民による「子育てしやすいまちの評価」や高齢者による「介護予防事業への参加者数」はアウトプット指標だが，「中小企業向けの融資額」や「認知症サポーター養成数」はインプット指標である。この両者が混在すると，全体がわかりにくくなる。

　社会システム論の観点で，コミュニティをその下位システムのネットワークとして考えると，コミュニティの成員や集団の間で，それらの相互関係をまとめやすくなる。同時にそれによって，成員と集団，そして集団間における相互作用の性質が特定化できるし，相互作用する集団のリーダー間の関連まで含めることが可能になる。たとえば児童虐待問題の解明に際して，児童相談所と小中学校との関連ならびに児童相談所と市保健福祉部との関連を具体的に追求しやすくなる（金子，2009a: 204-215）。

コミュニティを相互作用ネットワークととらえる場合，そこでの社会過程には協同，競争，葛藤，対立などの人間生態学的現象，あるいは社会的事実＊22が混入する。社会成員間に協同が促進され，競争，葛藤，対立などが緩和される。人為的なコミュニティ・アクションでも，協同，競争，葛藤，対立が含まれるほか，移住，移動，集中，集合，拡大，分権，分散，侵入，推移，棲み分けなどもコミュニティにおいて顕在化する。

　このなかから，たとえば協同という社会現象に着目して，自治体レベルを対象にした内部分析と，上位にある都道府県や中央政府官庁との関連にテーマを広げる外部分析が並存してきた。内部分析の調査では，住民基本台帳などから無作為抽出によるデータ収集，すなわち500人規模の訪問面接を実施する調査が多く取り入れられてきた。外部分析は，公開された情報，すなわち行政機関の中央と地方支所，企業の本社と支社，団体の中央本部と出先機関などのデータを活用して行われてきた。

協同，競争，葛藤

　コミュニティ内外にはともに，協同，競争，葛藤が認められる。たとえば民営化以前の日本郵政公社と北海道警察は「P&P」セーフティ・ネットワークとして協同関係にあった。しかし，郵政民営化の後では，それらの関係は解消されてしまった。その肩代わりはどのコミュニティ単位も担っていないから，「P&P」連携が消えた分だけ，北海道のセーフティ・ネットワークは弱まったままである（金子，2006a: 199-203）。

　理論的には，コミュニティネスとコミュニティへの心理的同一化が，地域内部の逸脱行動，社会解体，犯罪発生などの抑止に有効である。逸脱や解体などが多ければ，社会不安が高まり，それらは社会成員を直撃する。

　日本の都市における市民の大半は，現実に自らが居住するコミュニティに同一化しているのかどうか。現代コミュニティは，地方レベルから発する特定の共通価値と規範によって特徴づけられるのか。不幸にも，これらの問いに全面的に答えるほどのコミュニティ調査は実行されてこなかった。

　＊22　fait social. 社会現象をモノとして客観的にとらえる見方．デュルケムは社会学を，社会的事実をモノのように観察する実証科学であるとした．

おそらく，大部分の市民は，同質的な社会システムに全体として帰属することから生じる安定性と承認を求めるはずである。同時に，この帰属性は個人の成長を妨げ，個人が保持する別の希望と欲望の達成を妨げるかもしれない。このために，社会学的なコミュニティの定義において，共通の絆やアイデンティティと包摂を主張するには，注意深い検証と調査を必要とする。

　歴史的に見ても，すべてのコミュニティは個人の健康で安定したパーソナリティの発展に決定的な関わりをもつ。リプセットの「態度決定の地域社会」（community of orientation）はその理論化の第一歩であった（Lipset, 1955＝1978: 152）。犯罪，児童虐待，精神病，離婚，社会不安は個人的悲劇のみならず，実体としてのコミュニティにとっても多様なコストを負わせる。コミュニティ・モラールとノルム（鈴木広編，1978）はまた，社会統合にとっても有効であり，コミュニティの価値，信念，規範に個人を同調させるに十分な効果を発揮する。

第3章　コミュニティの応用社会学

キーワード：社会的保護，Aidez-moi，家族力，生活協力と共同防衛，社会集合，
　　　　　　集合と共生，心の習慣，公と私，互と共，支援

第1節　フランスに見る個人主義社会

社会問題への応用

　QOL研究に関心をもち，それをコミュニティ・レベルで具体化する方法を模索してきた私は，取り上げる研究テーマを社会的保護（la protection sociale）の対象としてまとめてきた。これは社会問題論としての応用研究に近い。そして，政策提言にふさわしい情報を生み出すために，独自の都市社会調査を進めて，膨大な社会学的データを収集してきた。

　たとえばフランスでは，大革命の理念であり，現代のフランス共和国の支柱ともなっている自由（liberté），平等（égalité），博愛（fraternité）は並列関係ではなく，自由が突出しており，自己責任の掛け声は博愛すらも著しく弱める状況をもたらしているように思われる。フランスでも，失業その他の理由で制度としての高負担高福祉の枠内から外れると，文字通り路頭に迷い路上で"Aidez-moi"（助けてください）を叫ぶことになる。しかも理念とは裏腹に，万人が実際に博愛精神を共有しているわけではないことを調べてきた。

パリ調査から

　駆け足のパリ調査を始めて8年になる。フランスは1994年の合計特殊出生

率が最低の1.65だったのを2009年には2.01にまで戻したという意味で、世界の先進国で少子化対策が成功した唯一の国である。その理由を国民のライフスタイルと政府による家族支援制度から調べたいと考え、初級程度のあやしげなフランス語にもかかわらず、数回出かけてみると、ヒントらしきものが少し見えてきた。

　革命の伝統を受け継ぐ国民がもつ強い個人主義志向、それを基盤とした高負担高福祉を実行する強い政府が、多様な少子化対策メニューにも読み取れる（金子、2007: 150）。大学卒業までの授業料が原則無料であることも日本人にとっては驚きだが、それを支える付加価値税（消費税）が19.6％であることにも感心する。付加価値税の例外は食料品と書籍の5.5％と医薬品の2.1％である。パリに一週間でも滞在すると、日本とは異質な社会であると痛感する。

　フランスでも日本同様に「自己責任」が語られている。自らの行為に責任をもつのは当然であるが、たとえば失業はむしろ企業や政府の責任である場合も珍しくない。表3-1はフランスの経済統計研究所が公表しているデータで作成した。21世紀になって高い失業率には一定の歯止めがかかったように見えるが、7.4％は決して低い数字ではない。

失業者の「路頭」パフォーマンス

　失業することを「路頭に迷う」（être à la rue）と表現し、日本語では「路」、フランス語ではrueを用いるのは同じである。ただし英語ではroadを使わない。

　パリ市内を歩いていると、大きな駅前や繁華街や観光名所では、「路頭に迷った」らしい異なる肌色の老若男女が、その「路頭」で生活の糧を得ようとする光景に出会う。「自己責任」社会ではla communauté（コミュニティ）は機能せず、加えて強い政府による支援対象から洩れ落ちた人々は、何種類かの「路頭」パフォーマンスを披露し、生きている。

　まずは歩道に座り、"Aidez-moi"と手書きした紙を添えた小銭入れを前におき、道行く多数の人の善意を期待する人がいる。ここには小道具はなく、演技もない。

　次に、歩道に座り、その横に犬か猫を寝そべらせて、同じく通行人に期待す

表3-1　フランスの年次別失業率

年次	失業率(%)
1990	7.9
1995	10.1
2000	8.6
2005	8.9
2006	8.8
2007	8.0
2008	7.4

（資料）Institut national de la statistique et des études économiques

図3-1　"Aidez-moi"のメッセージカード

Je suis sans abris. J'ai 4 frères
Aidez-moi pour trouver du travail et vivre avec ma famille.
Si vous avez un bon coeur, s'il vous plaît aidez-moi avec tout ce que vous pouvez.
Merci beaucoup.
Que dieu vous bénisse.
1 piece ou
1 ticket restaurant

る人がいると同時に，手回しの大きなオルゴールで音を鳴らしている人もいる。これには犬猫に惹かれて若干の善意が集まるようだ。営業中は犬猫ともにおとなしく眠っている。パリ在住の知人によると，眠っている時間が長いので，なぜだろうと話題になっているらしい。

　第三には，ツタンカーメンの衣装を身にまとったり，真っ白な石造風のコスチュームの人間立像が名所旧跡に必ずいて，ボックスにコインを入れる音で，立像が微笑んでお辞儀をするという「路頭」パフォーマンスがある。

　第四には，楽器を小道具とする人々がいる。日本の都心にある繁華街でもギターのストリートミュージシャンはいるが，パリでの楽器はシャンソンに馴染むアコーディオンかバイオリンである。男性が多く，繁華街の街角とともに地下鉄コンコースでよく見かける。また地下鉄車両内でも突然の演奏が始まり，この場合はカップルの女性が集金に来る。

"Aidez-moi" というメッセージ

　個人主義社会では勝者も敗者も自己責任を当然とするために，足早に通り過ぎるパリ市民も団体観光客も乗客も大半が知らんふりである。個人主義社会における他者との関係様式の一端がそこにもうかがえる。

　2007年の調査で初めて遭遇したのは，10行ほどの簡単な文章が印刷された10cm四方の黄色い厚紙という小道具であった（図3-1）。

　オペラ座に近いサンラザール駅で，パリから北西方面に1時間20分のルーアン行きの特急列車出発時刻10分前のことである。フランス国鉄は出札改札

ともに駅員はおらず，自動改札機もないので，プラットホームには入場券なしで誰でも入れる。もちろん停車中の車両にも乗り込める。

　そのアラブ系の25歳前後の若者は，ゆっくりと後ろから私に近づき，その厚紙をいきなり目の前に差し出した。10行の文章を読んでみると，それには「私には住むところがありません。4人の兄弟がいます。職を探すために，また家族と一緒に生きるために，助けてください。もしあなたが優しい心をお持ちなら，できることすべてでどうかお恵みください。どうもありがとう。神のお恵みを！」と書いてあった。

　細かな会話表現ができぬ悲しさで，思わずここだけは私も1ユーロ（当時160円）を差し出してしまった。「できることすべて」が1ユーロでは話にもならないが，30枚ほどの厚紙を手にしていた彼は，始発から終電まで同じ行為を繰り返して，「営業」しているのであろう。

「路頭で迷う」人を社会保障制度が救えない

　このように，「路頭で迷う」人を社会保障制度が救えない場合でも，コミュニティによる支援はなさそうであり，個人の側も可能な限りの工夫をして，「路頭」において生き延びる算段を余儀なくさせられる。

　長らく家族，地域，企業などの集団主義に浸ってきた日本人には，ここに紹介したようなパリの「路頭」パフォーマンスは不可能なライフスタイルであろう。集団主義には他者への配慮が当然のこととして含まれているから，日本での個人は絶えず周囲にいる人との距離を意識する存在にほかならない。そのために，自己と身近な他者が無限に融合して，「自己責任」は析出されず，「全体責任」に変貌する。その一部をコミュニティが受け持ってきた。

　駆け足の異文化経験から，次に社会学のなかのコミュニティ論の応用を考えてみよう。

第2節　コミュニティの有効性

マッキーバーのデビュー作品

　マッキーバー35歳のデビュー作品でありながら現代社会学の古典になった

第3章　コミュニティの応用社会学

『コミュニティ』(MacIver, 1917＝1975)＊1を精読すると，日常語であったコミュニティが専門用語に昇格し，さらに1950年代から政策用語にも転用されてきた理由がよく理解できる．古典とは汲めども尽きぬ源泉なのであろう．そのなかでずっと気になってきた文章がある．それらは「『自然』は社会が作り出した問題を何ら解決しない」(*op.cit.*: 432)と「作り出された危険は社会自体が克服してゆかねばならない」(同上: 430)である．

私の古典精読法では，まず「社会が生み出した問題」を正確に認識して，その「社会自体の克服」の方針と方法を正しく問いかけようとする．社会学史の学習からは，「社会自体が克服」していくには，パーソンズ風のAGIL図式＊2に照らしても，政治，行政，経済，文化などの領域において共通する「共同活動による解決」をめざすという方向が想定される．かりに「共同活動」の問題ならば，これまでのコミュニティ論に肥沃な土壌があるので，そこから学ぶしかない．

そこで私は，1980年代当初も膨大な蓄積を示していたコミュニティ研究領域に参入した．35年間に私がコミュニティ論として学んだテーマを順次まとめると，最初にコミュニティ権力構造とリーダーシップの実証研究を主体とするCPS論争を整理した．ついで，地域の防犯活動，自然災害からの安全行動，ソーシャル・キャピタル，地域福祉，町内会，ボランティア活動，コミュニティビジネス，子育て支援行動などを，自らの応用コミュニティ論の課題にしてきた．

とりわけ高度成長が終焉した1972年以降の時代では，経済的豊かさを追求してきた日本人の共同関心（common interest）が分散し始めていた．そして，個人主義（me-ism）や私化（privatization）の形態をとりながら，自由や生き

＊1　R. MacIver (1882-1970)．イギリス生まれのアメリカの社会学者．コロンビア大学で長らく社会学を担当する．多元的国家論者としても多数の著書を刊行した．民主主義や社会問題にも目を向け，実践的な発言や提言も多い．

＊2　T. Parsons (1902-1979)．アメリカの理論社会学者．ヴェーバーとデュルケムをはじめとする理論研究を基盤として，独自の行為論から理論社会学の体系を打ち立てた知的巨人．家族，経済，政治，歴史，宗教などの多分野で大きな業績を残した．著書に『社会システム』(1951＝1974) ほか．富永・徳安編『パーソンズ・ルネッサンスへの招待』(2004) で全貌がわかる．AGIL図式はパーソンズが開発した機能分析のための枠組み．A（適応 adaptation），G（目標達成 goal-attainment），I（統合 integration），L（パターン維持と緊張処理 latency）と名づけられる．個人行動や集合行動から全体社会まで適用可能である．

がい志向などで表明される個別の離散関心（discrete interest）が発生していたので、「離散」を「共同」に向かわせる手伝の解明に論点を固定した。同時に「豊かさ」の直接測定法として、多くの期待を集め始めたQOL研究と社会指標にも取り組んだ（金子編，1986）。

社会問題志向

QOLにはその後も断続的に関心をもち、研究法やデータ分析を試みてきた（金子，2008: 103-128）。それをコミュニティ・レベルで具体化する際には、社会的保護（la protection sociale）の対象としてまとめた。これは社会問題論としての応用に近いが、その基底にはイギリスのベバリッジ報告以来の社会問題となっている。①貧困(la pauvreté)、②不衛生(l'insalubrité)、③病気（la maladie）、④無知（l'ignorance）、⑤失業（le chômage）などを、個別の社会学テーマとして正確に位置づけた（Montoussé & Renouard, 2006: 212）。

もちろんこれらの総合解決は社会学の既存データだけでは困難であるから、政策提言にふさわしい知見を生み出すために、独自の社会調査を進めて、膨大なオリジナルデータを収集してきた。その結果を政策情報として整備し、「観察された事実」からの現状分析によって正確な原因の把握を試みてきた。都市化調査はもちろん、高齢化調査、少子化調査も同じ方針を堅持した（金子，1993; 1997; 2003; 2006b; 2007）。

なぜなら一部の社会福祉学や地域福祉論のように、貧困、不衛生、病気、無知、失業という5つの社会問題を「生活困難」と見なして、その解決に一般的なコミュニティづくりや無償の地域福祉サービスを主張するだけでは、将来に向けた理論的見通しがほとんど得られないからである。そのような論述では、学問的な無力感が漂うだけなので、私は「生活困難」という構図を採用してこなかった。かりに現代社会学でコミュニティ概念を重宝がるのならば、諸学説の検討を通しての理論的前進をめざし、合わせてQOLの解明や社会問題解決への応用を心がけるしかない（第5章の児童虐待問題などを参照）。

コミュニティの核は集まり（togetherness）

その第一歩は、コミュニティの意味を学術的にとらえ直すことである。コミ

ュニティという言葉は文字通り英語圏の日常語であり，ある場所に住むすべての人々を指す一方，共通の関心，職業，宗教などをもつ人々の集団を意味することもある。

しかし，コミュニティは社会の根幹を成す集まり（togetherness）を強く内包する。個人は群衆の一部にもなりうるが，多くの場合は「住所不定無職」ではなく，居住地が一定して，職業に代表される社会的地位をもつ。そこにはいつも多くの中間集団が介在する。集まりを内在化させた家族，近隣，企業，社会集団，団体組織，社会運動などは，個人と社会を結びつける重要な中間集団であり，コミュニティもまた同じレベルで想定されてきた。それによってさまざまなコミュニティ機能が発生する。

今日，家族ですらその定義の不明瞭性に悩まされているが，それは「血縁に基づく小集団」をはるかに越えた変容が，家族を取り巻く社会全体で発生したからである。成人男女の組み合わせだけではなく，フランスのように連帯民事協約 PACS（pacte civil de solidarité）を認め，男男と女女のカップルも公認した国もある。日本でも，里親制度に見るような非血縁を軸とした新しい家族の誕生を支援する動きが始まっている（園井，2011）。

家族力の低下

伝統的な家族力指標として利用されてきた「平均世帯人員」*3 は，「国勢調査」，「住民基本台帳」，厚生労働省「国民生活基礎調査」による3種のデータが揃う（表3-2）。調査主体の違いが微妙な数値の差異として出ているものの，1990年の平均世帯人員3.0人が2005年では2.5人にまで減少した傾向は確実に把握できる。すなわち，この指標から21世紀の今日では小家族化が鮮明になったことが指摘できる。

そして家族力の低下は自殺の増加と無関係ではない。2009年5月に警察庁は，日本国内で2008年に自殺した32,249人のうち，原因・動機が遺書や関係者の話などから判明した23,490人の内訳を公開した（表3-3）。複数回答では

＊3　世帯は住居と家計を共にする人々の集合体であり，家族と近似するが非血縁者を含むところに特色がある。また就学などで本拠世帯を離れると，家族員ではあるが世帯員とは見なされない。

表3-2 3種類の調査による平均世帯人員

国勢調査 年次	(人)	住民基本台帳 年次	(人)	国民生活基礎調査 年次	(人)
1990	3.01	1990	2.98	1989	3.10
		1995	2.82	1995	2.91
2000	2.67	2000	2.66	2001	2.75
2005	2.58	2005	2.52	2004	2.72
		2006	2.49	2006	2.65
		2007	2.46	2007	2.63
		2008	2.43	2008	2.63
		2009	2.40	2009	2.63

(出典) 国勢調査, 住民基本台帳：総務省ホームページ
国民生活基礎調査：厚生労働省ホームページ

表3-3 自殺者の原因・動機
(2008年, 複数回答)

うつ病	6,490(人)
身体の病気	5,128
多重債務	1,733
その他の負債	1,529
統合失調症	1,368
生活苦	1,289
その他の精神疾患	1,189
事業不振	1,139
夫婦関係の不和	1,011
仕事疲れ	694

(資料) 警察庁公表データ

表3-4 一番大切と思うもの

年次	家族	生命健康自分	愛情(%)
1953	19	12	11
1958	12	22	16
1963	13	28	19
1968	13	29	22
1973	18	21	22
1978	23	23	27
1983	31	22	19
1988	33	22	18
1993	42	17	16
1998	40	22	17
2003	45	21	13
2008	46	19	17

(出典) 統計数理研究所編『国民性の研究 第12次全国調査』(2009)

表3-5 労働組合組織率の推移

年次	組合数	組合員数 (千人)	推定組織率 (%)
1970	60,954	11,605	35.4
1980	72,693	12,369	30.8
1990	72,202	12,265	25.2
2000	68,737	11,539	21.5
2007	58,265	10,080	18.1
2008	57,197	10,065	18.1

(出典) 矢野恒太記念会編『第67版日本国勢図会2009/10』同会 (2009: 95)

あるが，そこでは「うつ病」が6,490人で第一位となり，以下は「身体の病気」，「多重債務」，「その他の負債」，「統合失調症」，「生活苦」，「精神疾患」，「事業不振」，「夫婦関係の不和」，「仕事疲れ」の順であった。これらのうち，家族力がいま少し健在ならば防止できたケースは少なくない。

20世紀末から，家族力の低下とは逆に日本人の「一番大切と思うもの」として家族が挙げられてきた（統計数理研究所「日本人の国民性調査」，2009年）。なくしてから知る大切さの見本として，このデータは重要である。2000

年前後に日本の平均世帯人員が2.5人を割り込んだあたりから、いわばない物ねだりといえるほどに国民の間には「家族」重視が続いている。最新の2008年調査結果では、「家族が一番大切」はほぼ半数の46％までになった（**表3-4**）。

このデータからは、フェミニズム系家族論に見られる国家目標としての「家族の個人化」推進が、国民意識とは無縁な上滑りを示していることが裏付けられる。

中間集団の衰弱

小家族化という家族変容と並行して、町内会加入率の低下と労働組合組織率の低下もまた、現代社会における中間集団の衰弱を示している。日本都市研究における町内会は、世帯単位の加入、居住時点での自動加入、成員への支援活動、地元での共同作業、地元内部の親睦機能、行政補完活動、自治体への圧力団体機能、選挙時の推薦母体などの特徴を有してきた（金子，1993: 207-208）。

過去形にしたのは、町内会加入率が一貫して低下しているからである。北海道の主要都市でいえば、2008年での札幌市が73％、旭川市が62％、函館市が65％、室蘭市が73％などになっている。1985年の札幌市では87％、93年でも78％の加入率であったから、20年前に比べると、15％前後も下がってしまったことになる。他の北海道の諸都市でも日本都市全体でも加入率低下傾向は同様に認められるから、日本全体として総合的地域力が落ちたと見なしていい。

町内での関係も希薄化して、「孤独死」や「孤立死」も珍しくない。葬式の際の葬儀委員長さえ町内では頼みにくい地区まである。札幌市でいえば、交通至便な白石区は一人暮らしが多く、必然的にワンルームマンションが林立して、その居住者の脱地域が進み、町内会加入率は札幌市10区内で最低の57％に落ち込んでいる。

一方、労働組合組織率の減少も顕著である。**表3-5**は1970年から2008年までの調査結果である。高度成長期の頂点の1970年には、総評を中心にして35％の組織率を誇った組合もまた、その脆弱化は例外ではない。なぜなら、低成長に伴って組合数も組合員数も減少し、2008年現在の組織率は18％に下がってしまったからである。その最盛期から40年経過して、組合の組織率は半

減してしまったことになる。
　デュルケム＊4の時代から，個人の支えとして期待されてきた職業集団にもかげりが見える。その一部としての労働組合が衰弱し，小家族化が進行して，町内会離れが進む時代では，個人の安全確保網（セーフティネット）は衰弱せざるをえない。
　以上のように，家族や親族，町内会，企業組織や労働組合など個人と全体社会を媒介する中間集団が衰弱してきた時代に，個人は何を自らの存在基盤にできるのか。20歳代から65歳までの現役職業人は企業組織に依存できる部分が多いだろうが，定年退職後にはそれも困難である。代わりの町内会，老人クラブ，地域団体，サークルなどにも馴染めないならば，退職後の高齢者，子ども，専業主婦はどうするか。

生活協力と共同防衛
　一世紀前にデュルケムが語ったように，「われわれ自身のもっとも優れた部分は，集合体の投射にほかならない」(Durkheim, 1925＝1973: 108)。しかし，中間集団が劣化した今日，「投射したくなる集合体」がどこにあるのか。数多い中間集団のなかから，それをコミュニティとする理由と方法が，これまでの社会学では必ずしも説得的には展開されてこなかった。
　打開のための着眼点として，生活協力と共同防衛は，依然として有効である。鈴木栄太郎（43頁）の『都市社会学原理』（〔増補版〕1969: 53-68）が準備されていた1955年の日本全体の高齢化率は5％程度だった。「三丁目の夕日」に描かれたような地域社会では，日常的な生活協力と共同防衛は社会的機能としても重要であった。そして高齢化率25％を目前とする今日の「少子化する高齢社会」においても，高齢者やその家族が必要とするコミュニティ機能として生活協力と共同防衛を位置づけることには，一定の理由がある。
　町内会としても，近隣としてのインフォーマルな関係性のなかでも，さまざまな生活協力と共同防衛は果たされる。総合すれば，ソーシャル・キャピタル

＊4　É. Durkheim（1858-1917）．フランスの社会学者．社会分業論，自殺論，宗教社会学，教育社会学，道徳論などに大きな貢献をした．方法論的には社会学主義を採り，社会的事実の観察と考察を重視して，心理還元主義や本能説とは一線を画した．

論の延長線上に,「投射したくなる集合体」としてのコミュニティづくりが想定できる。

生活協力と共同防衛を含む相互扶助はコミュニティ機能の核になるものであり,これが「共同活動による解決」に果たす役割は非常に大きい。

だから,ヒラリーのように①地理的範域,②社会的相互作用,そこでの③共通の絆をコミュニティの最大公約数にするだけでは,その現実的有効性には欠けると考えられる（Hillery, 1955＝1978）。「共同活動」へのきっかけが不明だからである。多義性を容認しながら,科学的な正確さを求め,コミュニティ機能に適切な単位を探して,理論的に探求する重要性がここにもある。

第3節　集合共生するコミュニティ

複数の個人集合と社会集合

標準的な社会学からは,コミュニティとは,複数の個人集合と社会集合が一定の地域空間に共存する相互関連集合体システムであると考えられる。コミュニティは多様な個人集合と社会集合が基盤にあるから,入り組んだ無数の相互関係をもち,時代と空間特性に規定された独自の社会・文化活動を背景とする。たとえば,日本の産業化に多大の貢献をした1955年前後の九州と北海道の旧産炭地域[*5]では,独自の炭住コミュニティが発達した。

あるいは,巨大企業が地方の町村に進出して,そこに社宅コミュニティが生まれ,旧来の住民と移動してきた住民の間に対立や葛藤が生じてきた（金子,1982）。それは今日も「企業コミュニティ」として連綿と存続している（三浦,2004）。

ここでは表2-4の「コミュニティの学説と方法」（40頁）に配慮しながら,「少子化する高齢社会」である現代都市において,コミュニティに期待される機能に限定して,意味と意義を探ってみたい。

実体かつ規範としてのコミュニティ

[*5] 石炭鉱山を中心に企業と人が集まった地域。石油へのエネルギー転換以降,採掘中止,閉山,倒産,撤退が続き,今日では過疎化が進んでいる。

これまでのコミュニティ研究には，学界レベルでの一定の合意と慣習がある。まず第一にコミュニティ概念は実体であり，同時に規範としても利用可能とされてきた。コミュニティを実体概念として使用すれば，社会成員の生活基盤としての意味が濃厚になる。成員は，基本的な生活ニーズの充足と社会活動を行う際に，住居がある地元のコミュニティを活動単位とする。この場合は活動の背景としての地域社会という意味合いが強い。

　ただし成員が基本的な生活ニーズを満たす際に，その保有する多種多様な社会関係を媒介とすることは当然であり，ソーシャル・キャピタルとしての関係性に根ざしたコミュニティへの参加回路が開かれる。ワースがアーバニズム指標に含めたように，人口量，人口密度，異質性が地域社会全体のソーシャル・キャピタルの量と質を規定する。そしてこの場合のコミュニティは，買い物などの日常生活ニーズの充足だけではなく，政治的意思表明や文化活動ニーズまで含んでいる。

空間的範域をもつ集落社会

　第二に，コミュニティは空間的範域をもつ集落社会である。ここにいう集落とは人間居住の観点から見た地域社会であり，建築物の集合を越えて，居住地を基盤とする生産活動，生活施設，職業遂行，学習活動など多彩な共同生活が集積する。その意味で，集落は高田保馬のいう「群居の欲望」(高田，1919)を体現する人類の最古の居住環境形態である。

　集落では，人間活動の中心として生産労働や社会交流が行われる。農漁業中心の農山漁村の集落から，かつての炭坑都市や造船やクルマなど製造を基盤とする巨大工場によって成長してきた産業都市まで，そして銀行や証券などの金融資本がセンターをおく国際都市まで，多様な姿の社会空間がある。

多機能の集合体

　第三に，コミュニティは多機能の集合体である。コミュニティを社会システムとして位置づけると，目標も機能も単一のアソシエーションと違って，その内部にアソシエーションを含むだけに，コミュニティは機能が多層化してくる(Warren, 1972)。コミュニティ機能は包括的になりやすい反面，社会的管理機

能ないしは自治機能に特化することもある。この自治機能を「小政治」として集落内部の日常業務が担い，政府による「大社会」の政策実現を支援し，あるいは阻止する機能を合わせもつ。「小政治」面は，都市町内会の研究に端的に現われてきた（中村，1973；倉沢・秋元編，1990）。ソーシャル・キャピタルの豊かさがコミュニティの親密な社会交流基盤になり，そのうえに自治機能や福祉機能が追加され，「共生社会」への展望が語られる。

　また，とりわけコミュニティ内部の治安維持にとって，成員間の紛争の調停や葛藤の緩和などは，社会統合という重要なコミュニティ機能になっている。これはパーソンズの共通文化（a common culture）を想定できる（Parsons, 1960＝1978: 356）。また，凝集性には正義と公平さを伴った共通の将来像（common vision）と帰属感（sense of belonging）が強く求められる（Cantle, 2005: 160）。

社会参加と政治参加基盤
　コミュニティがもつ第四の機能は，成員による社会参加と政治参加の基盤提供である。コミュニティの自治はこの機能の有無によって左右される。トックビル*6 がアメリカで発見した民主化に，この存在が大きく貢献したことは周知の事実である（de Tocqueville, 1835-40＝1972〔1987〕）。

文化と社会化機能
　第五は文化機能である。義務教育はすべてコミュニティがもつ社会化（socialization）機能と見なせる。世界的に見ても，小中学校の機能はコミュニティレベルで行われる。たとえば，初等教育における文化面と体育面の社会化機能は，コミュニティレベルの専門アソシエーションとしての小学校が提供するし，読み書きそろばんを始めとする基本的知識の習得もまた，コミュニティとその専門アソシエーションである小中学校に依存するところが大きい。

　これらの機能が不十分であると，次世代育成がうまくいかず，社会成員の質

＊6　A. de Tocqueville（1805-1859）．フランスの貴族，政治家，著述家．近代政治学，社会学の祖の一人．『アメリカのデモクラシー』（1835-40＝1972-87）はアメリカ滞在9ヵ月間の調査による第一級の古典．『旧体制と大革命』（1856＝1998）も重要文献．

的劣化が生じやすくなる。個人主義が蔓延して、社会的凝集力の低下が資本主義の頂点で発生するという危惧は、ヴェーバー（Weber, 1904-05＝1989:366）以来の共通理解である。日本でも過去20年近く行われた文部科学省「ゆとりある教育」で、学力低下し礼儀作法に劣る若い世代が大量生産された。劣化が進んだ結果は明白なのに、誰も責任をとらない。

　コミュニティにおける社会化機能が円滑に進めば、基本的知識、規則、礼儀を身につけた次世代という集合体が生み出され、それが蓄積されてきた社会の伝統を引き継ぐ。

産業活動と社会発展

　第六は産業への基盤提供である。コミュニティ研究に産業活動を取り込めば、多方面への持続的な発展可能性が追跡できる。しかし、農漁業や製造業などの産業や企業に言及する調査項目がないと、記載された意識と行動に限定された調査データに依存することになり、広い意味での社会システム遂行としてのコミュニティ現象が描きにくくなる。リンド夫妻の『ミドルタウン』が成功したのはその包括性にある。だから限界集落（大野, 2008）でさえも、農業や商業面での解説がなければ、人口論だけでは集落の全体像が論じられない。

　歴史的に見ると、交易都市よりも農業集落が先行するから、コミュニティの原初的イメージは農村になる。資本主義の勃興期から始まった産業化に伴う社会変動により、農業集落である農村コミュニティの周辺に都市コミュニティが現われた。あるいは、シカゴや横浜や札幌のように、結節機関が先行的に立地して、そこに人口が集積して都市コミュニティが新しく形成された。これらはある時期までは誰も住んでいなかったが、産業化・都市化に伴う短期間の人口移動によって人口が急増したところである。ちなみに1820年のシカゴの人口はゼロであったし、1859年の横浜は一寒村であり、1869年の札幌では数名の和人が暮らしていたにすぎない。

　産業化に伴う社会変動は社会発展（富永, 1986）ではあるが、その基本的原動力は生産力の発展にある。生産の四要素は土地、資本、労働、組織であり、日本の近代化推進過程では政府による民間資本への支援が続けられてきた。同様のことは昭和後半の高度成長期をはさんで数回にわたる全国総合開発計画に

よって推進され，土地取得や労働力配置において民間資本がその恩恵を受けてきた。

また，労働基準法など法律面の整備は労働条件の向上をもたらして，長時間労働による生命軽視や人権無視などを職場から追放した。高度成長期には，日本的経営システムの根幹を成す終身雇用，年功序列，企業別組合が十分に機能して，いわば労働者を擁護する働きをした（尾高，1981）。しかも組織自体が土地，資本，労働と連関しながら，働く人間の条件を変えていき，経済活動を取り込み，地域社会としてのコミュニティの持続的発展が展望できるようになった。

共生社会の再構築

第七として，高齢化時代のコミュニティは「アイデンティティの源泉か，帰属の対象か」という問いだけでは不十分であり，コミュニティが高齢者支援の基盤になりうるのかが問われることになった。「サービスシステムとしてのコミュニティ」（金子，1982）の復活である。

集合的目標を越える個人，または公的領域を超出した私性は，ともに時代を動かす重要な鍵であるが，これらはコミュニティ精神を生み出せるのか。実体としてのコミュニティは不変でも，その意味は人口変動や社会変動とともに変質してきた。「少子化する高齢社会」における目標の一つとして「コミュニティ」を有効活用するには，時代理念としての共生社会に集う「自由な個人」を束ねる社会規範の再構築が基礎になる。

ここでいう共生は，複数の主体がお互いに依存し合うなかで，「特定の利益」を共有する状態を意味する（金子，2007: 43）。このような共生は，共有財と集合的要件を媒介として，マジョリティと複数のマイノリティ間に発生する。社会的共通資本に分類される道路，港湾，公園，病院，学校，公共施設などは，共生的な社会関係創造の基盤になり，異なった主体間でこれらを媒介にした「特定の利益」が享受されることになる。

第4節　戦略的概念としてのコミュニティ

高齢化と地域福祉

「都市化とコミュニティ」というテーマ設定が1980年代に転換期を迎えて，その後に登場したのは「高齢化と地域福祉」というテーマ設定であった。社会変動とコミュニティという問題の立て方はその後，「少子化する高齢社会」における「地域福祉」という論点を形成した（金子，1993）。そのため私はコミュニティの定義問題には深入りせずに，実際の社会問題を解明して，その解決を試みる際に操作的にコミュニティ概念を応用する立場を採ってきた（金子，同上；日本都市社会学会編，1997）。注目する研究はあったが（平野，2001），大半の社会福祉学系の地域福祉論は社会福祉協議会の組織論や制度論の比重が濃厚で，一方社会学系では，社会調査を駆使した地域福祉データ分析が主流であった。このように，地域福祉研究の方向は二分されてきた。

後者の一翼を担ってきた私は，コミュニティ論を基盤としたボランタリー・アクション論，近隣関係論，社会的支援論などを組み合わせて，地域福祉の構造を研究してきた。高齢化の時代においては，都市化への対応をめざした当初のコミュニティ論も転換していかざるをえない。

資本主義社会の一貫した近代化の後期過程をポストモダンと表現することが流行して，それにグローバリゼーションを重ねた結果，ローカルな連帯性の低下が引き起こされたとする仮説には，現在でも賛否両論が集中する。連帯性の低下をいきなり「コミュニティの喪失」と表現することにも，データの制約から一定の留保が求められる。本書で繰り返し引用するウェルマンの「コミュニティは消滅か，存続か，復活か」という問題意識は，1990年代以降の都市高齢化の時代にも継承された（Wellman, 1979＝2006）。

"Aidez-moi" への対応

コミュニティ論はその性質上，空間的な限定とともに時間的な無限定として，時に理想像を語ることが多いから，学術的にはそれらとは一線を画して，経験的に認識可能なコミュニティ論が求められる。換言すれば，コミュニティの実

体を論じることで広義の社会目標に連結できるように,何らかの戦略的ないしは実践的な問いかけがほしい。

　コミュニティ論の実質的準拠点として,居住地域へのアイデンティティ,共有された目標,活発に機能する諸制度,成員間における互助や共助などの相互性の精神,互恵性などについて,コミュニティ論の領域を深めるためにも何らかの言及をしておきたい。なぜなら,個人主義の時代でも,これからコミュニティ精神をどのように生み出すかが,研究成果として期待されるからである。

　「論としてのコミュニティ」が従来から担ってきた「エデンの園がもつノスタルジーあふれる夢物語」だけでは,現代が抱える社会問題に十分な適用ができない。パリの路上に認められる"Aidez-moi"(助けてください)に対しても無力である。もっと実践的なコミュニティネスの創出方法を,研究者各自が工夫して提出したい。その意味で,コミュニティを「自宅にいる気分にさせる」という理解だけでは,社会問題への戦略的概念としては不十分である。

　学術的なコミュニティ論では,コミュニティの空間領域は都心部,集合住宅地区,郊外地区,農村地域などという居住場所を意味する。空間の性質がそのまま近隣に投影され,ソーシャル・キャピタルの近接性と密度を提供する。範域を定められた空間が共同生活の構造を決定しており,そのなかで都市的生活様式が創造される(倉沢,1977)。専門サービスの供給と享受,および相互扶助による互助や共助という形式は不変だが,職業構造や産業構造などの地域特性に応じて内容には変化が伴う。

心の習慣

　居住場所の性質によって,共住する成員間に共有された理想と期待はさまざまである。都心部固有の問題もあれば,郊外地区独自のニーズや行動様式ももちろんある。ただし学史的に見ると,生活空間を共有する人々が同時にもつ感情的結合と強い愛着が「心の習慣」になる。これらは,集合的凝集性と永続性を生み出す互恵性,義務感,道徳的感情などを総合化した心の状態である。

　意識面への独立変数としては,社会結合のネットワークと,忠誠心の対象として既存のもしくは創造されたコミュニティが想定される。人々を共通の課題に結びつけるのは,共有された目標とともに,コミュニティ感情という意識次

元である。住民の関心が学校支援，レクリエーション計画，災害防止，犯罪予防という共通目標に向けられる時に，社会的相互作用は結束性（unity）の基盤になる。そして，この結束性は同時にコミュニティ意識の中心的構成要素である。

このようにコミュニティはたくさんの構成要素からなる統一体として理解される。結束性は永続する場合もあり，一時的に顕在化して，目標が達成されると消滅してしまうこともある。この統一体を前提として，集合的枠組みとしてのコミュニティを想定することは，概念の有効性を高める。ここでは Coming, Keeping, Working（表1-4）という集合性が必須であろう（金子，2006a）。

危急時や重大局面に際しては，合法的な支配，権威，影響力，リーダーシップが求められる。これらはコミュニティ・リーダーシップ論や広い意味でのCPS研究に含まれる。権力の問題は，その支持基盤である住民レベルの集合的なイデオロギーを前提とする。そこから連帯性と社会参加を維持する基盤が得られなければ，合法的な支配や権威は崩壊するからである。

個人，中間集団，全体社会

コミュニティ論の分野では，二つの周期的問題が発生する。それは，個人はいかにして中間集団としてのコミュニティに結びつけられ，コミュニティはいかにして全体社会と結びつけられるか，と表現される（Keller, 2003: 9）。ここでの中間集団は茫漠とした概念ではあるが，国家と個人間に存在するあらゆる集団，団体，組織を包摂するので，コミュニティ論にも適用可能である。

有効性を高めるコミュニティ概念ならびにその指標の一つとして，地域社会の集合性をめざす個人感情から生まれた共生的目標達成運動を含めておきたい。普遍化した利他主義による奉仕活動を突破口にしたコミュニティは，現代都市における個人目標の喪失感，個人主義に基づく極大化した自己利益の追求（self-advancement），都市群衆の孤独感，個人のライフヒストリーや特定のライフステージにおける生きがいの喪失，アイデンティティの欠如などへの有力な処方箋の一つになることは間違いない。

その意味で，地域限定的（locality-based）であってもなくても，個人の人生にとって根本的な意義をもつ価値観，すなわち集合性という目標達成，社会的

連帯，共有財維持への貢献などが新しいコミュニティ概念の要件として浮上することになる．したがって，21世紀の今日でも社会学理論の根幹に触れるテーマとして，コミュニティの探求（Nisbet, 1953＝1986）の意義が衰えることはない．

第5節 コミュニティの「公私問題」

互と共　学際的な公私論

理論的なコミュニティ論の展開に不可欠な考察対象の一つに，「公」と「私」の問題がある．把握の仕方はさまざまあるなかで，この問題にはいくつかの補助線を引いたほうがよいと私は考えている．「公」と「私」だけでは 'lost cause'（成功の見込みのない議論）になる危険性を感じるからである．そこで私は，「私」と「公」の間に，補助線としての「互」（相互）と「共」（共同）を加えることを提唱してきた．

福祉社会学はもちろん，環境社会学でもおもな論点として，最近では公私問題が取り上げられることが多い．一つには公の機能に限界があり，他方には民間の力量への期待があり，非営利としてのNPO*7論もこれに拍車をかけている．従来のNPO論者は「公」「民」「非営利」という分類軸を使う．すなわち「公」は政府・行政，「民」は民間企業，そして「非営利」はNPOであり，「非営利組織」「公組織」「営利企業」の三角形の関係が，今後重要になるという見解がのべられることが多い（小島，1998: 208）．同様に，政府セクター，民間営利セクター，民間非営利セクターという分類もある（初谷，2001: 8）．

しかし，これらの分類軸には曖昧さが残る．なぜなら，「公」に対して「官」が，「私」に対しては「民」が本来対応するわけだから，「公」「民」「非営利」の分類軸ではなく，この三分類を踏襲しても，「官」「民」「非営利」または「公」「私」「非営利」となるのが本当だと思われるからである．そしてNPOは New Professional Organization（新しいプロ集団）にならないと，「非営利の時代だ」という主張は受け入れにくいし，組織活動そのものによる社会的な

＊7　元来は Non Profit Organization の略語であり，非営利活動団体と訳される．「非営利」を基調とする単一目標追求のアソシエーションを指す．

影響力ももちえないと考えられる（金子，1998：167-177）。

都市景観と公私問題

公共交通機関内の携帯電話の使用に対して，「公」による強制的禁止は究極の手段である。公的規制よりも私的な自粛をすべきという立場から見ても，「規範＝公」が「自由＝私」を抑えることは難しい。だからこそ，相互のチェック機能や，体験的共同性の広がりによる自発的な使用抑制や中止という補助線が望まれてくる。

私が経験した環境や都市景観事例でも，公的規制の限界と私的権利の優先の問題があった。2000年頃だが，札幌市内の景勝地が第一種住居専用地域から第一種中高層住居専用地域へ変更され，それに伴って高層マンションの建設計画が持ち上がり，建設反対の住民運動が組織された。この事例を「公と私」論からどう評価するかを調べたことがある。

高層マンション建設に際して反対運動が起き，都市景観の保全を強調する反対側の公共性と，高層マンションの建設は法律を踏まえていると主張する建設側の公共性の間で，議論は錯綜していた。法律で承認されている異議申し立て期間には，どこからも書類による異議申し立ては出されなかった。

しかし，都市景観全体が公共性をもちうるのか。また，特定の価値観である「都心部の緑の保持」は，高層マンション建設を中止させる効力をもつのか。要するに，「公共の福祉の増進に寄与」するのはどちらの立場なのか？　これらを単なる「住民主体のコミュニティづくり」または「民主主義」という観点で解決することはまったく不可能であった。

なぜなら，住民とともに任意団体である「北海道自然保護協会」が，他者の土地に建設されようとしている高層マンション建設に反対する理由は，「公共の福祉の増進に寄与」するためだったからである。同時にこの地区に居住したいという市民のニーズに応える高層建築もまた，「公共の福祉の増進に寄与」することでもあったから，適切な解決策が見えてこなかった。

この都市景観問題事例は，「公・私」という切り口だけでも，たんに住民参加を唱えるだけでも解決しなかったから，「私」と行政も含めた「公」の間に「互」（相互），「共」（共同）を加え，多方面からの解決が探られた。ちなみに，

第3章　コミュニティの応用社会学

市民の間にはそのマンション用地の買い取りを申し出た人もいたが，不動産会社のいう7億5000万円と市民側の買い取り価格3億円の間には大きな溝があった。結局，「互」と「共」からの発言も得て，「私」の側も「共」からの主張を受け入れ，マンションの中層化の道が模索されるかたちで決着した。

「公・私」議論のための補助線

この経験も活かせば，「公・私」問題には，「私（private）－互（mutual）－共（common）－公（public）」というような補助線が得られる。私の提言は，左端の「私」と右端の「公」の間に，補助線としてmutual, mutuality, common, communalityを加えようというものである。

たまたま英英辞典の説明にcommonはpublicを含むとある。また，publicの中にcommunity, governmentやthe peopleが含まれるという説明もある。すなわち，commonの中に実はpublicもあり，publicの中にcommunity, government, the peopleがあることもあらためてわかった。これらの言語学的意味関連に関しての議論から，少なくともprivateとpublicだけでは，今後の複雑なコミュニティ社会現象の解明に向けての精緻な議論はできないことが理解できる。mutualやcommonという補助線も使って，都市コミュニティ問題の解決にはもう少し多面的に取り組んだほうがよい。

共同性と相互性

次に，福祉社会における「支援」の問題に移ろう。支援のパターンは「多数→多数」，「多数→個人」，「個人→個人」に整理できる。このうち「→」の先にあるほうがエンパワーメントされる存在であり，支援によって活力をもらう側である。エンパワーメント*8の知覚が強いほど，その支援のための集合活動も盛んになることが明らかになっている（Mesch, 1998: 52）。社会システムそれ自体も，多くの人が多くの人を支えるものであり，「多数→多数」の代表例である。たとえばケアマネージャーという福祉介護の専門家が，多くの在宅高齢者のケアプランを作成することや，ホームヘルパーや訪問看護師などが多様

---

*8　empowerment. 個人的能力を認識し，自己決定によりそれを増進させ，高揚させる過程．

な福祉介護サービスを提供するような,公的支援形態を念頭に置いている。

福祉の場面では,多数が一人あるいは少数派を支えることも多い。これは「多数→個人」に該当する。札幌市では,冬場に高校生などのボランティア活動グループが行う,一人暮らし高齢者の住宅の雪下ろし作業が,適切な事例になる。ただしこれは公的支援ではなく,完全に共同的な援助であり,誰が命令したわけでもなく,自発的に何人かが集まった共同支援である。

三つには,個人が個人を支援する「個人→個人」形態が挙げられる。典型的な支援は,一人暮らし高齢者の話し相手になることであり,これは自立意欲をもつ高齢者にとっては身近で重要な援助になる。これは「一対一」であり,一方通行ないしは相互性に富むこともあるが,少なくとも共同性の範疇には該当しない。

このように,福祉介護では公的支援と私的援助だけに分類できない「支えあい」の形態が登場する。そしてこれらの多くは,共同性と相互性という理念型で読み解かれよう。

公と私　自由と束縛

「公」と「私」には,表3-6のような標準的理解が続いている(安永,1976)。

この対比によっても明らかなように,「私」を積分したり加算したりしても,それは「公」に変貌しない。混沌から秩序は自動形成されないし,全体は部分の連合でもない。コミュニティ論に典型的なように,社会学では「共同性」を独立させる伝統がある (Poplin, 1972〔1979〕)。「公共性」の意義を理解する手段として,その前段階にある「共同性」を取り上げるのも好ましいであろう。

個人と全体社会の間に位置する「中間集団」の媒介性については,ホワイト (Whyte, 1956＝1959) が描いた「組織人」*9 から多くのヒントが得られる。そこでの個人は,中間集団を通して一方では自由を得るが,他方では束縛・統合も経験する。中間集団を通して経験する自由と束縛が「組織人」から読み取れるのである。「集団とよりよく統合すればするほど,そのメンバーは自分自

---

*9　organization man. 産業社会学者ホワイトが同名の著書で描いた人間類型で,組織に強く同調するパーソナリティをもつ。これは企業中堅層に典型化される。

表3-6 「公」と「私」の特性

「公」：聖	秩序，規範，全体，共同，献身，上位
「私」：俗	混沌，自由，特殊，部分，利己，下位

（出典）金子（2003: 211）

身を他の方法で表現する自由をそれだけ制約される」（同上：263）。つまり私的生活と公的生活との間には相関性があり，一方の貧困化は他方の貧困化を招きやすいのである。

両者間に適度なバランスがあればよいが，どちらかに偏ると自由という名の放縦に堕すか，束縛という名の牢獄が待っている。「自由からの逃走」（フロム）はもちろん存在する。このアンビバレンスは，中間集団論の際には一つの準拠点として考えておきたい。おそらく個人が複数の中間集団を用意して，そのなかで選択した中間集団を媒介として全体社会に結びつくというイメージが解決策の最大公約数になるであろう。トックビル（de Tocqueville, 1835-40＝1972〔1987〕）の「平等と自由」やデュルケム（Durkheim, 1893＝1989）の「社会分業論」でも，同様の理解が認められる。

普遍性と恣意性

これまでの環境社会学では，「公」と「私」についての標準的な問題設定として，「国家」や「自治体」つまり「公」が，新幹線，原子力発電所（長谷川，1996），核燃料サイクル施設（舩橋・長谷川・飯島編，1998），高速道路などの公共事業を仕掛け，それに対して「私」が集団的に反対する状況を好んで取り上げてきた。それは，1960年代からの作為阻止型の住民運動に典型的である。その分析の基本軸は，「公とは普遍性であり，公正であり，私は私欲であり，恣意性であり，両者はいぜんとして上下関係にあるとともに，善悪の関係にある」（安永，1976: 68）という歴史的な位置づけを逆転させたところにある。

すなわち日本における住民運動論の大半は，「善＝公，悪＝私」という伝統的世界観を否定して，「善＝私，悪＝公」一色であった。阪神淡路大震災では，継続的な住民運動の連帯性によって被害を最小限に抑えた神戸市真野地区の経験などは，「善＝私」の稀有な例である（今野，2001；似田貝編，2010）。しかしそれも，いきなりの「善＝私」ではなく，町内会の「共」や近隣の「互」の

表 3-7　共同性の回復

(1) 共通の関心をもつ相手を見つける
(2) 頼れる相手を見つける
(3) 親友といえる相手を見つける
(4) 敬意を払ってくれる相手を見つける

(出典) 金子 (2003: 212)

世界を経由して，支えあいが始まっていることに留意しておきたい。

一般的には従来からの「公」と「私」の関係は，「私」の拡張を基調としつつも，一定の飽和点に達すると「公」が介入するというイメージで構成されてきた。「家族の失敗」*10 を福祉国家が機能的に肩代わりすべきだという機能論も根強い（富永，2001: 70）。共同性が未熟なために，私権の貪婪な拡張を阻止するためにも，国家が共同性の創造に向けて直接介入せざるをえない。ただし，これは日本的特殊現象とばかりはいいきれない。エチオーニのコミュニタリアン*11 宣言自体が，アメリカをはじめ世界各国に対するその種のメッセージなのであるから（Etzioni, 1996＝2001）。

共同性回復の契機

公私の関係を理解するために，私は「共」と「互」という補助線の活用を主張するが，その手がかりもコミュニティ論にある（金子，1982; 1997; 2007）。その立場から共同性回復の契機として，表 3-7 を提唱してきた。要するにそれは「密度の濃い積極的で多義的な関係の実現」であり，これを共同性の定義に転用してきた。

自動的にこの四者は重なり合うのであるが，一番重要なのは（4）である。自分に敬意を払ってくれる相手を見つけられるかどうかが，一般市民はもとより高齢者の自立にとっても決定的な意味をもつ。なぜなら，その相手とともに一歩進んだところに共同性が展開するからである。高齢者は自分が無視されることの辛さを知っているから，その逆である社会的認知を求める。その相手は

---

*10　富永健一の用語．家族機能の弱体化と国家による家族介入が合わせて含まれる．
*11　コミュニティを強調する集団主義の立場を表わす．エチオーニが代表的論者であり，個人主義を基調とするリバタリアンと対立する．

ボランティアでも，お隣の人でもいい。もちろんホームヘルパーでも，往診の医者でも構わない。それは私的な世界なのであるが，その先に「共同性」あるいは「相互性」が待っている。

　少なくとも町内会による小集団地域ネットワーク活動やボランティア活動，それに緊急通報システムなどの地域福祉の現場では，「公共」の「公」は見えにくく，まずその前段階の「相互性」や「共同性」が可視的にも有効であると考えられる。

　「コミュニティそのものを眺めてみると，その実体は，いくつかの類型の共同性の表出形式である」（名和田，1998: 153）。「表出形式」を分けてみると，「協議」や「決議」は比較的容易である。しかし，「調整」や「実行」になると，「公共」としての権力が強い機能をもつし，「共同性」では「評価してくれる相手を見つけられるか否か」によって，その持続性が決定される（金子，2003: 210-213）。

「私・互・共・公・商」

　最後に，「支援学」（今田，2000: 9-28）として「公私」問題を再設定してみると，福祉介護の分野では，かなり以前から多段階の支援学があったことに気づく。私的援助から始まって，家族では互助になり，家族以外のボランタリーな関わりとして相互援助が存在する。ボランティア活動はほとんどが相互的か互助的な性質を帯びており，「互助」と呼ぶにふさわしい。

　もう一歩突き進めると，共同援助が控えている。たとえば一人暮らしの高齢者を，町内会や老人クラブあるいは有志の人たちが訪問して支えている。これを私は「共助」と命名している（金子編，2011）。

　介護保険関係では，有資格者であるホームヘルパーないしはケアマネージャーあるいは保健師などによる専門的なサービスがある。これは「公助」の代表である。

　また，シルバービジネスとしての企業活動も活発である。福祉ビジネスといってもよいが，私はこれを「商助」と表現してきた（金子，1997）。福祉介護の観点からの新しい支援学は，これらの体系化という課題をもっている（表3-8; 図1-1）。

表3-8　支援の5類型

私的援助 ── 自助	自助努力，家族からの援助
相互援助 ── 互助	支援者と被支援者のボランタリー関係
共同援助 ── 共助	一人暮らし高齢者へのコミュニティ支援，小地域福祉活動
公的援助 ── 公助	専門家による専門的サービス
企業活動 ── 商助	福祉ビジネスとしての専門的サービス

支援学

　ただし，「支援学」にとっては，「管理」と「支援」の直接的対応が可能かどうかの問題が残っている。たとえば，支援行為では「常に他者（被支援者）を配慮してみずからの行為を再組織していく」（今田，2000: 13）とのべられている。この文脈からすると，「共同性」というよりもむしろ「お互いさま」（白波瀬，2010）の発想であり，私のいう「相互性」にほかならない。すなわち，"private-mutual-common-public" という私の図式における "mutual"（相互性）の問題が，「支援」には含まれているのである。

　「コントロール」（制御）と「リフレクション」（反省）の対応への目配りも欠かせない。「自己組織性論にもっとも適合的なシステムはアンチ・コントロール（反制御）のそれであり，その具体例が支援システム」（今田，2000: 17）かどうか。つまり，アンチ・コントロールが支援になるのかどうかという疑問である。たとえば「管理崩しとしての支援」という表現が，疑問の根拠になる。管理を崩すことが支援になるのであれば，管理者を置いていないことを理由に，「インターネット上の営みが無政府状態になりつつあること」（同上: 21）を問題視することはできないであろう。

　私はむしろ支援システムを維持するためには，ある種の管理機能が要るという論点を採用したい。官僚制の貫徹はここにも存在する。これはNPO組織の自己目的化という問題とも結びつくが，「支援」を一方的に「管理」と対立させて具体化することが，理論的，現実的に果たして可能かどうか。決着はすぐには得られないにしても，これはそのまま私のコミュニティ研究の課題にもなりうる。

第4章 コミュニティ研究の成果と継承

キーワード:社会分析,シカゴ学派,ミドルタウン,参与観察,インタビュー調査,質的調査,実証研究,一般命題

第1節 社会分析としての事例研究

実証科学の登場

19世紀の中期にコントが構想した社会学(la sociologie)は,その世紀の終わりまで,哲学的総合性と歴史性を色濃くもつものであった。しかし,20世紀への転換期前後から,個別テーマを選択して,「なまの事実」(Poincaré, 1905 = 1977: 243)を拾い上げながら,実際の家族,親族,地域社会,階層,集団,組織,社会現象などを分析するという試みが,フランスでもアメリカでも台頭してくる。その先駆けはデュルケムが1897年に発表した『自殺論』(*Le Suicide: étude de sociologie*)であり,統計的データを駆使しての実証研究であった。そして個別テーマの実証研究というスタイルは,1920年代アメリカで開花したシカゴ学派において最盛期を迎える。それは1951年にパーソンズが『社会システム』(*The Social System*)で理論社会学分野に登場し,アメリカ社会学の動向が転換するまでの約30年間であった。

シカゴ学派が生み出した業績は社会性に富み,しかも問題解決志向が強かった。それは政治やマスコミなどの現状分析の有効な成果をアメリカ社会学にもたらし,その影響は世界規模となり,1955年以降の日本社会学にも及んだ。

シカゴ学派の全盛時代は,草創期の社会学に特有だった歴史性が後退した反

面，現実感覚に優れた学問としての社会学が主流となった。それはパーソンズ登場以降の包括的理論社会学とも違うし，今日の日本社会学の一部にある「間主観性」概念などに代表される非社会的なミクロ社会学とも著しく異なり，データに基づく社会分析を軸とした社会学の実践であった。

　要するに，コントを源流とする世界の社会学史を振り返ると，総合性と歴史性が徐々に後景に退き，部分性と現実性が前面に出て強くなり，最終的には社会性も実践性も薄れてしまったと総括できる。

公共社会学

　2004年のアメリカ社会学会会長就任の演説で，ビュロウォイは公共社会学 (public sociology) を提唱した。その背景には，誕生時点から公共性に富んだはずの社会学が，次第に非公共性ないしは非社会性を強く帯び始めたことへの危機感が確かに存在した (Burawoy 2005)。おそらく程度の差はあっても，会話分析などのテーマ設定に見る非公共性への傾斜は，先進諸国の社会学が共通に抱える悩みであろう。

　日本の学界でも例外ではなく，時代の動きに無関心で，非社会性ないしは非公共性が濃厚なナラティブ論，会話分析，言説分析，構築主義などのミクロなテーマ設定が多くなってきた。現状分析から時代診断を試みるマクロな立場からの社会変動研究領域でさえも，人口構成の変化，階層格差，資本移動，物流などの事実としてのデータを踏まえた自らの社会変動分析を展開せず，他者の言説としての社会変動論の解釈に限定するような社会学者がいる。「なまの事実」には無関心であり，それを他者が解釈した言説だけに関心があるのでは，そこから発信される研究成果が社会や社会学にもたらす公共性も有益性も低下するはずである。また，それでは社会全体や国民から社会学への期待が高まるとは思われない。私は日本社会学にも見て取れるこの動向を憂う一人である。

　加えて先進諸国の多くでは，自由意識を基盤とした個人主義が蔓延して，いわゆる自己責任社会，そして最終的には自己無責任社会をつくり上げてしまった。私化 (privatization) 現象は社会全体に拡散しており，その対極に全体化 (鈴木広，1986) も進み，親族組織や労働組合や地域団体などの中間集団の劣化が激しい。個人が国家とむき出しに対面するこのような社会構造では，いっ

第 4 章　コミュニティ研究の成果と継承

たん「負け組」に入ると、中間集団を経由しないだけに、そこからの脱出は非常に困難になる。

劣化した中間集団

社会学の主要概念の一つであるコミュニティもまた、今日では劣化した中間集団に該当する。かりに社会学の認識対象を「総合社会性―部分社会性―非社会性」の 3 軸で整理すれば、中間集団としてのコミュニティは「部分社会性」を強くもつが、この実体が茫漠としてきたことは既述してきた通りである。

数十人の集落から世界コミュニティまでの範囲をコミュニティと称することはあるにしても、全体社会と個人の中間に位置する集団を指すことがほとんどであり、第 3 章までに明らかにしたように、学説的にも古典的コミュニティ研究の大半はこのような位置づけを堅持してきた。

公共性を内包する専門社会学の復権（79 頁）にとっても、実証的なコミュニティ分析こそがその一角を占めるにふさわしい。本章では、質的調査と呼ばれる事例分析の古典として定評ある作品を解読する作業を通じて、実証的なコミュニティ研究の成果に触れてみたいという関心から、次の 3 冊を選定した。

- Lynd, R. S. & Lynd, H. M., 1929, *Middletown: A Study in Contemporary American Culture*. 1937, *Middletown in Transition: A Study in Cultural Conflicts*, Harcourt, Brace & World, Inc.（＝1990, 中村八朗訳, リンド夫妻『ミドゥルタウン』現代社会学大系 9 巻, 青木書店）ただし訳書以外は「ミドルタウン」と表記する。
- Whyte, W. F., 1943, 1955, 1981, 1993, *Street Corner Society*, The University of Chicago Press.（＝2000, 奥田道大・有里典三訳, ホワイト『ストリート・コーナー・ソサエティ』有斐閣）
- Bellah, R. N. et. al, 1985, *Habits of the Heart*, University of California Press.（＝1991, 島薗進・中村圭志訳, ベラーほか『心の習慣――アメリカ個人主義のゆくえ』みすず書房）

これらはいずれも対象としての都市や階層をしっかりと位置づけており、誇大理論（grand theory）[*1] とは無縁であり、大量の主観的独白を含まないとい

表4-1 社会学古典の5条件

1. 問題意識（何のために・何を）
2. 研究方法（どのように研究するか）
3. 大要概括（その結果，何が明らかになるか）
4. 理解（出発点からどこまで進んだか）
5. 成果の汎用性（general purpose があるか）

う標準的な社会性を帯びている。しかも独自の調査によるデータ収集とその分析に特化し，そこから先行研究を踏まえつつも，個性豊かなデータ分析からの帰納的一般化ないしは理論化を試みている。いずれも精読に値する名著である。

名著の条件

それらが発表されて数十年経過しても世界中で繰り返し言及されるのは，有益な問題意識，膨大なデータ収集の技法，収集データの活用方法，データ分析から一般命題化への明瞭な道筋，結論の鮮明さを兼ね備えているからである。**表4-1** の古典の条件で判断すると，すべてにわたり後学の私たちには有益な内容で満ちている。

それら3冊は，時代の制約を受けた当時の社会状況の一断面を，知的にしかも問題追求型の研究を行った記録として存在する。そこではあらかじめ著者により問題が提示され，自らが実施した社会調査による膨大なデータ収集とその分析を通して，設定された問題に対する解答の試みが自らの言葉で行われている。もちろんここでいう問題は，理論社会学でも，社会問題の解決に関連するもの，あるいは双方に重なるものであっても構わない。ここで問題とは，既存の理論または知識または実践（社会問題解決あるいは社会政策）の体系の中に見出される「課題」を指す。

3冊はすべて2つのステップを含んでいる。要するにそれらは

(a)「問題」（problem）を発見し，定式化する

(b) その問題への「解答」（solution）を模索する

---

*1 アメリカの社会学者ミルズ（C. W. Mills, 1916-1962）がパーソンズの『社会システム』（1951＝1974）につけたことで有名．冗長で明解さに欠けており，定義や専門用語が重なり合う非現実的な大理論．具体的・経験的問題から逃避する方法の別名ともいわれた．

第4章 コミュニティ研究の成果と継承

表4-2 細かく類型化された社会学的知識

	学術的	学術性を超出
道具的	専門社会学	政策社会学
知識	理論的/経験的	具体性
真実	一致	実用性
正当性	科学的規範	有効性
説明責任	同じ分野の専門家	依頼者
政治	専門的自己利益	政策的介入
病理	自己言及	卑屈
反省的	批判社会学	公共社会学
知識	根本的	相互交流的
真実	規範性	合意
正当性	道徳的視点	関連性
説明責任	批判的知識人	設計された公共性
政治	内部討論	公共的対話
病理	独断	一時的流行

(出典) Buraway (2005: 276)

ことを試みている。これが問題追求型研究の必要十分条件になる。そのうえでテーマによっては，政策（policy）提言も可能である。

ビュロウォイの社会学の類型は表4-2のような構成だが，そのなかに「政策社会学」や「批判社会学」がある。しかし，私はむしろ「専門社会学」が残りの政策社会学，批判社会学，公共社会学3象限の上位概念になると考える。その観点から3冊の古典的名著をひもといてみよう。

第2節 『ミドルタウン』——コミュニティ研究の古典探求1

参与観察の古典

1929年にリンド夫妻[*2]が発表した『ミドルタウン』は，1924年1月～25年6月の1年半におよぶアメリカ中西部インディアナ州の小都市マンシー（Muncie）を参与観察した成果として刊行された。ここでは「人間のする事柄

[*2] R. S. Lynd (1892-1970), H. M. Lynd (1896-1982). 『ミドルタウン』(1929=1990) と『変貌期のミドルタウン』(1937=1990) は夫妻の共著とされ，『何のための知識か』(1939=1979) は夫であるロバートの作品である。ロバート・リンドは大学卒業後，出版，軍隊，神学生，宗教家，伝道師を経て，社会宗教調査研究所に勤務する。そこでミドルタウンの研究を行い，その成果によってコロンビア大学教授に就き，67歳で退職した。

のおもな種類は数が知れている，同質的な都市で相互関連的な6分野に限定した調査を行う」(序章)としてあらかじめ入念な準備のもとで，生活費獲得，家庭生活，青少年育成，余暇時間，宗教活動，地域活動の6分野が研究対象に設定された。その意味で都市研究ではあるが，実質的には6種類に分けられた都市生活の解明に特化している。したがって市民へのインタビューも多用されることになる。ただし著しい特徴としては，調査対象を都市人口の92％を構成しているアメリカ本国生まれの白人に限定したことが挙げられる。

「なまの事実」の収集を心がける点ではルポルタージュと同じだが，リンド夫妻の狙いがあくまでも6種類に分割した都市生活の内部諸相をそれぞれに探り出すことにあり，最終的にはアメリカ社会全体を視野に収めたところにその相違がある。言い換えれば，中西部の都市生活の研究を通したアメリカ社会論として『ミドルタウン』は位置づけられるのである。

観察された現象の記録

まずリンド夫妻の問題意識をまとめてみよう。観察された現象を記録することが優先され，何らかの命題を証明しようとはしないとしながらも，夫妻は「庶民的談話は市民の思考様式と思考習慣の洞察を可能にする」(Lynd & Lynd, 1929, 1937=1990: 13. 引用頁は中村八朗訳の訳書による，以下同じ) という立場を堅持して，最終的に変貌する文化の主要な機能的特性の理解(同上: 28)をめざした。そして直前の1922年に刊行されたオグバーンの『社会変動』(*Social Change*) (Ogburn, 1922=1944)で展開された「文化遅滞説」(同上: 188)を追認し，社会階層*3ごとの差を鮮明にのべることになった。この時代の一番の社会変動要因である産業化の受け止め方が，ミドルタウンの階層ごとに異なることから，夫妻は調査対象を，人を相手にする職業に就く業務階層と，物を相手にする職業に就く労務階層に大別して，それぞれを細かく調査した。

またこの研究では，階層論に特有の上中下区分がなされていない。その理由は，ミドルタウンには中と下しかいないからであった。そのために業務階層と

---

*3　social stratification. 職業，所得，学歴，資産，威信などで区分された人々のグループ．社会的地位が序列化され，一定の束になってまとまった社会の状態を表わす．

第4章　コミュニティ研究の成果と継承

表4-3　『ミドルタウン』の調査方法と資料収集

---
(1) 住み込みによる地域生活への参与（自発的参与と局外者の視点）
　　メモは会話や面接が済んだ直後にすぐに書き留める
(2) 文献資料の検討
　　センサス，法廷記録，学校記録，市や郡の記録，日刊紙2紙，団体議事録，日記，市史，州史，地図
(3) 統計の収集
　　賃金，雇用，災害などの統計，クラブ加入者，教会寄付者，行事参加者，映画館の観客，自動車所有者などのリスト
(4) 面接
　　計画的インタビュー，偶然の会話

労務階層の分類だけで十分だという認識から，両者の比較を行い，職業での格差を軸とした階層格差が前面に押し出された。

　調査時点での業務階層には40家族が該当し，労務階層はその2倍半の124家族が調査対象となった。いずれも夫婦と6〜18歳の子どもを1人以上含む家族がていねいに選択され，基本的面接調査時間は2〜3時間であった。その意味で，本書がコミュニティ論と階層論の接点にある実証研究であるという学史上の定評は正しい。

調査の方法と技術

　次に原著では505頁以降にまとめられ，翻訳では251頁以降にある「調査の方法と技術」についてのべよう。

　ミドルタウンの研究で駆使された調査方法および収集された資料は**表4-3**の4つに大別できる。

　まず第一に，「住み込みによる地域生活への参与」から順次解説していこう。『ミドルタウン』といえば参与観察が連想されるほどなので，6つに設定された分野ごとにそれが実施されているのは当然である。もちろん自発的参与による観察もあれば，やや局外者の視点から遠巻きに観察しているところもある。調査時点の厳密な区別は無理だが，調査する側の主観として，参与の違い＝自発性の濃淡は，私もまた現場で感じることが多い。当事者の一員になることは対象の細かな観察には向く反面，調査する人間が含まれることで，調査される個人やグループの行動様式に何らかの影響を与えることは避けがたい。これは

一部の社会調査の議論でいつも倫理的に取り上げられるテーマだが，ここでは素通りしておく。

メモの取り方

むしろ調査を行ううえで重要なことは，メモの取り方である。記憶だけに頼れないので，調査の際には必ずメモを取るが，リンド夫妻は会話や面接が済んだ直後にすぐに書き留めるという方式で一貫した。確かに話しながら取るメモは会話に邪魔されて不十分な内容に終わることがあり，しかも会話そのものが中断するというハプニングさえも発生するから，会話や面接が済んだ直後に速やかに記録を作成するという方法が望ましい。

しかしこの場合注意しておきたいことは，参与観察やインタビュー調査が数時間になると，記憶に残っていない話題が必ずあり，記入漏れも発生する点である。とりわけ研究者の得意な分野と不得意な分野では，記憶容量の相違により，インタビュー調査が済んだ直後でも記入漏れが生じやすい。

『サンダカン八番娼館』に学ぶ

私はインタビュー調査の記録方法を講義するたびに，山崎朋子が『サンダカン八番娼館』(1972〔1975〕) *4 を準備する際に熊本県の天草で実行した方法を紹介する。それは夜のインタビューが終わったら，深夜にできるだけ詳細に記憶し，翌日思い出して便箋に書きとめ，東京の自宅に郵送するというものであった。山崎の言葉では「テープレコーダーはもちろんのこと，その場でノートをひろげてもならない取材である。わたしは，夜，寝ながら話を聞くと，それを細部に至るまで反芻してしっかりと脳裡に刻みつけ，翌日ひとりになったときを見はからって必死のいきおいで便箋に書きつけると，それを村のポストに投函するということを繰り返した」(同上 : 64)。このような苦労のすえに誕生した名著が，大宅壮一ノンフィクション賞を受賞した。

---

*4　東南アジア諸国に出稼ぎに出た女性たちを指す，いわゆる「からゆきさん」ものの白眉。天草島出身の老からゆきさんと3週間の共同生活を行い，その体験を聞き取りまとめた「底辺女性史」の代表的作品。

第4章　コミュニティ研究の成果と継承

文献・統計・面接

　第二には，文献資料の利用である。リンド夫妻はセンサス，法廷記録，学校記録，市や郡の記録，日刊紙2紙，団体議事録，日記，市史，州史，地図などを用いている。それぞれがミドルタウンの過去から当時を再現する貴重な資料となっている。

　第三には，統計の収集である。これには賃金，雇用，災害などの統計，クラブ加入者，教会寄付者，行事参加者，映画館の観客，自動車所有者などのリストがあり，それぞれが事実の確認に用いられている。

　第四には，面接調査であり，これは参与観察にも重なる側面をもつが，「計画的インタビュー」は日時や場所の約束をしたうえで相手に具体的な質問項目を示しながら行うものだから，正確な狙いをもった調査になる。その対極に，ふと耳にするという「偶然の会話」がある。参与観察の際にも，しばしばこのような経験をする。

　これらの4種類の方法を活用して詳しい調査を精力的に行ったにもかかわらず，リンド夫妻は「一般的な結論はほとんど引き出せない」（同上：243）と結論した。しかしこれはやや謙遜しすぎであり，精読すると『ミドルタウン』で得た知見は少なくとも14項目に達すると私にはまとめられる。それらを概括していこう。

ミドルタウン研究からの知見

　知見1　機械の浸透により高齢者の権威が落ちて，若者の役割が増加する（同上：36）。

　端的にこれは産業化（31頁）命題の一つであるが，生産資源のうちとりわけ動力源がそれまでの人力，畜力，風力などから化石燃料である石炭に変わると，それにつれて内燃機関が発達して，生産力が高度化する。たくさんの機械が作られ，それによってますます新しい機械が開発され，生産面でのイノベーションが進み始め，社会変動が加速する。

　産業化以前の社会では，全面戦争，感染症の大流行，地震などの大規模災害以外では，急激な社会変動は発生しない。社会全体が閉ざされた静的な社会構造をもつことが多く，伝統的規範が社会構造全体を覆いつくしているので，経

験も知識も豊富で技能面にも優れた高齢者に権威がある。産業化以前の社会における精神的な「聖性」(sacredness) は，高齢者の側にある。

ところが，産業化が静的な社会構造を破壊すると，そこでは高齢者が持ち続けてきた伝統や知識がもはや機能しなくなる。逆に，若者に特有の適応力が産業化イノベーションと整合するようになり，すべての分野に若者が進出し，発言力が増大する。高齢者の「聖性」は破壊され，技術面の適応力に優れた若者の優位が確定し，この意味で産業化は世代交代の原動力となる。先進諸国の近代化の歴史は，聖から俗へと向かう世俗化 (secularization) として推移してきた。

ミドルタウンでも若年労働者に対する需要が増大したが，若者一般論を避けて，若者も業務階層と労務階層に分け，その稼得力や社会的威信の増大や安定を論じたところに，リンド夫妻の研究面での鋭さが読み取れる。

知見2 ミドルタウンを中間にして，より小さな町村からは人口を吸収し，より大きな大都市には人口を供給する（同上：41）。

これは一方通行的な人口の地域移動を論じた部分である。なぜ周辺小地域社会から中小都市に人口が吸引され，そこからまた，とりわけ青年人口を大都市に奪われるのか。残念ながら，リンド夫妻も当時のシカゴ学派のアーバニズム理論もこれを説明できなかった。

この人口移動が発生する原因説明に有効な理論は，鈴木栄太郎が提示した「結節機関」説である（鈴木, 1957 [1969])（43頁）。結節機関とは，都市の系統的な秩序としての上下関係を明らかにするための概念であり，人々を離合集散させる企業，組織，機関，団体などを指す。これらは特定地域に集中する傾向があり，政治，行政，経済，宗教，軍事，教育，交通・通信，文化，マスコミ，医療などの機関に分類できる。どの機関が中心になるかは，その都市が置かれた自然条件と社会条件によって異なる。

機関の性質と都市の性格の関係には一定の法則が働く。権力の中枢があれば政治都市，企業や工場が集中すれば産業経済都市，港で活発な物資の取引があれば流通港湾都市，温泉が売りものならば観光都市，大学や研究所が多数立地すれば学園都市というように分類でき，機関に応じて都市の社会的性格は違っ

第4章　コミュニティ研究の成果と継承

てくる。いずれにしても機関の集中度が高まればそれだけ人口吸引力が増大し，資本や情報も集中するので，大都市化しやすくなる。東京一極集中はこの結節機関説でわかりやすく説明できる。

　日本の第1回の国勢調査は1920（大正9）年であるが，小樽市のほうが札幌市よりも6,000人ほど人口が多かった。しかし，その後は行政機関や企業を筆頭とするさまざまな機関が札幌に集まってきたため，今日の小樽─札幌間には13倍以上の人口格差が生まれたのである。

　このような人口移動の原因に結節機関の集中度の相違を想定すると，リンド夫妻の「上からの人材の剝奪と下からの人材の充足が一都市の生活にどのような意味を持っているのか」という問題への解答も得られやすい。結節機関が多いほど，周辺の人口がそこに流入するし，逆もまた真である。

　知見3　年長の労働者には，仕事の安定性が高賃金以上に評価される（同上：64）。

　この指摘は21世紀の日本社会ではますます輝く。なぜなら，日本の高齢者がもつ仕事への意欲は高賃金志向からではなく，安定した生きがいの源泉という認識に支えられているからである。高齢者の社会参加の大きな手段は報酬を伴う仕事ではあるが，報酬の多寡よりも安定して仕事に就けるかどうかにも高齢者の関心は強い。

　知見4　迅速性と耐久性が求められるので，修練と熟練に代わって機械に需要が起こっており，それが親方・徒弟制*5職人制度を次第に放棄させるようになってきた（同上：77）。

　職人制度も産業化の初期段階に見る典型的な姿である。機械生産システムが普及すると，その機械の構造や生産システムが複雑になるから，修練と熟練だけでは継承が間に合わなくなり，それに依拠した親方・徒弟制職人制度も壊れ始める。集中的な教育システムの整備による技術移転や継承が望まれてくる。

　たとえば日本の家具製造は，1960年前後の高度成長前期までは典型的な親

＊5　伝統社会に見られる商工業の技能教育制度。年季奉公や丁稚奉公なども含む。主従関係に基づき，親方は庇護を，徒弟は恭順を特徴とする。

方・徒弟制職人制度で行われていたが,木工家具から機械生産に適したスチール製家具に市場需要が変化すると,これに適応できない木工家具製造向けの徒弟制職人制度はたちまち解体した。今日では事務機メーカーが工場製作のスチール製家具の大手業者である。

知見5 職人気質から生まれていた心理的満足感と集団的連帯性が低下する。勤労意欲が減退してもなぜ働くのか(同上:82-91)。
(1) 職場における関係は手段的なつながりである
(2) 経済的地位だけが社会的地位とますます緊密になる
(3) 金銭的消費機会の選択範囲の拡大により,購買欲求が高まる

これらの知見は周知であり,勤労モラールの探求も産業社会学のホーソン工場実験[*6]以来おなじみであるが,確かに勤労意欲が低下しても,働き続ける人は多い(尾高,1981)。日本でも職場における役割維持や生きがいのために働くとする高齢市民は多い。社会的地位は健康,体力,威信,収入,資産,ソーシャル・キャピタルなどの合成変数であるが,最終的には収入と資産という経済的変数の規定力がほかの変数を凌駕する。そのために,高齢市民であっても生きがいとして職業上の役割維持とある程度の経済的裏づけを求め,さらに消費機会の拡充のために働き続ける。その意味で,「生活費獲得が他の分野を押しのける」(同上:91)は正しいといえる。

知見6 自分が「帰属する地位」の証拠として,自分の車の型がこれまでの地位表示物に匹敵する(同上:97)。

これは1899年の『有閑階級の理論』でヴェブレン[*7]が提起した「誇示的消費」(conspicuous consumption)に基づく指摘である。記号論のさきがけとし

[*6] 1927〜32年にハーバード大学の社会心理学者メイヨーの指導によって行われた実験。仮説として,照明などの物理的作業条件が労働者の働き方に影響するとされたが,職場のインフォーマルな関係が労働者のモラールに作用するという結果が得られ,産業社会学の人間関係論の契機となった。
[*7] T. Veblen (1857-1929). アメリカの経済学者,著述家。誇示的消費に代表されるアメリカ資本主義文化論まで含む経済学の著作が多い。有閑階級,レジャーなどの研究で知られるが,本人はそれらになじめず,孤立と協調のない生活を送ったといわれる。シカゴ大学,スタンフォード大学,ミズーリ大学教授を歴任したが,晩年は落莫した。

第4章　コミュニティ研究の成果と継承

ての意義も深く，古典的名著にふさわしい箇所である。住宅の所有を独立，体面，所属の象徴と見る価値意識が，ここには深く根を張っている（同上：104）。クルマも住宅も機能一辺倒からの分析ではなく，その記号的象徴としての取り上げ方が優れており，ヴェブレンなどの先行研究の活用部分として評価される。

知見7　健康，希望，将来の見通しが破綻すると離婚につながる（同上：129．一部要約）。

これは80年後の日本社会でもそのまま使える離婚原因である。また「人生への過大な要求が結婚生活の強い不満を生んでいる」（同上：129）にも思いあたる人が多いであろう。

知見8　子どもの社会化ですら，生まれた階層によって異なる結果をもつ（同上：134．一部要約）。

ミドルタウンでいえば，労務階層の生まれか，業務階層の生まれかによって，その家庭の習慣と物の見方が異なり，定位家族*8が子どもの「一生の習慣形成」（同上：134）に決定的な作用をすることは広く知られている。現代日本でいえば，定位家族は所属する階層の規範に基づき，子どもの幼少時から学習態度を決めるから，大学進学への影響も非常に強い。たとえば，親が東大を出ていると，学習環境を整えるなど教育への関心が深くなり，その子どもにも東大進学を期待し，経済的にも支援可能な環境であることが多い。

知見9　夫婦あたりの子ども数が減った理由を，夫妻は注のかたちで記載している（同上：153，原文：131）。
(1) 生活水準の上昇（higher standards of living）
(2) 妊娠による女性の肉体的衰えの忌避（the relation of the wear and tear of pregnancy upon women physically）
(3) 女性が若さを保つことを重視する風潮（to prevalent emphasis upon a

---

*8　family of orientation．個人が出生時に所属する家族であり，自分では選べない．自らが選択した婚姻によって形成する家族を生殖家族（family of procreation）と呼び，ともに家族カテゴリーとして活用される．

women's "staying young")
- (4) 家庭から解放されてクラブ活動をしたり，社会の指導的な活動に時間とエネルギーを注ぎたい願望（the desire to release time and energy for club work and social pace-setting）
- (5) 夫婦がともに生活費獲得にあたる傾向が増大(the growing tendency for both husband and wife to engage in getting a living）

　日本における少子化の研究をしてきた私にとって，この5つの理由は80年の時空を一気に超えて，そのまま納得できる知見である。日本の少子化対策でこれらをもっと具体的に検討するだけでも，新しい展開が始まるであろう。ここにも古典の威力を感じ取る。
　また，たとえば生活水準の上昇が子どもの数を抑制することは，

高田保馬の人口方程式

$$SB = dP \quad (S：生活標準，B：人口数，d：配分基準，P：生産力)$$

を思い出させる（金子，2003: 169-172）。

　要するに，絶えざる欲求水準の上昇によって生活標準（S）の向上を求めても，配分基準（d）が変化せず，生産力水準（P）も増大しないならば，生活標準（S）を上げるためには人口数（B）を抑制するしかないという人口方程式が，80年も前に高田保馬（1927）によって提出されている。
　高田の人口方程式は『ミドルタウン』に2年先行しており，その意味で日本では時代を先取りしすぎたために後続の研究に恵まれず，長い間放置されていた。しかし，21世紀に入り少子化が進む人口減少社会においてようやく注目を集めるようになった。ここにも古典のもつ悠久性が強く感じ取れる。

　知見10　集団的承認を得ている諸価値が自動車の導入によって破綻する（同上：182-202）。
　ここで事例に用いられたのは家庭と教会であり，自動車の利用によって新しい習慣が誕生したため，旧来の順応様式が混乱したことを夫妻は「感情的軋轢」と見て，さらに一般化するかたちで「発明による余暇の再編成」として論じた。産業化のシンボルである特定商品がそれまでの個人生活の「安定的統合」（同上：184）を壊すことは，当時の自動車だけではなく，今日の航空機，

パソコン，ケータイでも同じである。航空機のスピードアップにより出張の仕方が変わったり，万年筆の手書きが主流だった執筆様式が変わり，ワープロ，パソコンの普及によりそのまま印刷物になったり，固定電話や公衆電話ではなく携帯電話の利用により，いつでもどこでもたちまち交信できるようになったことも，リンド夫妻がここで指摘した産業化の効果としての新しい習慣の誕生という事例になる。

　要するに，当時のミドルタウンでは自動車が普及したので，家庭の客間よりもクルマの空間を客間として用いることが多くなり，日曜日には遠出をするので，教会で礼拝しない市民が増加した。このように，産業化は市民のライフスタイルを変質させた。この時代の次の新商品はラジオであり，「家庭生活の標準的必需品のなかに急速になだれ込もうとしている」（同上：199）状態にあった。ラジオやテレビの浸透後の変化は，日本のマスコミ発達史でも十分に理解できるであろう。

　以上を一般化すると，国民や市民に受容され，社会全体で永続していた価値が，産業化による新しい商品や制度によって破壊され，別の価値が新しくつくり出されると，たちまち浸透するとまとめられる。ちなみに，集団的承認を得ている価値が産業化による新商品の浸透で弱められている現象には，移動手段，筆記手段，通信手段などの事例が多い。また，情報入手手段としてのインターネットの発達は，それまでの情報源だった新聞の機能を低下させ，したがって不可逆的に購読者を減少させ始めた。

　その意味で，「新しい発明は市民ライフスタイルのうち，とりわけ余暇に強く作用する」という命題は『ミドルタウン』からも生み出せる。

知見11　習慣の変遷や変動は二面性をもつ（同上：187-188）。

　これもまた，産業化の成果である自動車の普及がライフスタイルに与えた影響の分析から提起された。一般に，自動車の購入をめぐって，家族全員は結合する関係にある。なぜなら，高額の自動車を購入するためには金儲けに励み，一家で貯金しなければならないからである。それには家族全員の協力が必要であり，その結果「車は家族を一つにします」（同上：187）という主張が成立する。

しかし他方で，この家族結合は一時的にすぎないともいわれる。なぜなら，自家用車を所有していなくても，他人の車の助手席や後部座席に乗れるし，家族がばらばらに動くことも可能になるからである。「自動車がますます家族の分散化に作用している」(同上：188)。すなわち，産業化による新商品の急激な浸透は社会変動を引き起こすが，それが社会統合に向かうのか，社会解体をもたらすか，あるいはこの両者が同時進行するのかは，いちがいにはいえないのである。

　リンド夫妻は研究から導いた命題のなかには簡単に二者択一としてまとめられない場合もあることを，ここに明らかにした。そしてこの知見は，情報化や国際化を念頭に置いても有益である。

　知見12　多くの市民が政治と欺瞞は同一と考えている（同上：211）。

　まだアメリカの民主政治が機能していたはずの1920年代に，ミドルタウンでも現代日本と同じように「政治と欺瞞は同一」と市民が考えていたことは，驚きであった。因果関係は必ずしも鮮明ではないが，「ミドルタウンの市民は，地域社会の運営に今日ではあまり関心を抱かなくなる傾向に陥っている」(同上：208) からであろうか。政治が欺瞞だから，それに関心がないのか。あるいは市民による政治への関心が乏しいから，政治が欺瞞と同じになるのか。

　政治家の汚職，政治の腐敗，利益の侵害，政治の悪臭というような表現で，リンド夫妻は選挙，行政，政治家への批判を繰り返している。そして実業家へのインタビューから，「ここでは善良な人は政治に手を染めません。……政治は汚くなっていますから」(同上：208) という言説を引き出している。

　日本の政治だけではなく，世界の各国でも繰り返される「政治の腐敗」は必要悪であろうか。この問いへの回答に役立つ素材として，『ミドルタウン』刊行に先立つ10年前の1919年に，ヴェーバーが行った講演記録である『職業としての政治』（*Politik als Beruf*）（Weber, 1919＝1962）を，私は想起してしまう。そこでは政治家の資質として情熱，責任感，見識が強調されていた。世界史を見る限り，この三要件を備えた政治家は皆無とはいえないから，今でも私は情熱，責任感，見識に優れた老若男女にもっと政治への参入を期待したい。「政治とは，情熱と見識とによって固い板に穴をあけてゆく力強い緩慢な仕事」(同上：226) であり，本来は各階層・各世代に魅力ある世界のはずなのである

第4章　コミュニティ研究の成果と継承

から。

したがって，「応用科学や財政分野では専門的知識に敬意が払われているが，政治にはそれがない」（同上：213）というプライスを引用したリンド夫妻の考えを受け入れたうえで，専門的な見識が何よりも重要であることが国民全体に共有されることが望ましい。そうしないと，政治などは万人が簡単に理解できると誤解され，専門の一分野と見なされず，素人芸のレベルの政治が永久に続くことになり，「固い板」に穴が開かなくなる。

知見13　慈善には人と人とのふれあいが必要である（同上：231）。

もちろん「世界にはかならず何人かの病人，失業者とか，その他の悲惨な人々がいるものであり，現在の社会体系や産業体系をどう変えてみても，おそらくこの不幸な状況の防止は不可能であろうし，また地域社会が人々の同情に縋る生活を奨励しているよう思わせるべきでもない」（同上：240）という正しい認識を夫妻はもっている。しかしそれでも発生する「自立不能な人々の保護」を，階層ごとに支援の様式としてまとめている。

夫妻の調査結果によると，「保護」に関して労務階層では近隣が大きな比重を占めており，近隣の対面的接触が「困っている人々」（the unable）の支えになっている。反対に業務階層では，共同募金に代表されるインパーソナルな集団的供与方式が広がっており，ここでも階層間で慈善と福祉の相違がはっきりと表われた。

全体的結論

500ページを越える原著でリンド夫妻が下した最終的結論は，ミドルタウン調査からの一般的結論はほとんど引き出せないというものであったが，これは既述したように謙遜であり，実際にはこれまで概説したように少なくとも13の知見の一般化が可能であった。

加えて「今日の労務階層はほぼ一世代前の業務階層の習慣に従っている。……多くの変動は中間に位置する各種集団を通じて，緩慢に下層に浸透している」（同上：243）という14番目に位置する全体的結論は，6分野の詳細な調査結果を踏まえており，今日でも有用である。

また,「変動の順番は, 生計費獲得, 余暇時間, 青少年育成, 地域活動, 家庭生活そして宗教活動が一番最後になる」(同上: 243-244 より要約) は,「物質的文化における変化が適応する文化における変化に先行する」(Ogburn, 1922 = 1944: 198) という文化的遅滞説の証明としての価値がある。

　そして, 結論部の最終部分で, 夫妻は社会問題の解決には「制度の強化ではなく, 制度自体のあり方の再検討をともなうさらに根本に遡った方法こそが問題解決を可能とする効用性をもつ」(同: 249) と主張している。これは日本の少子化にも十分に応用可能な指摘である。子育て支援のうち「待機児童ゼロ作戦」と「両立ライフ支援」が政府による制度的な支援の2枚看板であったが, 効果に乏しいまま推移してきた。なぜなら第7章でも触れるが, 子育て支援「制度自体の再検討」が放棄されてきたからである (金子, 2006a; 2006b)。

　そして, 日本の社会問題においては, 死刑制度廃止にしても, 飲酒運転刑罰にしても, さらには入学試験制度や選挙制度改革にしても,「制度自体のあり方の再検討」に進まずに,「制度の内容」の手直しにとどまる傾向が濃厚であった。このような現代日本が抱える社会問題解明と解決にも, 夫妻の研究方法と成果は応用可能であろう。

第3節　『ストリート・コーナー・ソサエティ』
　　　　　　　　　　　　　　——コミュニティ研究の古典探求2

ホワイトの悩み

　次にホワイトの『ストリート・コーナー・ソサエティ』(Whyte, 1943 〔1993〕= 2000) *9 を精読していこう (以下, SCS と略す)。

　ホワイトの方法論は調査対象の現地コーナーヴィルに住んで,「住民の諸活動に実際に参加してみる」(1993 = 2000: 2) ことであったが, それは「たいそ

---

*9　W. Whyte (1914-2000). アメリカの社会学者. コーネル大学で長らく教授を務め,『ストリート・コーナー・ソサエティ』(1943) のほかに, 産業組織体と農村コミュニティ, 行為理論などの著書を刊行した. ここでのSCS訳書の引用は, 奥田道大・有里典三訳 (2000) に基づく. 訳書には原著1955年増補版による寺谷訳 (1974) があり, その後原著1993年第4版による奥田・有里訳が出版された. 後者には「出版上のさまざまな障害」(奥田・有里, 2002: vii) があったらしいが, 私にはもちろん詳細が不明である.

第 4 章 コミュニティ研究の成果と継承

う非科学的な根拠で選択」(同上：289) された地区であった。そしてボストンのイタリア系移民街をぶらつき，徐々に知り合いを増やしたが，最終的にはキーパーソンで最高のインフォーマントであるドック（本名ペシ）にめぐりあえて，調査が進むようになる。しかし「街かどをぶらついていると，これが"調査研究"という言葉で表されるのに十分な過程であるかどうか，とまどうことがあった」(同上：306) という述懐に，ホワイトの悩みのすべてが凝縮している。1993年の第4版で膨大ななまの記録を読む限り，不要ともいうべき雑情報が至るところに散見されるから，この悩みを当然抱えていたであろう。

　日本でもアメリカでも，SCSが学界レベルで残した最大の功績は，いわゆるスラムに入り込んで，そこでの社会関係や集団参加の構造を描き出し，各方面の生活実態を踏まえて，スラム地区の集団や組織がもつ規範，価値，信念などの社会意識を鮮明にしたことであるといわれる。結果的にこの書は，都市社会全体から疎外され，貧困にあえぐ人々が集住し，非行や犯罪が多く，汚く危ない問題地区という従来のスラムイメージを破壊した。この成果への賞賛がアメリカ内外には溢れており，私もまったく同感である。

ワースの批判

　ところが，シカゴ大学でホワイトの博士論文審査の際に，主査であったワース（34頁）から，まだ30歳前のホワイトへ「鋭い攻撃」があった（同上：351）。ワースは1926年にユダヤ人移民を扱った『ゲットー』（*The Ghetto*）で博士学位を取り，28年に31歳で出版した。だから，ワースの批判は容易に想像できる。なぜなら，ワース自身が社会解体（social disorganization）や社会的不統合（disintegration of our social structure）の観点から，スラム研究を継続していたのであるから（Wirth, 1964: 58）。スラム地区での価値システムの不明瞭さや矛盾にも言及しているワースが，イタリア系移民街を「すぐれて組織的で統合された社会システムが存在している」(Whyte, 前掲書：2)，「多くの結束の固いグループとしてのまとまりを含む，高度に組織化された社会である」(同上：351) とするSCSの全体的な結論には，到底納得できなかったはずである。

社会学の予備知識は不要

調査前後のホワイトの述懐「小説家になりたい」がまんざらうそでもなかったかのように，SCSは面白く，一気に最後のページまでたどり着く。そのせいでもないだろうが，SCSのスラム研究としての結論に不満なワースは，SCSが先行する社会学文献の成果に言及していなかったと非難した。なにしろ「日本語版への序文」でホワイト自身が最初に誇ったように，「たいそう読みやすく，社会学の予備知識を必要としなかった」書籍が，博士論文に値するとは考えられないからである。

私が10回ほど行った主査の経験からすると，かりに主査や副査の研究成果が否定されるような博士論文でも，確実なデータに基づく論理的な推論が全篇を覆っていれば，博士学位認定の根拠にはなる。しかし，先行研究の丹念な跡付けは博士論文の必要条件であるから，「先行する社会学文献の成果に言及していなかった」ならば，当然評価は低くなる。これは当時のアメリカでも現在の日本でも変わらないと思われる。

ワースの要求の結果，ホワイト自身が文献目録を別途作成したことが，博士論文の必要条件を自ら認めたことを意味する。最終的にホワイトがそれを補足資料として提出したので，SCS本文と合わせて，シカゴ大学で博士学位が認められたのである（同上：352）。

取り上げられたテーマに関する先行研究の知識がなくても誰にでも面白く読めても，参照した文献目録が乏しければ，通常は博士論文としては受理されない。それが「社会学古典」になるかどうかは，出版当初は誰にもわからないし，事実「アカデミックな世界は，あたかもフィールドワーカーの個人的体験に関して，黙殺の申し合わせをしたようにみえた」（同上：352）のも当然であろう。

ただ両方の訳書を見る限り，SCSは「参与観察の古典」（寺谷訳）であり，「テキストとして社会学の新しい読みと発見を自己学習した日本，そして世界の読者にとって，SCSの一冊は20世紀の社会学の最良のモデルのひとつ」（奥田・有里訳）という賞賛が溢れている。また，日本人読者を代弁するとして採録された「書評」でも「ホワイトの身体を通じて語られることがらの真実」（新原，2002: 100）に出会えたとされる。いずれもその通りに違いないが，私が大学院生時代に読み，今回は第4版を精読しても，以下の印象をぬぐえな

第4章　コミュニティ研究の成果と継承

かった。

全体が冗長

それは，ワースとのやりとりに象徴されるように，スラム地区にもそこに生きたコーナー・ボーイズないしはギャング団にも社会統合がある，というような結論を導き出すにしては，全体が冗長でありすぎて，調査に「費やした時間」がかかりすぎているという点である。すなわち時間的にも著書としての構成に関しても，もっと簡潔にできたのではないかという疑問につながる。

ちょうどこれは，『社会学的想像力』でミルズがパーソンズの『社会システム』（Parsons, 1951＝1974）を「冗長」と批判した（Mills, 1959＝1965: 34-66）論旨を思い起こさせる。このミルズの批判は有名だが（78頁），ホワイトのSCSにもそれ以上の「冗長」さを私は感じる。もちろん1年4ヵ月にわたる調査による参与観察記録は膨大であり，貴重でもある。しかし，ホワイトが出会ったただ一つのケースだけで，普遍的な結論を導くには，現在の社会調査から見るとあまりにも不要な記録や雑情報が多いように思われる。時間や費用の観点からも，研究する際に「問題はあることを明らかにするために，どれだけの十分な論述が必要であるか」（Mills, 同上：42）を留意しておきたい。

日本では不可能な調査

さらに，私は「SCSは社会学の古典」であるという定評は認めつつも，そのような1年半にわたる調査が日本では不可能であることに注意を促したい。1年半の参与観察は偶然ながらリンド夫妻のミドルタウン調査と同じ期間であるが，大学院生では能力と体力に恵まれていても調査予算がなく，かりに予算があっても，大学などに勤務する専門研究者にはそのような時間が絶対に取れない現状が日本では常態化している。

なぜなら，1年半の滞在型コミュニティ調査がなされたミドルタウンと同じように，現代日本の大学院生やフルタイムの大学教員が，1年4ヵ月以上も調査対象のコミュニティに住みつくことは不可能だからである。古典とはいえ，その方法論が現代日本で応用できるとは思われない。

同じことは，きだみのるの「きちがい部落」研究でも事情は変わらない。こ

れらはすべて社会学史に残る良質の事例研究の「古典」ではあるが，戦時中の疎開が契機となり，数年間だが，きだがそこで暮らした参与観察は，現代日本では追体験が不可能である。したがって，その贅沢な時間により産み出された「古典」から，現在の日本人研究者は何をどのように学ぶか。これは読了後必ず心に湧き上がってくる疑問であるから，事例研究の学習者は徹底的に自問自答をしてほしい。

知名度と富は誰に帰属するか

同時に，SCS でホワイトは知名度と富を得たが，最良のキーパーソンでありインフォーマントであるドックが感じていたとされる「公平な利益の分け前にあずかっていない」（Whyte, 同上：344）という批判も深刻である。要するに，ホワイトはドックをはじめ協力してくれたコーナーヴィルの人々を踏み台にしたのではないかという問題に結びつく。

これもたとえば，きだみのるが東京都恩方村辺名部落で数年間ともに暮らした村人の日常性や事の顚末を書いた『気違い部落周游紀行』（1948〔1981〕）で毎日出版文化賞を受賞し，結果的に知名度と富を手に入れてしまい，村にいづらくなり，「行方をくらました」（同書のあとがき，きだの息子山田つねによる）ことと符合する。ここには文化や時代を超えて，研究者と貴重なインフォーマントの間に微妙な関係が横たわるのであろう。

また，ホワイトが 1993 年発行の第 4 版で最も詳細な「アペンディクス」を付加し，40 年も前の調査に関する逸話を披露した割には，クリスが言ったとされる「この本がもっと建設的であったならばと，願うね」（同上：347）にはホワイトからの確答がなく，「踏み台」批判への答えも十分とは言い切れない。

社会統合の存在と比較手法

SCS の全篇から，ギャング団における社会組織図（同上：21），新しいギャング団の集団構造図（同上：60），街角の会話の構造図（同上：110），コーナーヴィル S ＆ A クラブのインフォーマル組織図（同上：172; 202; 205），選挙運動の組織図（同上：237），危機回避のチャンネル図（同上：261），公園の金網を取り付けてもらうルート図（同上：262）などを拾い上げて，社会解体とい

第 4 章　コミュニティ研究の成果と継承

うよりも社会統合の存在を具体的に学ぶことには，もちろん意味がある。

　比較分析として，カレッジ・ボーイズは勤勉性に富み，貯蓄にも投資にも熱心であり，親しい友人との関係にも深入りしない反面，コーナー・ボーイズは放縦な性質が目立ち，浪費しがちでありつつも，所属集団への互恵的な義理関係で縛られているという結果を引き出す（同上：121-122）。ホワイトは集団比較であったが，リンド夫妻のミドルタウンでも，業務階層と労務階層の職業格差というかたちでこの比較社会学が採用されているから，両者の精読から具体的な比較手法を知るのも有益である。

　その他，選挙をめぐる家族ネットワークの重要性（同上：225），「選挙運動の目的は，すでに保証された支持の土台に，投票者という新しいブロックを積むこと」（同上：231），「政治家にとって人種的なきずなは，彼の援助を求める階層の人びととの結びつきを固めなければ，何の役にも立たない」（同上：245），コミュニティの政治組織は「互恵的な個人的恩義のシステム」（同上：252-253）などという一般化は，中央地方を問わず 60 年後の日本政治とまったく同質であることに驚く。

社会学への貢献

　しかし，全体の結論が，街角のギャング団にも行動の規則性があり，そこから高密度な社会的相互作用が生み出され，それが「グループ内の結合力にとって基礎となる」（同上：265），グループのリーダーは「何であれ，グループのなかで特別な関心を引くような技能をもっている必要がある」（同上：268），「社会は大物（big people）と小物（little people）で成り立っている……そのあいだのギャップを仲介者（intermediaries）が橋を架けて支えている」（同上：279）程度のことならば，もっと調査期間を短縮して，本文も圧縮できるのではないか。不必要な記録が雑情報化して，結局は役立てにくくなるのは，質的調査の宿命である。

　ウォレンは，SCS をわずか数行で片付けた。すなわち，小さくて親しいインフォーマル集団でも，フォーマル集団ほどははっきりしていないが，広い意味では社会システムとして認知されるとのべるにとどまった（Warren, 1972: 165）。すなわち小さくて親しいインフォーマル集団でも，行動の規則性があり，

そこから高密度な社会的相互作用が生み出され，それがグループ内の結合力を生み出しているから，社会システムとして理解してもよいというのである。

SCSが狙った一番の目的がこの論証であるとすれば，やはり調査期間もSCS本文も冗長であり，誰にでも面白く読めるかもしれないが，社会学への貢献度においては，たとえば誰もが気軽には読めないウォレンの著書とは比べものにならないと私は考える。

そして最終的な命題が「コーナーヴィルの抱える問題というのは，組織化されていないということではなく，それ自身の社会的組織をコーナーヴィルを取り巻く社会組織に調和させることに失敗している」（同上：280）に集約されるところから，どのような解決の処方箋が描けるのか。本文が冗長な割に，ホワイトは最後まで沈黙したままであった。

第4節　『心の習慣』──コミュニティ研究の古典探求3

強い個人は強いコミュニティから

第3冊目には，ベラーら5名による『心の習慣』（Bellah, et. al. 1985＝1991）を取り上げる。コミュニティ社会学史によれば，個人とコミュニティとの関係は，どちらかが強くなれば，他方が弱くなるようなゼロサム状況にあるのではなく，むしろ，ある種の強い個人主義を支えるには，ある種の強いコミュニティが必要であることが定説になっている。強い個人は強いコミュニティに支えられ，逆もまた真である。この考え方はオーストラリアの国策の一部としてすでに活用されており，強い家族（strong family）や強いコミュニティ（strong community）が盛んに論じられている（金子，2006b: 99-101）。

この定説に依拠して，ベラーらはこの書の「日本語版序文」で，功利的個人主義を批判して，個人と共同体が相互に支え合い強化し合う倫理的個人主義を鮮明に打ち出した。

個人主義増殖への危惧

この書の「問題意識とテーマ」を挙げておこう。共同研究の背景には個人主義が癌的な増殖を遂げていることへの危機感が存在する（はじめに）。そして，

第4章　コミュニティ研究の成果と継承

大きな課題として「私的生活は，どの程度まで人々を公共的世界への参加に導くものか」を明らかにしようとする。2004年のビュロウォイの公共社会学講演に先立つ20年前になされた実証研究である。「自由な諸制度を存続させる鍵の一つは，私的な生活と公共的な生活との関係，すなわち市民が公共の世界に参加するやり方」を解明するために，私的生活と公共的生活の本質を探求するインタビュー調査を5人が分担した。

私的生活と公共的生活の本質

　まず，私的生活研究として，スウィドラーが「愛と夫婦生活の形態」を受け持った。カリフォルニア州サノゼ（San José）市とその周辺郊外の住宅地区の男女にインタビュー調査を実施した。対象者は中産階級か，比較的に豊かなブルーカラー（30代，40代が中心）であり，ほとんどは既婚者で，半分は離婚歴があった。離婚歴のうち半数は再婚していた。私的生活上で夫婦生活にどのような意味を見出しているかも問われた。

　第二に，ティプトンがアメリカ南部の大都市とサンフランシスコ湾岸地域に住む心理療法者，心理学者，精神医学者へのインタビューを行った。

　第三に，マドセンが公共的生活研究として，地域の政治団体や伝統的な自発的団体の形態を調査した。ボストンから遠くない創立250周年を迎えた町とサンディエゴ周辺の新興郊外地域で，中産階級とブルーカラーへのインタビューを行った。

　第四に，サリヴァンが体制内で活動している比較的新しい政治的行動主義について，フィラデルフィアとカリフォルニア州サンタモニカ（Santa Monica）で，2つの政治組織のリーダーとメンバーにインタビューを実施した。

　ベラーの役割は全体的な総括であるが，調査結果をただ報告するのではなく，最終的には未来のアメリカ社会に対して，研究成果がどのような意味をもつのかに焦点がおかれた（はじめに）。社会調査を通してアメリカ社会の未来を考察する姿勢は，『ミドルタウン』と同じであることに気がつくであろう。

　しかも調査の「対象と方法」も白人の中産階級に限定されている。選び出した200人以上の市民に対して1979〜84年にインタビューを行い，補足として参与観察も行ったという。白人のみのアメリカ人に調査を限定したことも『ミ

ドルタウン』と変わらない。アメリカ社会を構成するアフリカン・アメリカンやスペイン語しか話せないスパニッシュ・アメリカンなどが，調査対象に含まれていないのである。

さて，公共性に関連して，どのようなまとめになったか。

心の習慣研究からの知見

知見 1　アメリカ人は，良い人生という究極的目標は個人的選択の問題であると考える傾向がある（同上：26）。

個人的選択の問題であれば，人生における最終的な勝ち負けは当然ながら自己責任になる。アメリカ社会には 65 歳以上の高齢者向けのメディケアならびに低所得者医療扶助制度であるメディケイドはあるが，建国以来皆保険という発想はなかった。2010 年にようやく全国レベルの医療保険制度が制定されたが，個人が任意で加入する点はそのままであるのも，個人的選択社会の故であろう。その意味で，アメリカでもっとも根強く支持された価値は自由である（同上：27）ことに十分納得がいく。

知見 2　自由とは他者の干渉を受けないこと，他者の価値観，理想，ライフスタイルの強制を受けないこと，仕事，家族，政治生活における専横な権威から免れていること（同上：27）。

いわゆる「からの自由」と「への自由」の区別をすると，圧倒的に「からの自由」に重きがおかれ，その点で消極的な自由意識である。

知見 3　子どもっぽい人間とは，自己の家族や地域共同体に対する責任を自覚できない人間，すなわち家族や共同体から主としてもらうことばかりを考え，逆に自分から与えることは考えない人間のことである（同上：9）。

「からの自由」ならば，「もらうこと」を優先して，「への自由」につながる「与えよう」とはしないであろう。そこには私化意識が溢れ，地域フリーライダー（ただ乗り）への道も近い。功利的個人主義がフリーライダーの主要な温床になっている。

先進国の地域生活では，「みなの力で」("We are doing it together.")が忘

第4章　コミュニティ研究の成果と継承

れられて久しいように思われる。しかし，コミュニティとは結局のところ「集まり＝一緒にする」（togetherness）行動様式の程度如何であり，この精神が失われたら，共同善も公共性も創出困難になる。

たとえ，「個人がみな自己の私的利益を追求している状況にあって，共同善の視点からものを考えたりするのは『おひとよし』のすることである」（同上：19）とはいっても，「共同善」に向かう「おひとよし」がいなければ，「私的利益」ですら長期には保証されない。なぜなら，現実の個人生活，家族生活，地域生活のすべてにおいて，「私的利益」は共同善や公共性に支えられているからである。

たとえば，資産価値としての住宅はその代表である。住宅の転売に際しては，それを取り巻く地域社会の社会的共通資本の水準が価格を左右するのは常識である。いくら建物の内装に費用をかけても，道路や通学通勤の利便さ，医療機関や金融機関へのアクセス，防犯意識の高さ，周囲の環境など有形無形の「共同善」が，内装以上に住宅価格に及ぼす影響は大きい。

　知見4　私たちは，配分的正義，すなわち経済的資源の適切な分かち合いについて，共通の理解をつくり出す必要がある。……なんらかの形で実質的な目標を設定すること，配分的正義について考えるための手立てをもつことが必要である（同上：31）。

配分的正義が達成されなければ，社会全体の公平性を確保できないから，私化が進み，「私的利益」が社会において個別に衝突し合い，最終的には共同善の水準が低下してしまう。

現在，どのレベルで配分的正義が求められているのか。それには世代間，男女間，コミュニティ間（都市部か過疎地域か），階層間（havesか have-notsか）のレベルが想定できる。社会全体，あるいはその国民がおかれた状況に応じて，このうちのどれを重視するかが決まる。したがって，政治や行政はいくつかの範例を具体的な資料とともに開示して，国民の判断を仰ぐ姿勢をもちたい。たとえば消費税の比率を上げるのなら，それで何をどこに優先的に配分するかを明示しないで，引き上げ比率のみを議論しても，共同善や公共性の創出とは無縁である。

知見5 個人の自己実現が可能なのは，社会とのつながりをもっている限りにおいてである（同上：176）。

その意味で，あまりに徹底的した社会との絶縁は人生の意味を奪い去ると思われるが，正しくは「徹底的な社会との絶縁」などはありえない。その理由は，電気ガス，上下水道，電話，交通機関というライフラインや商品流通の市場と絶縁することは不可能に近いからである。先進諸国では，ライフラインや市場を無視した完全な自給自足が不可能である以上，個人は社会とのつながりを受け入れざるをえないのである。

知見6 私たちは社会的コミットメントを維持することなしには人生は空虚なものになってしまうと深く感じている。自立は大事だが，人間は互いに相手を必要としている（同上：184）。

どのような相手かといえば，家族を別格とすれば，ソーシャル・キャピタルのうち友人，近隣，同僚，親戚などが該当する。必要な相手のなかには「親密な他者」も存在する。確かに金儲けなどの「私的利益」のみを追求する人生が空しいならば，「親密な他者」を含む必要な相手との交流が社会的コミットメントを支え，個人を自己実現に向かわせる原動力になる。

知見7 私的生活が報われてあることは，健康な公共的生活のための条件の一つである（同上：199-200）。

この書の至るところで，私的生活と公共的生活との間には相関があるとされ，この「知見」もその例に該当する。私と公が満たされ合うこともあれば，「一方の貧困化はかならず他方の貧困化を招く」（同上：199）こともあり，ともに正しい。

肉体的・精神的健康についても，個人の健康が地域社会の公衆衛生水準と相関することは，フランクランの中世ヨーロッパの「排泄」をテーマにした研究（Franklin, 1890＝2007）を引くまでもない。「すべてを路に」（tout à la rue）はフランス史に見られる廃棄物処理の伝統であり，それとペストやコレラその他の感染症蔓延の歴史はみごとに相関している。だから，「長い目で見れば個

人の繁栄は，結局のところ地域共同体全体の繁栄にかかっている」（同上：209）のは当然の知見になる。そして，コミュニティに生きる個人がほかの成員のニーズを満たす役割を果たすことで，コミュニティ全体から提供される分け前の権利を得るという相互依存関係が生じる。これは日本農村における入会地ないし入会権*10の事例からも明瞭であろう。

知見8　地域共同体にとってもっとも深刻な問題は，「ただ乗りをする人間」，すなわち，自らの働き以上に受け取って，善良な市民が投資に見合う正当な見返りを得るのを妨げてしまうような人間をどうするか（同上：211）。

これがこの書で「フリーライダー」への対処を論じた一番重要な箇所である。「ただ乗り」を意味するこの専門用語は，ゴミ処理に象徴される環境問題*11だけの概念ではない。人口問題における少子化論にもフリーライダー概念を応用し，理論化したのは，世界ではわからないが日本ではおそらく私が最初であろう（金子，1998；2003；2006a；2006b）。「子育てフリーライダー」（183頁）は環境問題におけるフリーライダー論を基盤とする。

知見9　大都市は，仕事，家族，共同体からの要請がひどく分離し，両立困難もよくあるような世界である（同上：215）。

ここにも日本政府や厚生労働省を失望させるような重要な指摘がある。なぜなら，少子化対策と称して，政府・厚労省はすでに10年以上「両立ライフ」を唱えてきたからである。賛同する学者もその周囲にいるが，都市におけるベラーらの詳細な研究では，「仕事の世界と家族や共同体の世界との分離」（同上：215）がますます鮮明になってきた。

さらに「仕事は人々を公共の世界へと統合せず，むしろたがいに遠ざける」（同上：238）とものべられている。政治家や官僚はともかく「両立ライフ」支

---

*10　一定の山林原野や漁場に対して，特定地域に居住する住民が平等に利用したり，そこから収益をあげる慣習法上の権利を指す．環境社会学では「入浜権」などに拡張して用いられている．

*11　個人は公共財や公共サービスのコストを負担しなくても，その利益を享受できる．部分的にゴミ処理規則を守らなくてもゴミは捨てられるが，それが大規模化すると社会全体のゴミ処理が不可能になり，個人も不利益を被ることになる．

援に賛同する研究者は，このような知見に対してどのような反論を用意するだろうか。

ただし，この知見は私的生活と公共的生活の両立困難を意味しつつも，一立，両立，三立，四立，五立ライフなどの可能性を否定するものではない。私の定義では，一立ライフは仕事だけ，両立ライフは仕事・家庭，三立ライフは仕事・家庭・地域生活，四立ライフは仕事・家庭・地域生活・趣味活動，五立ライフは仕事・家庭・地域生活・趣味活動・地域の役職を引き受けるライフスタイルを意味する（金子，2006a: 6-8）。

家族や友人仲間の外側にいる無数の匿名の人々に対して，個人はいかなる義務を負うべきなのだろうか（同上: 215）。一立ライフの実践者から五立ライフ実践者までに等しく求められる義務は，社会システムの遂行にただ乗りをしないことである。ただ乗りを前提にした「おひとりさまの老後」（上野，2007）などは高齢社会のあだ花にすぎない。

知見10 良い生活を支えるもっとも重要な二つの柱とは，自分の仕事上の成功と地域共同体への奉仕の喜びである（同上: 237）。しかし，つねに両者は緊張関係にあり，いつでも崩壊に終わる可能性がある（同上: 238）。

多くの場合，仕事は自己利益または所属する組織利益を志向するが，コミュニティへの奉仕は共同善や公共性志向が優先し，したがって，両者間には緊張が持続する。それは〈私－共－公〉という枠組みでいえば，仕事が「私」の利益，コミュニティへの奉仕が共または公の優先という分類になる。

知見11 文化的に相違した諸集団を一つの共通の道徳的秩序のもとにまとめるには，多くの場合，平等社会よりもヒエラルヒー社会の方がすぐれている（同上: 250）。

ここにいつの時代でも必要悪としての権力ないしは官僚制が求められる根拠がある。一般に近代社会の秩序は，自由，平等，博愛だけから維持されるわけではない。むしろそのような理念の背後に，優越した意志力として最終的には暴力装置を擁する全体的権力が控えている。

第4章　コミュニティ研究の成果と継承

知見12　全体に関わるということは，専門化されたさまざまな分野で得られた事実をただたんに寄せ集めるということではない。個々の事実は，それらを包括し，全体についての概念に形と輪郭を与えることのできる枠組み（準拠枠）のもとで解釈されたときのみ，意味をなす（同上：361）。

その通りであるが，実際の研究には「事実の単なる寄せ集め」も多い。もしくは全体的構図に視線が及ばないままに，個別のモノローグにとどまる作品もある。コント以来160年が経過して，ヴェーバー逝去から80年が過ぎ，パーソンズが没してすでに30年が経つ今日，加速する人口変動が，社会変動の動因の筆頭になった。

この時代にふさわしい「新しい現実のためには新しい社会科学を創造していかなければならない」（同上：357）のは事実である。しかし，現実にはビュロウォイによる「公共社会学の提唱」に象徴されるように，「認知社会学」さえ「構想」され，非公共性が社会学に増大してきた。そこでは「国家の過去のさまざまな出来事も『客観的な事実』としてあるのではなく，国家という枠組によって一つの物語の中に位置づけられる」（片桐，2006：219）らしい。明治維新が，太平洋戦争が，安保闘争が，高度成長が，水俣病が，環境汚染が，学園闘争が，少子高齢社会が，すべて客観的な事実としてとらえられないというような認識では，社会学の役割が果たせるのだろうか。

私はベラーらの結論的な主張である「社会科学は，現実的基盤から脱却した認知的事業などではない」（同上：361）を全面的に支持する。

知見13　公共哲学としての社会科学は……社会の伝統，理想，願望をその現在と並置する……また「事実」と同じほどに「価値」にも目を向ける（同上：362）。したがって，公共哲学としての社会科学は「価値自由」ではありえない（同上：363）。

おそらく，環境と福祉に目を向けることはまさしく公共哲学としての社会科学の組み替えの第一歩になるであろう。他者の言説空間をもてあそび，「物語」に縮減するのではなく，ヴェーバーの「価値自由」を乗り越えた地平での新しい展開への手がかりが，コミュニティの事例分析を軸とした古典研究からも導かれるはずである。

第5節　コミュニティ研究の応用に向けて

社会的期待に応える道

　1970年代の批判学派の常用語であった「社会学の社会学」よりは,「☆○社会の社会学」こそが学的水準の停滞を打開して, 社会的期待に応える道である. 社会学理論とともに社会理論の体系化への飽くなき挑戦が, コミュニティ社会学の課題である. 具体的には,「誰か」の研究にとどまらず, 実際に「何か」の社会的事実 (46頁) の分析を行うことによって, 理論的もしくは政策的な提言を積み重ねる. できれば自らの調査や先行文献からのデータを駆使して, それまでの社会現象をより正確に説明し, 可能ならば専門用語さえも造語する. 社会的事実間に潜む法則や命題の発見を的確に表現するためには, 高田保馬やマートン*12に代表されるように, オリジナルな専門用語を鋳造することも望ましい.

　学祖コント以来, 観察 (observation) の重要性は原則として学界でも受け止められてきた. 観察は社会的事実を浮き彫りにするからである. まずは注意深く事実を確認して, 相関関係や因果関係の検証を行う. 研究者に偶然与えられた事実もあれば, 研究者が積極的に探求し獲得した事実もあるから, 相関や因果の判断は慎重にならざるをえない.

　対象とする事実が何であれ, 観察に際しての判断や評価には, ジェンダー, 世代, 階層, コミュニティという4軸を利用したい (金子, 2009a: 14). たとえば, 子育て支援に関してはジェンダーによる相違が明瞭であり, 一人暮らし高齢者支援には専業主婦と高校生が柱になっているから, 世代間の交流が観察できる (金子, 2006b: 156-157). もちろんコミュニティ・ケアとして, 地域社会における在宅支援センターや町内会や民生委員など, コミュニティ資源からの関与が認められることも多い.

---

*12　R. Merton (1910-2003). アメリカの社会学者で, 中範囲の理論を提唱したことで名高い. 社会調査の機能をまとめ, 科学社会学や知識社会学にも造詣が深い. デュルケムのアノミー論を発展させ, 準拠集団論やコミュニケーション論にも大きな貢献をした.

第4章　コミュニティ研究の成果と継承

調査とは確認作業

　取り上げた古典がそうであったように，並行して行う調査によって，対象とした社会的事実の内容が精緻化される。調査（research）とは一定の仮説をもって行う確認作業である。観察の原義は注意深く見つめるところにあるから，対象とする社会現象や社会的事実に対する能動的な働きかけが含まれる。

　もちろん科学的研究対象を自ら設定する際には，意欲や能力を別にすると，目標年次までに解決できそうな見込みがある課題設定が望ましい。同時に，万能語によるテーマや分析は，学問の前進とは無縁であると自覚しておきたい。たとえば，民主主義，市民の目線，下からの論理，生活重視の立場，エコなどが，ここにいう万能語に該当する。これらは何かをわからせたかのような錯覚を与える非学術用語である（金子，2009a: 82-85）。

　調査はそれを導くための仮説を前提として，一定の予測を内包する。観察は積極的，消極的両側面もあるが，調査は積極的側面しかない。消極的調査とは論理矛盾である。観察と調査の両方に思索（thinking）を合わせると，学術的な総合考察（study）になる。対象とする事実を既述した4軸とともに多方面から探求して，そこに新しい学的事実を見つけだす。たとえば，高田保馬の「結合定量の法則」を念頭に置いて，観察された事実について「結合定質の法則」の有無を調べてみる。

　あるいは，アメリカ都市におけるパットナムの調査結果のように，ソーシャル・キャピタルの全体量と市民的寛容性の高さ（自由意識の強さ）に強い相関が見られた結果に対して，私の日本4都市比較では，むしろ伝統意識の強さ（自由意識の弱さ）とソーシャル・キャピタルの全体量が相関していた（金子，2007）（140～142頁）。

成果に汎用性があるか

　このような調査データを用いた思索は，比較（comparison）と判断（estimation）から構成される。学問は，既知の事実を基にして，未知の事実を予測して総合考察することである。その意味で，一つの調査結果は判断の一素材にすぎないから，比較の方法はその判断素材を増やすうえでも重要になる。もちろん素材が多ければすべてよしというわけではなく，むしろ一事例のみでの判断を避け

ようというのが比較法の趣旨に合う。そのうえで,社会学の成果には必ず汎用性(general purpose)が問われる。汎用とは特定化されず,部分的でもないという性質をもつ。

汎用性をめざしたインタビュー調査は,方向性のある会話(guided conversation)となる。そこでの記録は理論化や問題発見には有効だが,検証には適さないという主張が一般的である。調査対象の代表性が証明されないからである。したがって,調査の目的が理論化なのか,問題発見なのか,仮説検証なのかを,事前によく理解しておきたい。

通常の質的調査研究では,まず調査員や研究者が会話記録やその他の資料から,それらの意味を把握するところから始まる。具体的なインタビュー調査は,研究に利用される概念の妥当性を測る目的に限定された様式で行われる。収集・分類された会話記録は一級の資料になる。この精査から当初の理論仮説や通説が補強されることもあるし,棄却されて新しい問題が発見されることもある。実査の手続きは研究者の個性によって特殊化されるので,他者による模倣はめったになされない。

質的調査の分析は,作成された会話記録と収集された資料からトピックに沿った一般化を引き出し,一貫したストーリーを提示することによって進められ,完了する。

　　＊追記　本章は以下を基に加筆修正したものである
　　「地域社会分析における事例研究の方法と成果」「ライフスタイルと産業社会学の古典的事例研究」新睦人・盛山和夫編『社会調査ゼミナール』有斐閣,2008年所収

第5章　コミュニティの福祉社会学

キーワード：合計特殊出生率，少子化対策，次世代育成，子育て共同参画社会，
児童虐待防止，問題処理力，コミュニティ・ケア，インフォーマル・ケア，
プロフェッショナル・ケア，スクール・ソーシャル・ワーカー

第1節　少子化対策の見直し

失敗した少子化対策

　フランスの合計特殊出生率が劇的に上昇した1990年代後半からの同じ期間，日本政府による少子化対策は，結局成功しなかった。なぜなら，①少子化の筆頭指標である合計特殊出生率の低下速度を落としたいのか，②その減少を止めたいのか，③減少を止めて増加へ反転させたいのかを，政策の最高責任者である首相や厚労相が明言しなかったからである。政治のトップが少子化対策とは何かを定義しないから，中央官庁も地方行政でも，少子化対策関連事業の予算拡大こそ最良の対策だという暗黙の合意がなされてしまった。そのために，場当たり的な対処のみが毎年の少子化対策として実施されてきた（図5-1）（金子，2007）。

　これまでの政府の少子化対策は，①数年間かけて達成しようとする短期的な目標がないので，事業自体が財政事情に左右されてきた。②複数の少子化対策のうち，保育所の入所待機児童ゼロ作戦の優先理由について，総合的議論が欠如していた。③待機児童がゼロになると，全体として少子化対策が進んだといえるのかの判断は不可能であった。④国民の意識が変わる最大の条件は，制度変更であるという介護保険制度導入の最大の教訓が学べなかった。⑤事業ごと

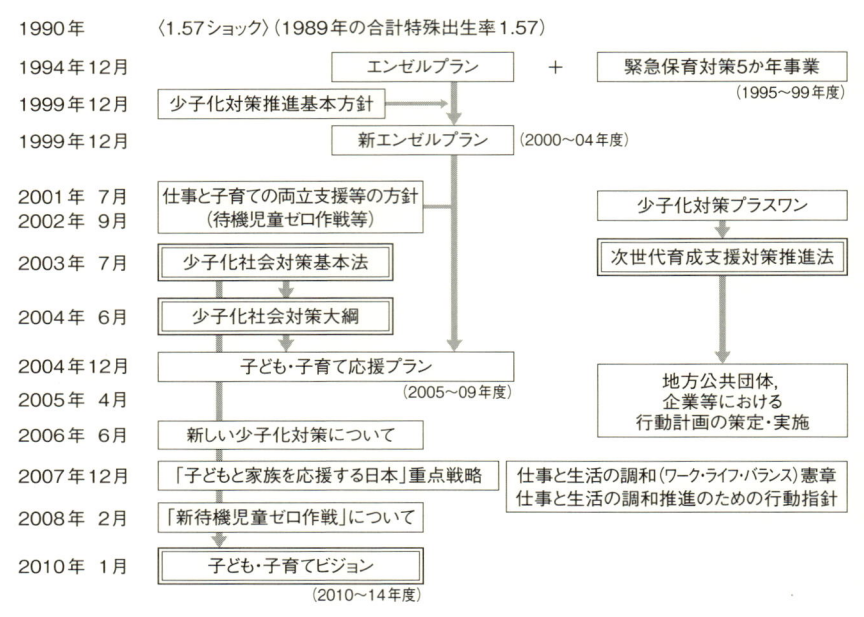

1990年	〈1.57ショック〉(1989年の合計特殊出生率1.57)			
1994年12月		エンゼルプラン	＋	緊急保育対策5か年事業 (1995～99年度)
1999年12月	少子化対策推進基本方針			
1999年12月		新エンゼルプラン	(2000～04年度)	
2001年7月 2002年9月	仕事と子育ての両立支援等の方針 (待機児童ゼロ作戦等)			少子化対策プラスワン
2003年7月	少子化社会対策基本法			次世代育成支援対策推進法
2004年6月	少子化社会対策大綱			
2004年12月 2005年4月	子ども・子育て応援プラン (2005～09年度)			地方公共団体, 企業等における 行動計画の策定・実施
2006年6月	新しい少子化対策について			
2007年12月	「子どもと家族を応援する日本」重点戦略			仕事と生活の調和(ワーク・ライフ・バランス)憲章 仕事と生活の調和推進のための行動指針
2008年2月	「新待機児童ゼロ作戦」について			
2010年1月	子ども・子育てビジョン (2010～14年度)			

図5-1　日本政府の少子化対策の経緯
(出典) 内閣府編『子ども・子育て白書』(2010) 同ホームページ

の目標達成効果の測定という発想が皆無であった。⑥事業達成による個別成果が，全体としての少子化対策に寄与するのかどうか，わからなかった。⑦長期的な事業推進計画によって，少子化を阻止できるのかどうかも不明であった。

　少子化は全体社会の社会変動であるから，その対応には国民の負担と受益の包括的な関係を含む指針が重要である。これらには，従来の間接支援とともに，子育て家庭への金銭的な直接支援も含まれることを念頭において，課題にアプローチしてみよう。

少子化のマクロとミクロ

　「少子化する高齢社会」への少子化対応策は，次世代育成支援対策推進事業のなかで，妊娠中の母体を念頭においた出産支援，誕生直後からの育児支援と保育支援の軸が最優先されることになる。
　これらを考慮すると，世代間協力からなる「老若男女共生社会」を展望しつ

第5章　コミュニティの福祉社会学

つ,「子育て共同参画社会」へどう転換できるかこそが, 政策課題の筆頭になる。20年来の「両立ライフ」や「ワークライフバランス」*1 だけではまったく不十分である。

多くの場合, 少子化の主因は未婚率の上昇と既婚者の出生力低下である。前者は婚姻関係でしか出産しないという日本文化がもつ特有の事情による。ちなみに日本の婚外子率は2%程度なのに, スウェーデン, デンマーク, フランスなどでは50%前後の比率を示しており, 国によって出産文化の差異が鮮明に出ている。

少子化とは, 合計特殊出生率の低下と停滞, 年少人口数の減少, 年少人口比率の低下なのだから, その対応にはこれら3指標を総合的に理解しつつ, 少子化の食い止めと増子化への施策を具体化することが含まれる。

日本社会のマクロレベルでの少子化原因としては, ①小家族化による子育て支援の家族力の喪失, ②コミュニティレベルで存在していた従来の子育て支援システムの崩壊, ③女性の職業進出に伴う機会費用の増大, ④「産み損, 育て損」に象徴される社会的不公平性の増加, が想定される（金子, 2006a）。

同時に少子化のミクロレベルの原因には, ①個人のライフスタイルにみる非社会的で自己中心型への転換, ②短期的で負担回避型の個人主義的ライフスタイルの蔓延, ③子どもが減少する社会への国民全体の想像力不足が指摘される（金子, 2003）。

したがって, 単一の少子化原因論は成立しがたい。原因をマクロ・ミクロに分ける立場から, 近未来までを想定した対応と課題をまとめておこう。

少子化をもたらす出生動向

今日の都市では, 従来の現象に加えて少子化を促進する3つの新しい出生動向が鮮明になってきた。

(1) 低体重の新生児が増えている

一般に2.5kg未満の新生児を低体重児と呼び, 少子化が顕著な札幌市では新生児全体に占める割合は1988年に68‰であったが, 2006年には97‰に増加

---

*1　政府の少子化対策・男女共同参画推進策において推奨されるライフスタイル. 仕事と家庭の両立, 仕事と生活の調和を狙いとする. 103〜104頁参照.

している。都道府県別でも単年度出生数の低下とは逆に、低体重児の割合が増えている（**表 5-1**）。

元来は沖縄県が 2007 年 118.2‰ と割合が高かったが、2005 年から高知県、福岡県、山梨県などが肉薄してきた。低体重児割合の増加の原因としては、母親となる女性の過剰なダイエットがある。体重の軽い女性の妊娠が増えたことが全体としての母体環境を変え、低体重児の出生割合の増加に結びついたものと思われる。

(2) 早産の割合が増えている

37 週未満の新生児を早産の指標とすると、札幌市でも 2001 年の 5.3％から、2006 年には 6.6％に早産の割合が増えている。複数の産科医は、早産の原因の一つに体外受精の増加があると指摘しており、体外受精の約 2 割は双子になり、双子のうち約半数が早産になるという。早産ならば低体重児の出生につながりやすく、両者間には一定の関連が予想される。

(3) 高齢出産の割合が増えている

少子化の元来の理由は晩婚化と晩産化であり（**表 5-2**）、札幌市の初産年齢も、1994 年の 27.7 歳から 2006 年には 29.5 歳に上昇した。また 40 歳以上の女性による出生数は、1988 年の 143 人から 2006 年には 362 人に増加したことも、晩産化の傍証になる。

これらを総合的に理解したうえで都市における少子化対策を打ち出すためには、ある一面を分析するだけの説明では、どれも不十分になりやすい。少子化が社会システム全体の変動に多方面から強い影響を及ぼしており、高齢化とも密接な関係があり、相互に影響し合うという観点を重視する姿勢があらためて求められる。この包括性は社会学的政策論の鉄則の一つである。

産み育てやすい社会環境

その意味で今後の少子化対策にあたっては、部分的な対処を越えて、総合的・包括的な都市全体の「産み育てやすい社会環境」づくりが並行することが欠かせない。そして、少子社会におけるリスク対応の先には、個人主義（me-ism）化してきた市民のライフスタイルの総点検という課題が待っている。

第5章　コミュニティの福祉社会学

表5-1　都道府県別低体重児の出生率（単位‰）

年次	1995	2000	2005	2006	2007
日本全国	75.1	86.4	95.3	95.7	96.5
1. 沖縄県	93.1	103.4	108.5	110.1	118.2
2. 高知県	73.4	92.1	103.4	104.6	112.5
3. 福岡県	84.4	94.2	100.3	100.8	104.3
4. 宮崎県	80.4	88.2	102.0	97.6	104.2
5. 静岡県	83.3	92.9	105.1	101.8	103.5
6. 鹿児島県	76.8	87.5	97.7	99.4	100.4
7. 兵庫県	72.1	84.8	99.0	97.5	100.3
8. 山梨県	79.6	97.8	105.9	108.1	99.6
9. 大阪府	75.8	87.4	99.1	97.0	97.4
10. 京都府	74.7	81.4	98.2	101.3	99.0
11. 山口県	78.7	91.2	98.0	91.1	96.0
12. 群馬県	70.0	85.4	97.6	94.7	98.4
13. 北海道	80.3	91.4	97.0	99.9	98.4

（出典）総務省統計局編『社会生活統計指標2010』（2010: 152）

表5-2　日本社会の第一子出生年齢の推移

年次	年齢（歳）
1955	25.11
1965	25.89
1975	25.66
1985	26.52
1995	27.76
2005	28.61
2007	28.86
2008	28.94

（出典）国立社会保障・人口問題研究所編『人口の動向　日本と世界2010』（2010: 65）

「改革についての真の基準は，その速度ではなく，その現実主義……すなわち，それが根元に到達し，原因を変えようと試みるか，それとも，表面だけにとどまり，症状をあつかおうとするだけかどうかが問題なのである」（Fromm 1955 = 1958: 307）。

したがって，「変える必要がある」という結論ではなく，むしろ「どう変えるか」が問われる。加えて，変える方向，変える方針，変える主体，変えるための資源，変えるに要する期間について，最低限の社会的合意が速やかに求められるであろう。

これらの出生動向の変化に応じて，都市において出産に直結する社会環境に配慮する必然性が指摘できる。その一つの方向性を示すのが「次世代育成を賢く安全に：市民啓発9か条」（表5-3）である。札幌市では2010年からこれを多様な機会に活用して，次世代育成に応用する取り組みを始めた。

この動向を受けて今後の市民啓発を考えるならば，医学的に正しく，しかも最新のお産に関する知識をまとめたこの9か条は有効であろう。なぜなら，コミュニケーション理論では，「"意見"を押しつけるよりも，"事実"や"現に起こったこと"を知らせることのほうが人々を動かす力が大きい（Katz & Lazarsfeld,

表5-3 「次世代育成を賢く安全に:市民啓発9か条」

1. ダイエットによるやせ過ぎは赤ちゃんの健康を損ねます。
2. 妊娠前に[身長(メートル)の2乗]×20(kg)の体重となるよう,妊娠前から心掛けよう。たとえば,身長158cmの女性であれば,妊娠前にめざす体重(?kg)=$1.58^2 \times 20 = 49.9$kgとなります。
3. 妊娠したら10kgの体重増加をめざしましょう。お母さんの体重増加不足は赤ちゃんの栄養不足をまねきます。
4. 妊娠前からの葉酸(ビタミンB群の1種)摂取は胎児奇形の防止に役立ち,赤ちゃん発育を助けます。
5. 妊娠前から葉酸摂取を心掛けましょう。コンビニ・薬局・薬店で葉酸入りサプリを購入しましょう。(1ヵ月分およそ400〜1000円程度)。
6. 母子健康手帳を持たない,あるいは未受診(妊婦定期健診を受けないこと)の場合,赤ちゃんへの虐待が発生しやすくなり,未受診は母児の危険を高めます。
7. 妊娠したら母子健康手帳の交付を受けましょう。
8. 母子健康手帳を持つと,健診費用が安くなります。
9. 妊娠したら母体と胎児の健康を守るために定期健診を受けましょう。

(注)北海道大学大学院医学研究科水上尚典教授と金子が共同して作成

表5-4 ガン予防の12か条

1. バランスのとれた栄養をとる
2. 毎日,変化のある食生活を
3. 食べ過ぎを避け,脂肪は控えめに
4. お酒はほどほどに
5. タバコは少なくする
6. 適量のビタミンと繊維質をとる
7. 塩辛いものは少なめに,熱いものはさましてから
8. 焦げた部分は避ける
9. かびの生えたものに注意
10. 日光に当たりすぎない
11. 適度にスポーツをする
12. 体を清潔に

(出典)日本対ガン協会ホームページ

1955=1965: 9)ことがすでに証明されているからである。

市民啓発

　この場合気をつけたいのは,「ガン予防の12か条」(表5-4)に典型的な,正確ではあるが,市民の積極的な態度変容に結びつかない内容を避けることである。「ガン予防の12か条」は正しいが,ライフスタイルの見直しには無力な内容である。建前上「12か条」は常識になっているから,誰が見ても無反応に終始する。しかし,新規対策づくりの他山の石にはなる。

　このように,真理ではあっても態度変容に寄与する情報価値がない啓発とは異なり,「市民啓発9か条」では6.の社会学的情報とともに最新の医学情報が

わかりやすく整理されている。

この情報提供には，マスメディアを媒体とする直接ルートのほかに，コミュニケーションの二段の流れ理論を応用したオピニオン・リーダー経由が考慮される。ここでのリーダーとは，権力をもった実質的存在ではなく，「相互作用の通路のなかで一種の要路を占めている存在」（同上：101）と定義できる。

各方面に張りめぐらした人間関係の通路において，情報の碇泊点としてのコアにあたる位置をオピニオン・リーダーが占め，行政が政策主体となってそのようなリーダーを増やしていく。その受け皿の一つに，子育て支援総合センター（116〜119頁）利用者の母親同士が開拓した，ソーシャル・キャピタルのネットワークを位置づけることができる。

第2節　少子化する都市・札幌

少子化を先取りした札幌

21世紀の日本社会において，出生動向が変化し，その帰結として合計特殊出生率が低下し年少人口が合わせて減少する少子化は，大変深刻な問題になった。少子化傾向がこのまま続くと，経済の沈滞や国家の租税収入の減少，若い世代の文化力低下など，日本社会にさまざまな負の影響が強く表われる。

札幌市は，全国の政令指定都市の中で最も合計特殊出生率が低いので，少子化をもたらす原因や対策の研究に適した社会的実験室[*2]である（図5-2）。

札幌市や北海道が少子化する理由は，①他の都道府県に比べて一人暮らし世帯が多く，平均世帯人員が少ない。②二人暮らしの快適さを求める夫婦が多い。必然的に③三世代同居世帯が少ない。④持ち家率が低く賃貸住宅が多いため，住宅が狭い。⑤地縁のなかで子育ての支援が乏しい。⑥子育てをためらうような貧困世帯が増えたことが挙げられる。これらは相互に関連しており，家族力が弱いという札幌市や北海道の社会特性が引き出せる。

[*2] 都市社会学者パークの用語。「都市，特に大都市は，人間関係が他の如何なる場所においてよりも非人格的，合理的であり，利害や金銭を基準としているため……集合行動研究の実験室である」（Park, 1916＝1978: 75）。
　R. Park（1864-1944）．シカゴ学派を率いた代表的都市社会学者．バージェスとの共著『社会学序説』（1921）『都市』（1925〔1967〕＝1972）がある．鈴木広編（1978a）参照．

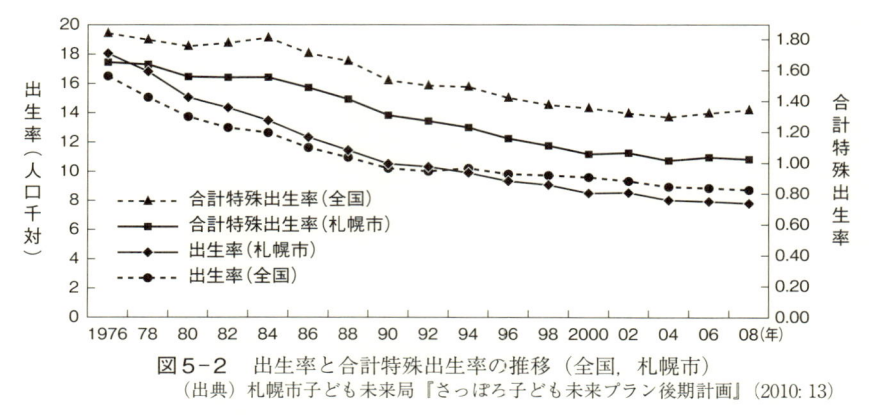

図5-2　出生率と合計特殊出生率の推移（全国，札幌市）
（出典）札幌市子ども未来局『さっぽろ子ども未来プラン後期計画』(2010: 13)

特に⑤の子育て支援の問題は，コミュニティ・レベルでの支援が不十分であるために，それを補うための都市行政の守備範囲が広がってくる。そこで，私はこの3年間，学部と大学院両方の有志とともに，札幌市子育て支援総合センター（以下，センターと略記）でのインタビュー調査を重ねてきた（金子，2009b）。

インタビュー調査の仮説

ここでの仮説はおおむね3点にまとめられる。(1) 子育て支援総合センターは利用者のソーシャル・キャピタルを増加させる機能をもつか。(2) 行政が提供する子育て支援サービスは利用者のニーズに合致しているか。(3) ソーシャル・キャピタルが増加すれば，子育てに伴う負担が軽減されるか。

これらを念頭において，現在までセンターを利用する母親50名と父親10名へのインタビューを継続してきた。その記録から (1) のソーシャル・キャピタルについては，**表5-5**の3点からなる実態と評価が得られた。

センター利用者の母親のうち大半が新しい知り合いを得て，それをソーシャル・キャピタルとして相互に活用している現状が把握できた。

第一に仮説 (1) は支持された印象を受ける。しかし，この仮説は父親には非該当であった。なぜなら父親は母親と一緒に来ることが多く，父親同士は知り合いになりにくいからである。ましてそれがソーシャル・キャピタルに発展するという傾向は，これまでの調査では認められなかった。すなわちセンター

第5章　コミュニティの福祉社会学

表5-5　子育て総合センター利用者の実態と評価

(1)ソーシャル・キャピタル	① センターは就学前の子どもをもつ母親同士が知り合う機会を提供する ② 利用する母親たちも自然発生的な親密な集団を形成している ③ センターでの出会いが，利用者同士で豊かな子育ての知識と智恵の交換のきっかけになる
(2)行政サービスへのニーズ	① センターは12月29日〜1月3日に休館する以外，年中無休の開館は素晴らしい ② 地元施設は利用できる曜日が限定され利用しにくいが，センターはそうではないから助かる ③ センターは子どもを遊ばせるとともに，母親である自分が休むためにも有益である ④ センター以外にも，子育て中の親や家族に理解のある商業施設やサービスがほしい
(3)時間的・経済的負担・子育ての精神的	① 現在進行中の子育てに臨むのは自分一人という，強迫観念をもつ新米ママが多い ② 精神的負担を引き起こす原因の一つは子どもの行動や態度であり，もう一つは母親が感じる職場や社会活動からの乖離感および総合的な焦燥感であった。 ③ 子育て中は自分の時間が足りないという，時間面での負担感も根強い ④ 紙オムツ費用など金銭的な支援がほしい

利用によるソーシャル・キャピタル拡大には，男女差があるように思われる。

　第二に（2）行政サービスについての回答は表にまとめた通りである。

　第三に，（3）ソーシャル・キャピタルが増えれば，子育て負担の軽減が可能であるかという問いかけをした。私の「少子化する高齢社会」研究では，子育てに伴う負担を，経済面，精神面，身体面，時間面に分けてきたので，それとの関連で整理していこう（金子，2006a; 2006b）。

　子育て支援総合センターでの長時間インタビューで，母親間に精神面の負担感が大きいことも判明した。

　①は子どもの生育過程に伴う反抗期にうまく対処できない新米ママであるから，ソーシャル・キャピタルも含む交友関係の支えにより，精神的負担が軽減することがある。ただし，子育て経験者のアドバイスでも親の援助でも，新米ママの精神的負担が解消されないことがある。これには，同じような経験をもつ同世代の母親によるアドバイスと支援が有効と思われる。

　その際に，周囲からの子育て支援があれば，時間面での負担感は軽減すると

いう回答が，インタビューでも多く寄せられた。とりわけ働く母親にとって，子どもを安心して預けられる認可保育施設が不安解消の要件になっている。同時に，子どもの病気やケガに速やかな対処ができる職場内環境も求められるが，これには勤務する企業の体質や財務の制約も大きく，それほど高いニーズとはなりえていない。

専業主婦への目線も

また，子どもがゼロ歳から2歳までは，8割程度が専業主婦である母親によって在宅で育てられる（図5-3）。そのような母親がセンター来所者には多いが，この層は金銭的な直接支援を求める傾向が強い。なぜなら，たとえばゴミ有料化で紙オムツ費用がかさむからである。

在宅育児の理由の筆頭は，自分の子どもだから2歳くらいまでは他人任せにしたくないという母親の判断による。そして子育て支援者の範囲も，せいぜい祖父母までしか想定していない。

もちろん子育てにはつらさばかりではなく，在宅育児に伴う喜びも大きい。なかでも子どもとのお風呂の時間が幸せという回答が複数あり，3人の子どもと一緒にお風呂に入って，10まで数える間の数十秒に喜びを実感できるという幸福感を表明した母親もいた。

おもらしをしたり，食事中に席を立ったり，ご飯をこぼしたり，おかずを残すという「些細な苛立ち」がある反面で，子どもとのお風呂体験や言葉を少しずつ発する子どもの成長過程を楽しめる「些細な幸せ」も，複数のインタビュー結果として獲得できた。

コミュニティ論からすれば，毎日自然に顔を合わせる近所の人と深くつきあうことになり，ウェルマンが言うように，コミュニティは喪失でも存続でもなく，その出入り自由（community liberated）は確保されるのである（Wellman, 1979＝2006）。

子育て支援総合センターのインタビューから得た大都市の保育動向をまとめると，表5-6のようになる。

第5章 コミュニティの福祉社会学

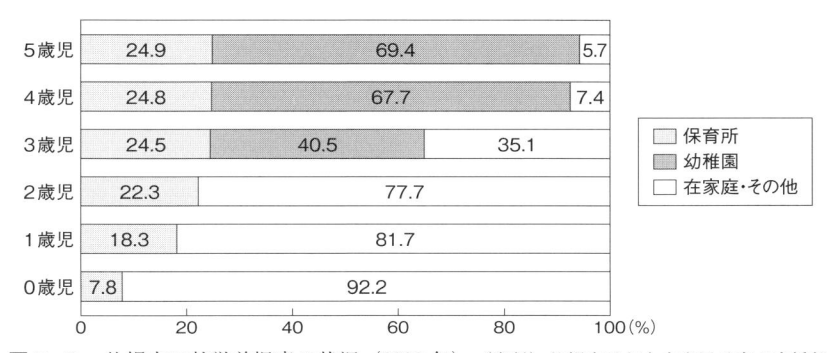

年齢	保育所	幼稚園	在家庭・その他
5歳児	24.9	69.4	5.7
4歳児	24.8	67.7	7.4
3歳児	24.5	40.5	35.1
2歳児	22.3		77.7
1歳児	18.3		81.7
0歳児	7.8		92.2

図5-3　札幌市の就学前児童の状況（2008年）（資料）札幌市子ども未来局子育て支援部

表5-6　大都市における保育動向

1. 子育ての際に，身近に頼る人がいれば，産み控えは少なくなる
2. 不安感や孤独感を軽くするには，地域交流の場の増設が有効である
3. 母親同士の「ママ友」を増やす社会的機会の増加が求められている
4. 行政には，金銭的支援と子育てサービスの支援が期待されている
5. 行政による子育て支援は，予算の制約上限界があることを，子育て市民は理解している
6. 子育て支援センターは親も一息つける場所だから，遊びに来る感覚で利用している
7. センターでの出会いがコミュニティ形成の軸になり，子育ての知識と知恵を授けてくれる
8. センターのそばに，子育て中の親や家族に理解のある商業施設やサービスが欲しい

第3節　コミュニティ・ケア論と児童虐待

貧困と児童虐待

「危険に対する責任はすべての人々にあるが，その責任は誰にもない」（Beck, 1986 = 1998: 74）。少子化とともに広く社会的に顕在化した「児童虐待」は，ベックが言うこの「危険」の象徴的な社会問題である。

歴史的にはすでにアダム・スミスの「貧困は，たしかに結婚への意欲をくじくけれど，かならずしもそれを妨げはしない。……しかし貧困は，たとえ出産を妨げないにしても，子供たちの養育にはすこぶる不都合である」（Smith, 1776 = 1978: 134）という指摘がある。図5-4のアメリカでのデータからも，表5-7の東京都での調査結果からも，これは21世紀でも真理のように思われる。しかし，コミュニティ・ケアの観点から「貧困」に直接取り組むことは難

119

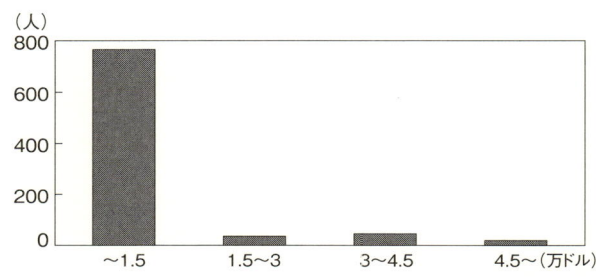

図5-4　アメリカにおける児童虐待死亡数と世帯年収の関係（1996年）
（注）1万5千ドル：当時の4人家族の貧困ライン　3万ドル：同左の平均的所得
（資料）アメリカ厚生省（1996）；Lindsay & Duncan, *The Welfare of Children*（2004）より
（出典）『週刊東洋経済』第6170号（2008: 55）

表5-7　児童虐待と経済的困難との関係

虐待につながる ような家庭状況	件数（％）	あわせて見られるほかの状況から上位3つ		
		1	2	3
1. ひとり親家庭	460（31.8）	経済的困難	孤立	就労の不安定
2. 経済的困難	446（30.8）	ひとり親家庭	孤立	就労の不安定
3. 孤立	341（23.6）	経済的困難	ひとり親家庭	就労の不安定
4. 夫婦間不和	295（20.4）	経済的困難	孤立	育児疲れ
5. 育児疲れ	261（18.0）	経済的困難	ひとり親家庭	孤立

（出典）東京都福祉保健局『児童虐待の実態II』（2005年12月）

しいので，ここでは「養育」不都合問題に限定した論点に絞りたい。
　私はこの10年間の少子社会研究で，**高田保馬の人口方程式**
　　SB＝dP　　S: 生活標準　B: 人口　d: 配分係数　P: 生産力
のうち，人口を出生面と養育面に分け，おもに「出生」力低下を問題にしてきた（金子編，2003）。加えて最近では，実の親による児童虐待に象徴的な，少子社会における子育てリスク問題もテーマにしている。なぜなら，児童虐待問題は，政策社会学や福祉社会学とともにコミュニティ社会学でも重要な位置にあるからである。なお，本章で参考とした報告書は**表5-8**の通りである。

コミュニティ・ケアの福祉社会学

　「コミュニティ・ケアは，'informal care' と 'professional care' の重層性にある」（渡邉，2000: 192）とすれば，本節で取り上げる札幌市女性虐待事案では，

第5章　コミュニティの福祉社会学

表5-8　児童虐待の調査報告

大阪府	2004	『子どもの明日を守るために』
厚生労働省	2005	『子ども虐待による死亡事例等の検証結果等について』5冊
福岡市	2006	『福岡市児童虐待防止のための早期発見・支援及び連携のあり方に関する報告書』
滋賀県	2006	『滋賀県児童虐待死亡事例検証委員会報告書』
福岡県	2006	『児童虐待死亡事例検証報告書』
東京都	2007	『近年の東京都内における児童死亡事例検証のまとめ』
千葉県	2008	『児童虐待死亡ゼロに向けて』
高知県	2008	『高知県児童虐待死亡事例検証委員会報告書』
北九州市	2008	『児童虐待事例等検証委員会報告書』
札幌市	2008	『札幌市児童虐待予防緊急対策本部会議報告書』

表5-9　コミュニティ・ケアの5つの状態

1. care at home out of the community	在宅放置
2. care out of the community	在宅放置か入所施設隔離
3. care in the community in institution	入所施設中心の隔離
4. care in the community	公的な入所・在宅福祉の整備中心
5. care by the community	地域社会を巻き込んだ公私の参画

親族や近隣による informal care が皆無であり，学校は不完全な対応に終始して，区保健福祉部や児童相談所の professional care の一部が終盤に提供されただけであったと総括される。ベイリー（Bayley, 1973）に依拠したコミュニティ・ケア論（**表5-9**）を利用してみよう（渡邉，2005: 9）。

札幌の事案だけではなく，全国で発生した多くの児童虐待事案を見ると，虐待の発端時点での児童は 1.「在宅放置」の状態にあった。これらの大半から，虐待の結果として重篤な精神疾患に陥った被害者は 3.「入所施設中心の隔離」止まりが多いことがわかる。

おそらく，地域社会レベルにおける諸問題に直面して無能力である状態を対極として，地元の社会問題に自治体や地域社会が独自に対処できる資源をもつことで，問題解決に結びつく行動力を含むとして定義されてきた「コミュニティ問題処理力」（community viability）は，care by the community（地域社会を巻き込んだ公私が参画）を軸とするに違いない（Warren, 1970=1978: 292-293）。

しかし,「国家政策として『コミュニティ・ケア』が定着したイギリスにおいても, この概念をめぐって,『隔離された施設のみの生活に限定するのでなく, 地域社会において自立を可能とする総合的な政策（care in the community）』と理解するのか, あるいは『親族・友人・近隣等のインフォーマル・ケアを強調した政策（care by the community）』として理解するのかについては, 未だに議論の余地が残されている」(藤松編, 2006: 15)。

札幌市の児童虐待事案

2008年11月から半年間, 私は札幌市社会福祉審議会児童福祉専門分科会「検証ワーキンググループ」で, 再発防止のための『児童虐待による死亡事例等に係る検証報告書』作成に従事した。その経験をコミュニティ・ケア研究からまとめてみたい。

札幌市に住む被害女性（以下, 女性と略す）が小学校に入学したのは1994年4月だった。小学校3年の6月以降, のちに統合失調症と診断された母親により自宅からの外出を禁じられ, 女性は徐々に学校を欠席するようになった。以後実に10年間, 心理的虐待およびネグレクトを受けて精神疾患に至り, 2006年8月, 父親と親族によって親族宅に保護されたとき, 女性は19歳であった。女性は無言無表情で, 自発的な意思の発動はなく, 食事や睡眠, トイレもすべて声掛けが必要な状況にあり, 札幌市知的障害者更生相談所で中度精神遅滞と診断された。同時に, 母親は医療保護入院となった。

家族・親族構成と近隣関係

保護された日, 女性は母親（50歳代）との2人暮らしであった。父親（40歳代）は2004年に別居したが, 月に1回は訪問して生活費を届けていたので, 今回の事案では, 貧困が虐待の主要因にはなりえなかった。

親戚関係として, 札幌市内に母方の祖母と伯母そして父方の伯父がいた。しかし, 女性の不登校が始まってからは, 母親が通常の親戚関係を拒み始め, 親戚による不登校阻止は不可能であった。すなわち第1段階のインフォーマル・ケアは失敗であった。

その前後から, 母親は近隣との交流がなくなり, 女性の不登校は近隣の一部

に知られてはいたが，近隣関係による不登校阻止も困難であった。すなわち第2段階のインフォーマル・ケアも失敗に終わった。

不登校の実態

女性は入学してから小学校2年までは通常に登校していた。たとえば小学校2年時出席日数は202日／226日であったが，小学校3年時の後半から休みがちとなった。3年時の出席日数は107日であり，全出席日が223日だったから，半分程度の登校になり，小学校4年時では55日／224日までに減少した。小学校4年と同じく小学校5年時の当初でも，女性は週に1日くらいは登校していたが，2学期以降に休みがちになり，結局は小学校5年時出席日数は48日／229日であった。

小学校5年時から替わった担任（5，6年時同一人）が，週に何度か家庭訪問を行い，月に1回程度は女性と会って話をするなどしたが，登校に至らなかった。小学校6年時出席日数は1日／219日であった。そのため小学校から中学校への引継ぎの際，不登校児童として出席日数や不登校の経緯などを申し送りした。総じていえば，小学校での担任や学校組織としてのプロフェッショナル・ケアは失敗した。

2000年4月，女性は入学式前日の説明会に制服着用で出席したほか，入学式当日およびその翌日にも出席した。しかし，3日目から無断欠席した。女性が長期欠席して，担任が本人と会えないために，学級から学年，学校，さらに教育委員会や児童委員などへ，問題取り組みの主体は徐々に拡大していった。

インフォーマル・ケアの芽生え

女性が中学校1年時の2月，校長がその地域の主任児童委員に女性の安否確認などを依頼した。ここで初めてコミュニティ・ケアとしてのインフォーマル・ケアの芽生えはあったが，主任児童委員は女性の自宅を4回訪問するも拒絶され，たちまちそれは消失した。そして中学校1年時の3月頃から，担任も母親との接触ができなくなった。それ以後，女性は一度も登校しなかった。中学校2年時出席日数は0日／222日，3年時も0日／196日であった。これは中学校によるプロフェッショナル・ケアの失敗である。

しかし，中学校3年時の12月以後，父親から卒業を認めてほしいとの申し出が数回あり，校長の判断で卒業を認定し，2003年4月に父親に卒業証書を渡した。

　この期間，介入の権限をもつ児童相談所の動向は不明である。学校からの情報伝達の不十分さで児童相談所が動けなかったのか，情報は把握しつつも動かなかったのかは，当時の記録や後日の児童福祉専門部会検証委員会でのヒアリングからは確定不可能だった。そこでは専門アソシエーション間の「連携の難しさ」が際立っており，全体として児童相談所によるプロフェッショナル・ケアは失敗したと見てよい。

　そして，女性が中学校卒業後の暮らしぶりも不明であり，2006年の近隣からの通報まで約3年の空白期間がある。在校中も卒業後の3年間も，コミュニティ・ケアは未成立であった。この期間，女性と母親は近隣から何の関心ももたれず，コミュニティからは排除されていた。また中学校卒業により，学校，児童相談所，区役所，警察などの専門アソシエーションによる支援の輪からも脱落していた。2003年に卒業した女性と母親の家族は，3年間いわば「社会的放置」に近かったものと思われる。

プロフェッショナル・ケアの失敗

　2006年に女性が保護されてから，区保健福祉部が父親から聞き取った内容によると，長い間女性はまったく外出せず，母親は自宅にごみを溜めるばかりだった。

　2005年1月，父親から区保健福祉部に母親の精神状態について電話相談があり，母親の受診の件で精神保健福祉相談員が助言した。その記録によれば，母親が女性を小学校4年時から登校させていないこと，母親が家の中のたんすを一つずつ壊していくという異常さを伝えている。しかし，これらの情報に相談員は緊迫性を感じ取れず，女性虐待という認識には至らなかった。ここでも行政専門家としての精神保健福祉相談員によるプロフェッショナル・ケアの失敗が認められる。

　その直後に，女性が数日間食事を取っていないことを心配して，父親は精神科病院への紹介を求めて区保健福祉部へ電話をした。そこで，母親の入院予約

第5章　コミュニティの福祉社会学

をしたが，結局のところ父親は母親を病院へ連れて行かなかった。それから1年半の空白期間を経た2006年6月，警察から区保健福祉部へ母子に関する情報提供があり，精神保健福祉相談員から父親に来所相談の電話連絡をした。6月下旬なら可能との返事があったものの，来た事実はなく，連絡もなかった。

2006年8月，対象宅の居住者名は不明だが，近くで異臭がする，母親の叱り声がするという内容の虐待通告が近隣住民から児童相談所へあった。2001年2月以来，2回目のコミュニティ・ケアとしてのインフォーマル・ケアが生じた。

プロフェッショナル・ケアの事後成立と児童相談所による保護

数日後，近隣住民からの再度の通告により，児童相談所員が対象宅を特定した。児童相談所が周辺調査を行い，母親の精神疾患を疑いうる言動に関する情報も得たことから，児童相談所は区保健福祉部に連絡した。

8月中旬，区保健福祉部が父親に電話連絡した。この翌日，現状把握のため児童相談所が対象宅を訪問し，母親とインターホン越しに話したが，途中で途絶え，呼びかけにも応じないという状況になった。この訪問の際には異臭はなかった。

その一週間後，児童相談所は区保健福祉部との情報交換を踏まえ，父親に直接連絡した。同時に，区保健福祉部および市精神保健福祉センターについて相談するよう促し，この家族への対応を児童相談所から区保健福祉部へと引き継いだ。この後，区保健福祉部が父親と面接相談を行った。その結果，女性は心に傷を受けており，母親の精神状態とともに治療が必要であると父親に説明し，女性と母親の受診先を紹介した。

ここに事後的ではあるが，区保健福祉部と児童相談所の連携によるプロフェッショナル・ケアの一部が成立した。

第4節　コミュニティ・ケア研究における児童虐待防止

専門アソシエーションによるケア

この虐待事案を精査すると，周知の5分類とは異なり，コミュニティ・ケア

とは，care by many professional associations in the community（地域社会の専門アソシエーションによる取り組み）だと思われる。この経験を通して，伝統的なコミュニティ問題処理力概念を，コミュニティ・ケア研究でどのように位置づけ直すのかは，今後の実践的なコミュニティ論の再生にとっても重要で，しかも有効な試みであろう。

養育力の低下としての児童虐待

少子化のなかで出産リスクが高くなっているにもかかわらず，札幌市では毎年 14,000 人の子どもが生まれる。しかし，養育力の低下によって，少子化の中で誕生した子どもが，実の親から虐待を受ける事案も増加しつつある。これは全国的にも等しく認められる傾向である。

厚生労働省が 2009 年 7 月に発表した「児童養護施設と里親」調査（2008）によれば，「施設入所」と「里親預け」の全国合計は 41,602 人であった。1998 年から 5 年ごとに実施されているので，今回は 2003 年に比べると 3,284 人の増加があった。「虐待を受けた経験がある」という回答は，全体の 50.9％に達した。

一方，全国の児童相談所が 2008 年度に受け付けた「虐待相談件数」は 42,662 件であり，過去最多となった。集計が始められた 1990 年度は 1,101 件であったが，徐々に増加して，2007 年度に 40,639 件を越えた。今回も増加傾向に歯止めがかかっていない。

全国と同様に札幌市の「虐待受付処理件数」でも，前年の 478 件に比べて 2008 年度は 621 件へと大幅に増加した。その内訳は「ネグレクト」がやや減少した反面，「心理的虐待」が増加した（図 5-5）。統計的に見ると「主たる虐待者」の傾向は変わらず，第 1 位が 60％台の「実母」であり，20％程度の「実父」がこれに次ぐ。「児童虐待の通告経路」（図 5-6）では，「近隣・知人」の通告が減少して，専門的組織である「学校・警察」による通告が増加した（金子，2009a: 190-215）。

スクール・ソーシャル・ワーカー

研修だけでは虐待問題に対処できる専門家は育たないから，私は小学校と中

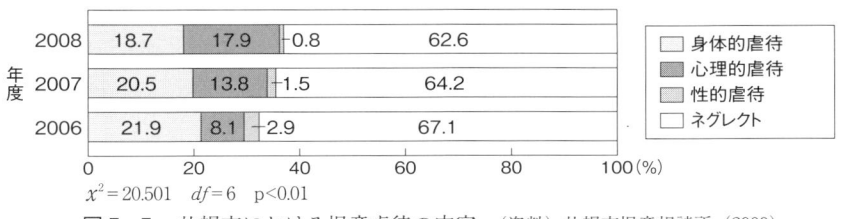

第5章 コミュニティの福祉社会学

年度	身体的虐待	心理的虐待	性的虐待	ネグレクト
2008	18.7	17.9	0.8	62.6
2007	20.5	13.8	1.5	64.2
2006	21.9	8.1	2.9	67.1

$x^2 = 20.501$ $df = 6$ $p<0.01$

図5-5　札幌市における児童虐待の内容　（資料）札幌市児童相談所（2009）

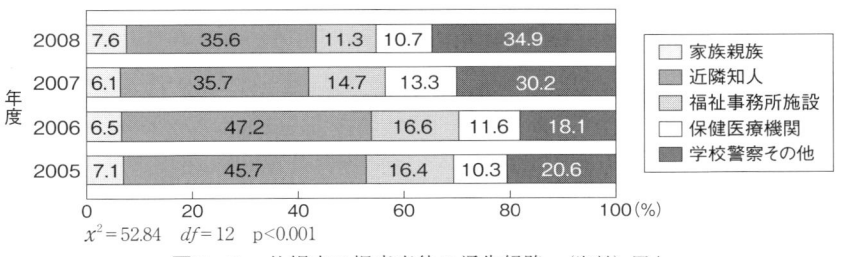

年度	家族親族	近隣知人	福祉事務所施設	保健医療機関	学校警察その他
2008	7.6	35.6	11.3	10.7	34.9
2007	6.1	35.7	14.7	13.3	30.2
2006	6.5	47.2	16.6	11.6	18.1
2005	7.1	45.7	16.4	10.3	20.6

$x^2 = 52.84$ $df = 12$ $p<0.001$

図5-6　札幌市の児童虐待の通告経路　（資料）同上

学校に児童福祉や児童虐待の専門職として，「スクール・ソーシャル・ワーカー」の配置が急務であると見て，少子化で削減された教師定員の枠内で，その増員は可能であると提言した（札幌市社会福祉審議会，2009）。

　ここで提唱した「スクール・ソーシャル・ワーカー」とは私の造語であるが，小中学校で授業や担任クラスをもたないが，正職員として広い意味での「校内社会問題」に専門的に対応する。とくに虐待やいじめの発見と解決に専心する。

　2009年3月末に北海道教育委員会が発表した資料によれば，道内の公立小中学校のうち，この10年間で統廃合されたのは合計で356校に達する。1999年4月の小学校1,545校と中学校752校が，2009年3月には小学校1,277校と中学校664校に減少したのである。小学校1校当たりの教員と事務職員合計を25人，中学校を35人とすれば，小学校で6,700人，中学校で3,080人の削減になり，合計すれば9,780人の採用減になると予想される。この枠を活かして，小学校に1,277人，中学校にも664人の「スクール・ソーシャル・ワーカー」増員を主張したい。

　この「スクール・ソーシャル・ワーカー」は，養護教諭と同じような特定課題に対応する専門的な役割をもつとする。これまでの追跡調査から見ると，保

育所や学校がらみの虐待問題ではコミュニティ問題処理力が十分に機能しえないので，現状を打開するには専門家による「プロフェッショナル・ケア」に特化しようというのが，私の提言である。以下は専門機関処理システムとして，プロフェッショナル・ケアに限定した虐待防止の具体的提言である。

スクール・ソーシャル・ワーカーの配置と合同研修の実施
(1) 学校生徒を取り巻く問題に専門的に対応するための専門職の配置

研修だけでは虐待問題専門家は育たないという前提で，小学校と中学校に児童福祉や児童虐待の専門職として，「スクール・ソーシャル・ワーカー」を配置することが急務であるとした。表5-10のように専門相談員が減少しているが，これもまた各方面で大合唱されている公務員削減の結果である。現在，少子化の進行で削減された教師定員の枠内で，「スクール・ソーシャル・ワーカー」の増員は可能であると主張したい。

(2) 連携に必要な知識習得等をめざした学校職員と他機関職員との合同研修の実施

虐待問題に関する教員の専門的対応力に向けて，児童相談所や区の相談窓口などの職員と協働で事例解決の疑似体験が可能なワークショップ形式の小規模な合同研修会を提案したい。要保護児童対策地域協議会が企画・コーディネートし，継続的に実施することが望ましい。

児童相談所の分室設置
(3) 区役所単位での児童相談所の分室設置

本虐待事案のように，学校による直接的な子どもの安否確認ができない状況において，現行法上，家庭への強制立ち入り調査などのできる権限を唯一もつ児童相談所の日常的活動をより活発にしたい。その方法として，状況に応じて学校が児童相談所の知識やノウハウ，権限などを有効活用し，困難事例に関して現場で迅速に対応することができるよう，区ごとに児童相談所の分室を設置することを提言した結果，2010年4月から区役所に専門家が常駐するようになり，2011年4月からは「家庭児童相談室」を新設する。

(4) 学校と児童相談所とで危機感および対応方針を共有するための場や仕組

第5章　コミュニティの福祉社会学

表5-10　都道府県別知的障害者相談員数の推移（人口10万人当たり）

年次	2000	2005	2006	2007	2008
全国	3.61	3.30	3.13	3.04	2.98
北海道	4.86	3.73	3.75	3.77	3.65
大阪府	3.00	2.88	2.73	2.74	2.65
滋賀県	4.69	4.56	4.54	4.51	4.49
福岡県	3.07	3.07	3.07	3.05	2.87
東京都	2.67	2.56	2.54	2.52	2.51
千葉県	2.21	2.36	2.35	2.34	2.27
高知県	7.49	7.66	4.94	4.86	4.27

（注）これらの都道府県でこの数年「児童虐待」事件が起きた
（出典）総務省統計局編『社会生活統計指標2009』(2009: 170)；同『社会生活統計指標2010』(2010: 170)

みづくり

　学校と児童相談所が危機感を共有できなかった事実を踏まえ，それを防ぐために，両者が危機感および対応方針を効果的に共有できる仕組みの必要性を指摘した。
　(a) 要保護児童対策地域協議会の有効活用
　代表者会議，実務者会議およびケース検討会議の三層構造として既設の「要保護児童対策地域協議会」を有効活用して，学校と児童相談所その他関係機関との危機感等を共有し，関係機関職員合同研修会の企画・調整を行う。
　(b) 関係機関による連携支援行動指針の作成
　学校や教育委員会，児童相談所，区の相談窓口などの構成員から成る常設のワーキンググループを設置し，要支援状態にあるが，明確な虐待の「線引き」が困難な事案を取り上げ，関係機関が積極的に連携行動をするための指針を作成する。
　(5) 学校側からの児童相談所への相談しやすさづくり
　学校現場でささやかれる「児童相談所の敷居の高さ」や「児童相談所が介入すると家族との関係が対立的になり支援が難しくなる」などの認識を可能な限り払拭するため，学校と児童相談所との距離感を日常的に縮める。児童相談所の職員が担当する各区の学校を常時巡回し，不登校その他の虐待に結びつく情報を随時入手できる関係を構築し，教師個人や学校と児童相談所との距離感を埋める効果を期待した。

(6) 相談窓口における職員の専門性の向上

公務員の削減という行政改革の中でも，児童相談所，教育センター，こころのセンターの相談窓口で必要とされるセラピストなどの専門職を専門家集団として一元的に採用する。また人事異動の際にも留意して，その専門家集団に対して独自の専門的研修を行い，専門性の向上を図ることを提言した。

第5節　コミュニティ・ケア論の組み替え

少子化か増子化か

「少子社会の児童虐待問題」は，コミュニティ問題処理力の有無を検証させるので，コミュニティ・ケアの福祉社会学にも画期的な応用問題になる。

たとえば表5-11から，合計特殊出生率が高い自治体は，九州各県と沖縄県の数千人程度の人口をもつ町村に多いことがわかる。他方，都道府県別の「1人当たり県民所得」では，沖縄県が最下位であり，鹿児島県が43位前後にあり，東京都が1位であるという歴史が，沖縄県が日本に返還された1972年以来続いている。

しかし，合計特殊出生率の最高は沖縄県であり，最低が東京都である傾向も同時並行してきた。これを標準的なコミュニティ論で解釈してみよう。数千人規模の自治体では近隣や親族のネットワークが健在であり，コミュニティ問題処理力としての地域の子育て支援力も残っており，所得は低くても出生数は多くなると分析されるであろう。同じ文脈で，豊かな東京都民ではあっても職場と家庭の両立が難しいことに加えて，大都市特有の脆弱な近隣関係も普遍化しているために，地域の子育て支援力が低下して，子どもを産み育てる環境はないと見なされる。

「喪失論は，コミュニティの連帯が弱まると社会解体的な結果をもたらす点を強調するのだが，このような説は集合行為，犯罪，移民，貧困，郊外など多様な研究領域でも繰り返し主張されてきた」（Wellman, 1979＝2006: 163）。なるほど表5-11は，目黒区を筆頭にして，数十万の人口をもつ大都市特有の少子化を示しているから，このような連帯の弱体化による説明は受け入れられやすいに違いない。ワースのアーバニズム論でも，同じような論議が可能である。

表5-11 市区町村別に見た合計特殊出生率の上位と下位（2003～07年）

	上位12位				下位12位		
順位	市町村名	TFR	人口（人）	順位	市町村名	TFR	人口（人）
1	鹿児島県伊仙町	2.42	7,255	1	東京都目黒区	0.74	264,064
2	同　天城町	2.18	7,020	2	京都市東山区	0.75	42,464
2	同　徳之島町	2.18	12,892	2	東京都中野区	0.75	310,627
4	同　和泊町	2.15	7,436	2	同　渋谷区	0.75	203,334
5	岡山県　真庭市	2.10	51,782	2	福岡市中央区	0.75	167,100
6	長崎県　壱岐市	2.09	31,414	6	東京都新宿区	0.76	305,716
7	沖縄県南大東村	2.06	1,448	7	同　杉並区	0.78	528,587
8	鹿児島県長島町	2.05	11,958	8	大阪府豊能町	0.78	23,928
9	熊本県　山江村	2.03	3,901	9	東京都文京区	0.80	189,632
10	沖縄県宮古島市	2.02	53,493	10	同武蔵野市	0.81	137,525
10	鹿児島県屋久町	2.02	6,948	10	同世田谷区	0.81	841,165
12	長崎県　対馬市	2.01	38,481	10	札幌市中央区	0.81	202,801

（注）TFR：合計特殊出生率　人口：総務省国勢調査（2005）
（資料）保健所・市区町村別合計特殊出生率・標準化死亡比（平成15～19年）
（出典）厚生労働省ホームページ

　しかし，大都市でコミュニティが再生されれば，合計特殊出生率が反転上昇するわけではない。鹿児島県伊仙町以下の小規模町村では，たくさんの子どもが生まれてはいるが，コミュニティが残っていると仮定される小規模町村であっても，事情はさまざまである。合計特殊出生率の上位に九州の諸県が多いことに留意すれば，コミュニティ問題処理力を具体化した増子化支援は，北海道や東日本では該当しないことは容易に推察できる。

　この結果からすると，貧困地域でも子育て支援が可能なコミュニティが存続していれば，あるいは「コミュニティは自由に創り直せる」ものならば，少子化の阻止と増子化支援にとってコミュニティの問題処理力は有効であろう。しかし，この指摘は九州の諸県と沖縄県という，日本全体から見れば局限された部分でしか該当しなかったので，普遍的なコミュニティ論の政策展開としては，有効とはいえないように思われる。

グッドライフの視点

　社会学におけるコミュニティ研究のすべてが，地域福祉やQOLに関係していることは事実である。この学術的伝統から，コミュニティ論自体が広義の地

域福祉研究の基礎をなすといってもかまわない。しかし，コミュニティづくりが希望的観測のレベルでとどまるならば，コミュニティ内の専門アソシエーションによる代替を視野に収めておきたい。

コミュニティの構成要素の観点から，コミュニティ・ケアに密接な要素を挙げれば，社会関係（ヒト）になるのは自明である（金子，1982; 1997）。コント風の秩序と目的の関連も指摘できるが，この関係は通常「社会的相互作用」と表現される。そして，かりに空間的限定を受け入れれば，それが「地域性」となり，また意識面での強いつながりを「共通の絆」と表わせる。

これらを用いて，たとえば「ある地域性に特徴づけられ，より大きな社会の一部で，関係の相互依存性が強く，密接な状態にある世帯同士または個人関係」とコミュニティを規定する立場があり，学界にも強い影響力をもってきた。

しかし他方で，「都市の近隣における家族の役割が衰弱する時，コミュニティ帰属感は機能的ネットワークに置き換えられる」（Bailly et. al., 2000: 41）から，コミュニティ問題処理力は，専門アソシエーションと個人がもつソーシャル・キャピタルを活用した機能的ネットワークに代替されることになる。

おそらく，「経験的知識に関する理論によって初めて，思考の思弁能力は新たに『現実』に応用され，それと同時に理論と経験的知識の相互関係とのそれぞれの相互補完的役割が形づくられていく」（Beck, 1986＝1998: 374）はずであり，少子社会における子育てリスクの一環である「児童虐待」についても，経験的知識と理論との相互関連を読み解くことの意義が大きいであろう。

コミュニティの問題処理力の対比

認識論のレベルならば，世界中のあらゆるコミュニティに帰属する「コスモポリタン」でかまわないが，実践的位置づけではコミュニティ問題処理力は「ローカル」であり，特定場所との関連が不可避となる。そのローカル・コミュニティの指標は表5-12のような一般的な対比が可能である。やや図式的にいえば，コミュニティ問題処理力は，統合性や連帯性に富み，凝集性が強く，接触性が濃厚にある条件下で最大値を示す反面，移動性に欠け，異質性も低く，自由度の乏しい背景をもつ。しかしこのような特徴を現代都市が示すことはない。むしろ，統合されず，連帯にも欠け，凝集性が弱く，薄い接触しかない反

表5-12　コミュニティ問題処理力の対比

	解決力高	解決力低
1. 社会統合	高	低
2. 連帯性	強	弱
3. 社会的凝集性	強	弱
4. 対面的接触	濃	薄
5. 自由度	低	高
6. 移動	少	多
7. 異質性	低	高
8. 領域	部分	全体

面で，移動性に富み，異質性が高く，高度な自由が保証されているのが現代都市である。

そのために，大都市札幌市の児童虐待事案では，最後までコミュニティとして期待される相互扶助には程遠く，コミュニティ・ケアとしてのインフォーマル・ケアが発揮できなかった。それを考慮しながら，都市論のレベルでコミュニティの興隆，衰退，再生議論が可能かについて，今後ともそれぞれで事例に基づいて判断したい。

出生力の向上と養育力の回復に向けて

団塊世代全員が残らず65歳を越える2015年に向けて，政治は子育て共同参画社会を軸とする「老若男女共生社会」づくりへの優先順位を上げられるか。結婚や出産の自由を認め合いつつ，社会全体で次世代育成を義務とする社会システムをそれまでに創造できるか（金子，2006a; 2006b）。

この両者に関連する現行の少子化対策について，私の事実判断は以下の通りである。

(1) 子育て間接支援としての保育環境の整備は必要だが，それだけでは不十分であり，子育て家庭への資金面での直接支援が欠かせない。
(2) 政策によって利益を得る際には，可能な限り多くの住民が等しく受益者になることが望ましい。
(3) 政策の基盤は個人や法人からの租税収入であり，国民負担の議論は不可欠である。

(4) 国民の利益も負担も公平性が鉄則である。
(5) 利益のみは獲得するが，負担は回避するという「フリーライダー」の発生をなくす方式と組み合わせる。
(6) 個人の利益は社会全体の不利益という社会的ジレンマの発生を防止する。

これらの判断から，人口減少社会下の都市における出生力の向上と養育力の回復に役に立つような展望を，以下にいくつか試みたい。

(1) 日本では「婚外子」が2%しかない現実があるので，産む決断をするのは既婚女性のみである。少子化とは継続的に子どもが生まれにくくなる現象であるから，その原因を未婚率の上昇と既婚者の出生力低下と位置づけたうえで，短期的，長期的に有効な対策を創造する。

(2) 少子化議論で頻発する仮定法議論では何も解決できないことを確認したい。「男女共同参画社会づくりができれば」「生産性の向上が可能ならば」「投資効率が高まるならば」「社会の改革ができるならば」などの仮定法を駆使した少子化議論は無益である。なぜならそこには二重の意味で建設的な提言が皆無であるから。

今日でも，「男女共同参画社会づくり」が達成されたという判断基準がないうえに，それが少子化対策に資するという証明もない。「生産性向上」も「投資効率の高度化」も「社会の改革の推進」も同類である。これらは少子化をめぐる論調がもつ二重仮定法の代表であり，議論の方針の速やかな切り替えが求められる。

結論は出発点ではない

(3) 結論が「これから考えるべき」という内容では，生産的な議論はできない。「予算配分を子どもにシフトさせるべき」「皆が考えていかなければならない」「持続可能な家族制度も考える必要がある」「男性を含め仕事のあり方をもっと変える必要がある」「人口縮小のもとでの活力を探していくべき」というような議論が果てしなく続くのでは，何も解決しない。

(4) 多様な働き方を主張しつつも，「仕事と家庭の両立」(ワークライフバランス)しか国民の選択肢を用意しないという政府の固定観念から一日でも早く脱却したい。「仕事と家庭の両立」支援が，個人の「自立度」を高めるという

のは誤解である。「高い自立度」と国や自治体からの支援とは矛盾するはずであるから。

(5) 子どもや家族支援の給付水準が高い先進国ほど少子化傾向の改善に結びついているのは事実だが，一般消費税が20〜25％であり，国民負担率が70％前後に達しているという事実に触れてこそ，その先進国の改善も評価できる。

総体的には政府の怠慢，与野党議員の無力，政党の無理解，マスコミの政府への迎合，学問の硬直性などが，過去20年間にわたり国民をミスリードし，少子化に対する国民の無関心を増幅させた。

合計特殊出生率1.30を少子化による社会システムの危機と受け止め，増子化を念頭においた少子化克服を考究したい（第7章）。従来の少子化対策不発の最大の理由は，原因の一つである未婚率の上昇に考察すら加えず，個人の選択の自由を宣言する「子育てフリーライダー」という逃げ道を用意したことにある。その理由としては厚生労働省の頑なまでの姿勢が筆頭に挙げられる。同時に「負け犬の遠吠え」扱いに象徴されるように，少子化をひたすら個人のライフスタイル問題に矮小化してきたマスコミの体質がある。

以上のような議論には社会学的視点が皆無なので，政府，マスコミとも有効な少子化対策案を生み出せなかった。社会的視点を失ったマスコミは木鐸にもなれない。危機は年金だけに現われるのではなく，「2015年問題」*3に象徴されるように，「少子化する高齢社会」全体にも発生する。

学問としてもこの事実に正攻法で取り組むことが，日本社会が直面する「2015年問題」の解明と克服に結びつく。

---

*3　いわゆる団塊世代すべてが65歳以上になり，新たに800万人が年金受給の時を迎える。高齢化が加速するとともに，2003年成立の少子化対策関連法が時限切れになり，行動計画も最終年を迎える（金子，2006a: 155-164）。

第6章 コミュニティとソーシャル・キャピタル

キーワード：公民意識，健康，過疎社会，郵政民営化，公平と平等，
高齢者の社会参加，ボランティア・コミュニティ，コミュニティ・アクション

第1節 ソーシャル・キャピタルの有効性

ソーシャル・キャピタル概念の浸透

1990年代半ば以来ソーシャル・キャピタル概念[*1]は，学問的文献のなかで飛躍的な拡幅と進展を遂げた。それはまるで1970年代の日本におけるコミュニティの浸透力に勝るとも劣らない。しかも社会学だけではなく，隣接する政治学や経済学に及んだことも両者はよく似ている。コミュニティ論のマッキーバー（53頁）の位置に，ソーシャル・キャピタル論ではパットナムがいる。特に『孤独なボウリング』（Putnam, 2000＝2006）の刊行前後では，間違いなく学術的認識に変化が生じた。

そこで21世紀の今日，ソーシャル・キャピタルをどのように定義すればよいか。誰もが合意する内容があるのか。共通の理解が不可能なほどに，概念が拡がりつつ，同時にさまざまなバリエーションをもつほどに分裂したのではないかという疑問もある。

確かに，経済現象のキャピタルを想定しながら，社会現象の解明にソーシャ

[*1] ソーシャル・キャピタル概念の先覚者としてジェコブス，コールマン，ブルデューなどが挙げられる。また，日本の都市研究で使用される「社会資本」や「社会的共通資本」（social overhead capital）とはまったく異なることに注意しておきたい（金子，2009a: 262-265）。

ル・キャピタルを活用することは，叙述に親しみがもてて，魅力的でもある。しかしそれは，キャピタルが資本としての経済的豊かさを連想させるという意味ではない。

ソーシャル・キャピタルの利息

ここでのキャピタルは，むしろ個人に還元される利息をもたらすという意味が大きい。キャピタルに伴う利息を個人に戻すように，ソーシャル・キャピタルでは個人が得る近隣，友人・知人の援助が前提におかれる。ソーシャルは「非経済的」な意味で使用されるのではなく，ソーシャル・キャピタルの存在によって個人は助けられ，サービス支援を受けられるという文脈が重視される。ソーシャル・キャピタルは人間関係面の交流と資源，そこから得られる信頼，安心，支えあいなどの「人脈」の総称である。具体的には個人がもつ家族，友人，知人，近隣関係，グループ，団体活動などの関係を指す。それはまさしく，経済から社会，社会から経済へと動く軸線が，このコンセプトの柱であることを示している。いかなる分野のどのような応用においても，この基本原則をわきまえておけば，理解の骨格は歪まない。

パットナムの成功

キャピタルの前にソーシャルを付加する伝統に立脚し，経験的な証拠を揃え，概念の実践的な潜在力を際立たせたパットナムは確かに成功した。具体的指標として，社会関係や集団参加などの関係性レベルのデータと，相互性の規範や信頼といった心理レベルのデータが凝縮され組み合わされた。この手法によって獲得した情報が各方面で有益な効果を発揮したので，世界銀行*2やOECD*3もこの概念の積極的な活用を行った。OECDの「集団内部または集団間の協力を円滑にする共通の規範，価値観及び理解を伴うネットワーク」というソーシャル・キャピタルの定義はよく引用される（内閣府国民生活局編，2003:

---

*2 世界銀行は，1993年からソーシャル・キャピタルに関する議論を始めており，96年にワーキンググループを組織し，98年からホームページでもソーシャル・キャピタルの文献や事例の紹介を続けている。特に貧困撲滅にこの概念がどのように有効かを，議論の中心においている。
*3 OECDは2000年からソーシャル・キャピタルを取り上げ，概念の国際比較にも熱心である。

125)。社会科学の概念が国際機関の興味を引いた例は，社会指標や人間開発指標などわずかしかなかった歴史を見ると，ソーシャル・キャピタル概念への期待の大きさがわかる。

価値と規範の一元化は困難

　ソーシャル・キャピタルの近代経済学的理解は，合理的行為を前提としており，市場もまたホモ・エコノミクスの論理で動いているとする。合理的で説明可能な一元的規範が市場の世界を覆い尽くす。

　一方社会学的理解では，さまざまなテーマとして家族，地域社会，集団・組織，異常行動など，言い換えれば近代経済学のフィールドから除外された市場外行為まで追跡してきた。特定の地位を占めた人間はそれにふさわしい役割をもつが，地位が上下したり，時代が変化して社会規範が変質すると，一見非合理的行為すらも生み出されてくる。

　したがって近代経済学は最良の選択肢の存在を示し，社会学はいくつもの選択肢が見えるために，最良を一義的には決定できないとのべる。非合理的行為まで含む社会システムのなかで，社会的価値を収斂させるには大きな困難が横たわる。

ソーシャル・キャピタルの多様な探求

　ソーシャル・キャピタル概念の幅広い使用方法が容認されると，貧困地域での学校教育の失敗から経営者のパフォーマンスまで，周囲の人々や家族間の助け合いから開発計画の成功まで，公衆衛生から青少年犯罪までの分野で，ソーシャル・キャピタルを応用することは有益であるように思われる。パットナムの成功は，必然的にソーシャル・キャピタル論において重要な位置を占めるが，それは彼の研究成果がこの概念の多様性を示したからである。ソーシャル・キャピタルはつねに不安定な理論枠組みをもつにもかかわらず，新しい意味を与えられて，さまざまな政策のために有益な概念として成長してきた。

　今後これまで以上に積極的なソーシャル・キャピタル概念を展開するには，何をどうすればよいのか。そのためにはまず，ソーシャル・キャピタルの具体的指標を比較測定し，データを揃え，それを時系列で追跡する作業が挙げられ

る。もとより実証研究レベルでこれらを行うことが，概念の有効性を評価する尺度を入手する最短距離となる。

なぜなら，ソーシャル・キャピタルと被説明変数との因果関係を証明しようとする実証研究では，ますます多様な分析結果が生み出されているからである。たとえばOECDが指摘しているように，ソーシャル・キャピタルと不平等の間の因果関係を説明するのが困難であったり，ソーシャル・キャピタルのマクロ経済への効果が，研究が実施された国や期間によって非常に不規則で説明不可能な結果を生んでいたりするのである。

つまり，いくら各分野における仮説が魅力的であっても，結局は公共政策に関する新しい結果を引き出すのは困難なように思われる。なぜなら，たとえば少子化支援策はソーシャル・キャピタル増強に直結しないからである。むしろ，ベクトルは逆向きであり，ソーシャル・キャピタルの存在が子育て支援策を有効に導きやすい（金子，2007: 38-48）。

パットナム命題の反証

ソーシャル・キャピタルと自由意識の相関関係については，日本ではパットナムの命題とは反対に，伝統意識の強さ（自由意識の弱さ）がソーシャル・キャピタルと正の相関にあることが，私の4都市調査比較から明らかになった。

4都市調査は，北海道富良野市（2003年），白老町（2004年），伊達市（2006年），鹿児島市（2006年）において実施した（24頁）。伊達と鹿児島の調査データから，7指標（結婚したら子どもをもつか，子どもをもつ意味，子育てに精神的負担があるか，など）を用いて伝統意識からの自由度の高低を分析したところ，7指標すべてで伊達のほうが鹿児島より自由意識が強いことがわかった。しかし，ソーシャル・キャピタルの構成要素である社会的ネットワーク（親戚，同僚，友人との親しさ）の指標では，鹿児島のほうが親しさが強く，伊達はネットワークに乏しかった。日本の都市では伝統意識の強さが社会的ネットワークや団体活動参加の活発さと結合しており，自由意識の強さはソーシャル・キャピタルの豊かさをもたらさないことが証明された。

そこで合計特殊出生率が高いグループとして鹿児島と富良野，低いグループとして伊達と白老に分けてデータ分析を行ったところ，図6-1から図6-4に示

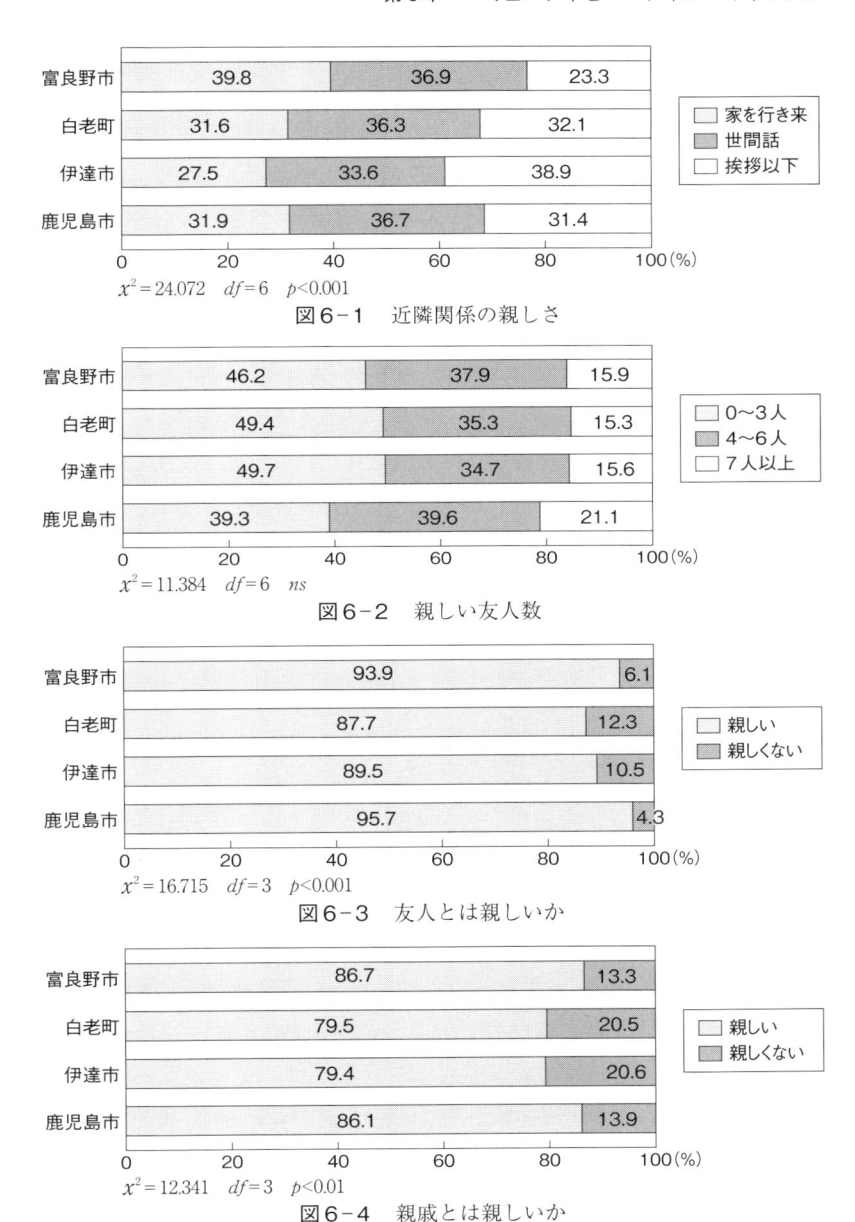

第6章　コミュニティとソーシャル・キャピタル

	家を行き来	世間話	挨拶以下
富良野市	39.8	36.9	23.3
白老町	31.6	36.3	32.1
伊達市	27.5	33.6	38.9
鹿児島市	31.9	36.7	31.4

$x^2 = 24.072$　$df = 6$　$p < 0.001$

図6-1　近隣関係の親しさ

	0〜3人	4〜6人	7人以上
富良野市	46.2	37.9	15.9
白老町	49.4	35.3	15.3
伊達市	49.7	34.7	15.6
鹿児島市	39.3	39.6	21.1

$x^2 = 11.384$　$df = 6$　ns

図6-2　親しい友人数

	親しい	親しくない
富良野市	93.9	6.1
白老町	87.7	12.3
伊達市	89.5	10.5
鹿児島市	95.7	4.3

$x^2 = 16.715$　$df = 3$　$p < 0.001$

図6-3　友人とは親しいか

	親しい	親しくない
富良野市	86.7	13.3
白老町	79.5	20.5
伊達市	79.4	20.6
鹿児島市	86.1	13.9

$x^2 = 12.341$　$df = 3$　$p < 0.01$

図6-4　親戚とは親しいか

すように，自由意識が強く合計特殊出生率が低い伊達と白老が，社会的ネットワーク（親戚，近隣，友人との親しさ）は乏しいという結果が得られた（金子，2007: 102-129）。

この調査結果はパットナム命題を反証，相対化する試みである。こうした追試は，ソーシャル・キャピタル理論そのものの深化に寄与するに違いない。

以上について次のような書評がある。

「パットナム流の考え方によれば，概して，コミュニティ内の相互交流が豊富であるほど，信頼や協力が促進されやすく，コミュニティが『よく』なるということになる。金子氏も，そのような観点からファーストハンドな調査データ（四都市調査）を分析している。日本の都市社会学では地域住民のボランタリー・アソシエーションや社会的ネットワークへの関与のあり方を研究してきたので，このようなソーシャル・キャピタル概念と親和性が高いし，多くのスナップ・ショットが蓄積されている。だが，金子氏がこの著作で踏み込むのは，そのようなソーシャル・キャピタルの多寡のレベルの分析にとどまらず，パットナムの『孤独なボウリング』の第22章で提示されている社会関係資本と市民的寛容性の正の相関という命題の日本社会における検討である。金子氏の分析によれば，日本社会ではソーシャル・キャピタルと自由意識（寛容性）は逆相関という関係にあったのである。その要因は，自由意識がコミュニティの流動性とりわけ『流入を軸とする移動性』による伝統的規範の弱体化と関連していると解釈されている。この点についてパットナムも社会関係資本が高くかつ寛容性の低いコミュニティについては『派閥的コミュニティ』という概念を用いているものの，『コミュニティ関与と不寛容性の間に想定されたような関連を見出した実証研究はただの一つも発見できなかった』（p. 438）とし，その原注では多数の論考を挙げながら，『すべての研究が寛容性と市民参加との間に正の相関を見出しているわけではないが，負の相関を見出した研究はない』（p. 595）と書いている。ということは，金子氏は日本社会で大変なことを発見してしまったのである。ただし，この発見は鹿児島市と伊達市の事例によって得られたものだし，寛容性指標についても家

族的な内容の項目に限定されたものであるから，さらなる研究が必要だと私には思われる。金子氏と同様のパットナム命題への反証が日本社会全体からも得られるか，諸外国ではどうなのかというのは興味深いテーマである」（野沢，2009: 53）。

総合指数は困難

40年にわたる社会指標（19頁）作成の経験から，今日でも総合指数の樹立が困難なことは研究上周知の事実になっている。この伝統を知らずして，ソーシャル・キャピタルの総合指数の可能性に触れても無意味であろう。その理由は，たとえば実証レベルで社会的信頼性，公民意識，集団参加の3つの変数を測定する場合，少なくとも前二者と集団参加は性質が異なるために，スコアを合算できないからである。わずか3種類の指標でも総合化できないのであれば，多変数の指標はいわずもがなである。したがって，総合指数はつくり出せない。せいぜい測定結果の時系列の推移から，何らかの傾向を判断するにとどめるしかない。

信頼性・公民意識

まず信頼性の決定因子については，ジェンダー，世代，階層，コミュニティ特性，教育，民族的影響，宗教的効果を映し出すことがわかる。おそらく信頼性は，一般的な他者への信頼度よりもむしろ身近な人の誠実度を測定するのではないか。通常，医師の診断は素人判断よりも信頼されるが，それは医師という職業がもつ誠実度から生み出される。すなわち信頼性は誠実と見なされる社会的地位が反映しやすい。逆に，政治家の言動に不信感が蔓延しているのは，その地位と誠実度が無関係なためである。

公民意識は個人にも社会成員間にも影響する規範の指標であるが，それはある一定の逸脱行動（たとえば，受給資格のない給付の要求，公共交通機関の運賃不払い，脱税等）の許容度に関連する。これは，国によって異なりやすい。平然と賄賂を求める国もあれば，規則を守らず整列しなかったり，撮影禁止の対象を平気でカメラに収める国民もいる。

国民の経済運営への信頼性と公民意識が強い正の相関をもつことは，日本の

高度成長期に証明されている。池田勇人首相が「所得倍増」を唱えた時には失笑した評論家も国民も，着実な経済成長が進み，外貨獲得が増加するかたちで国富，ならびに三種の神器の浸透で民富が膨らみ始めたとたんに，その経済政策を信頼するようになった。また国民は，公民意識の筆頭である勤勉性を遺憾なく発揮した。その相乗効果が1972年の第一次石油ショックまで続いたのである。

集団参加

しかし，ソーシャル・キャピタルの理論の一部を構成する集団参加率の高さが，経済性にどのような効果があるのかは依然として見出されていない。市民間の団体参加量が多いと，経済性はどうなるのか。パットナム仮説では，文化的性質をもつ団体は，経済性にとって有効であるとされる。したがって，非文化団体と見なされる組合，政党，職業団体は除外される。

文化団体は，パーソンズの古典的なAGIL図式（53頁）でいえば，Lとしての緊張処理を果たす機能を受け持っている。この視点からいえば，日々の経済活動で疲れはてた個人を癒す働きがあるので，「明日のために今日も頑張った」企業戦士を再度戦場に送り出す効果がある。その意味で，文化団体への参加が経済活動と正相関をすることは起こりえる。

しかし，この文化団体はただたんに仕事の残余としての余暇活動，ないしは気晴らしでしかない場合も存在する。なぜなら，疲れはてた企業戦士である個人は，その癒しのために，わざわざ気を使わざるをえない文化団体への参加などよりも，粉末化された個人向けの簡便な娯楽を選択したがるからである。

架け橋機能と結合機能

ただし，パットナムがソーシャル・キャピタルの機能を架け橋（bridging）と結合（bonding）に分類した結果は，日本都市の現状からも応用可能であろう。たとえばロータリークラブやライオンズクラブなどの財界クラブの「架け橋」と「結合」の役割は，経済的取引にも有効に機能する場合がある。小説の世界では，銀座のクラブの交友関係が，銀行融資への道を開くというような記述を見ることも可能である。

第2節　ソーシャル・キャピタルと健康

健康とソーシャル・キャピタル

　地域の活性化，市民的自由，生涯学習の継続などにもソーシャル・キャピタルは大きな効果をもつが，同時にソーシャル・キャピタルが個人の健康促進要件にもなりうることは，研究の最先端に位置するパットナムものべている。「社会的ネットワークはまた，健康上の規範を強化する。社会的に孤立した人々は，喫煙や飲食やその他の健康を損う行動を行いやすい」（Putnam, 2000＝2006: 402）。社会的つながり（家族，交友関係），社会参加，宗教や団体加入にも，健康面での影響が読み取れる。

　もちろんソーシャル・キャピタルと健康状態が直結するのではなく，そこにはいくつもの媒介変数がある。他の研究者，たとえばカワチやカーピアーノは，「インフォーマルな社会統制は健康上の利益と関連しており，近隣組織への参加は不利益と関連していた」（Carpiano, 2008: 140–141）ことを証明した。つまり，団体参加や他者への信頼が，健康促進要件になっていたという。ソーシャル・キャピタルと主観的QOLの間でも，同様の相関が認められる。

健康面への応用

　ソーシャル・キャピタル論を公衆衛生や社会疫学の分野に関連させれば，社会成員の保健や健康づくりにも応用可能となる。それは，成員がもつ社会関係の量と質や階層性が，個人の健康状態に関して一定の説明力を有するかという問題である。この研究は医学の側からも，健康と社会関係との関連および階層がもつ健康への規定力という重要なテーマを構成してきた。

　健康状態が社会的不平等を表わすとすれば，公共性の高い健康，学習，教育，予防，治療などへのアクセス政策にも活用できる。

　公衆衛生や社会疫学に関する研究には，これまで3つの大きな方向があった。まず，健康を社会的不平等の関数ととらえて，物質的な生活条件に関連づける唯物主義的なアプローチが挙げられる。次に，成員に与えられた社会環境が，多方面にわたる身体的・精神的病理への抵抗力になりうるかという環境主義的

なアプローチが存在する。第三に、ソーシャル・キャピタルや社会環境が、個人の身体と精神に影響を与える過程を解明する社会心理的アプローチが指摘できる。

社会的不平等と健康

歴史的に見れば、貧困研究や社会病理学の中軸には社会的不平等と健康の関連テーマがあった。絶対的貧困[*4]の時代の階層格差は健康面にも歴然と表われていた。それを克服して国民が総中流化した後に鮮明となった格差社会では、個人がもつソーシャル・キャピタルが独立変数となり、その従属変数として健康もしくは病理が確認されることが多い。詳しくは、社会経済学的地位変数（性、年齢、収入、教育、階層など）と健康の関連について、個人を対象とした調査データの分析がなされる（青山、2011）。

物質面の豊かさの変数が個人の健康と正の相関関係をもつのか、もしくは豊かさを媒介するライフスタイル変数のほうが、健康増進への説明力が高いのか。私たちの健康判断を左右するのは自らの過去のデータとの比較、および同時代の同世代に属する他者のデータとの比較である。糖尿病患者がゼロの時代と800万人の時代では、個人にその兆候が見られたとしても、その健康度判断は異なるはずである。そこで得られた結果は、つねに相対性を帯びることになる。

健康と社会統合

一般化すれば、強い不平等は健康格差を拡大するが、弱い不平等は健康水準の低下を防ぎ、死亡率を均質化するという傾向が認められる。結核への感染が階層差を問わず日常化していた時代では、社会全体における健康格差は見えにくかった。

100年前にデュルケムは『自殺論』（Durkheim, 1897〔1960〕= 1985）の中で、アノミー的自殺を見出した。それは社会秩序の劣化によって社会規範が弱まったとき、そこで生きる個人が自らの欲求を調整できずに不適応となり、その結果自殺するという理論であった。

[*4] 生命の再生産ができないほどの低い収入および生活物資の欠乏により、長期的にはもちろん短期的にも、個人または世帯の生活が支えられない状態。

第6章 コミュニティとソーシャル・キャピタル

　このアノミー概念は，その後マートン（106頁）によって精緻化された（Merton, 1949〔1957〕＝1961: 121-178）。マートンは個人が抱く確固とした目的とそのための手段との距離の大きさを，アノミーとして示した。デュルケムのそれは，拡大した選択可能性に直面した個人が，目的意識の不確実性のためにとまどうところに焦点がある。社会変動への不適応がアノミーを増加させる。マートンによるアノミー概念は，個人の目的と成功の背理性に向けられている。その場合，社会統合は社会的健康の指標になるのかどうか。逆に個人の不満やストレスは，個人の健康を損なう要因と見なせるのか。

　本人の能力だけではなく，生得的な環境も階層を規定するから，階層的不平等は個人の健康へ明確な影響をもつと考えられる。たとえば親の喫煙や肥満は子どもに伝わりやすい。

　加えて不平等な分配は経済面だけではなく，知識や情報へのアクセスとリテラシーでも認められる。すなわちジェンダー，世代，階層の差異に応じて，個人とその家族の健康への投資レベルや健康情報のレベルが異なる。たとえば，経済的には可能でも，国民健康保険に加入しないというライフスタイルは珍しくない。あるいは所得レベルとは無関係に，ギャンブル，酒，たばこによって健康を損なう人もいる。

　健康への投資が優先されず，別の面に関心が向けられると，最終的には健康情報も不足して，健康への悪影響が懸念される。社会的不平等の存在とその心理的影響を緩和するためにも，個人が保有するソーシャル・キャピタルによって，健康への「架け橋効果」が高まることが期待される。

どこまでの効果をもつか

　もちろんソーシャル・キャピタルと健康が直結するのではなく，そこにはいくつもの媒介変数があるに違いない。たとえばカワチらは，「地域社会の絆の弱体化は住民の健康状態を悪化させる」（Kawachi & Kennedy, 2002＝2004: 67）とのべている。成員がもつソーシャル・キャピタルと，申告された健康状態によって評価されるQOLの間でも，同様の相関関係が存在する。

　世界的に最も高い生活水準を誇るアメリカが，日本，オランダ，スウェーデンなどと比べて，平均余命がなぜ短いのか。ちなみに2006年アメリカでは，

男性75歳，女性80歳であり，日本では男性79歳，女性86歳であり，オランダでは男性78歳，女性82歳であり，スウェーデンでは男性79歳，女性83歳となっていた（国立社会保障・人口問題研究所，2009: 82）。社会学的変数を用いれば，アメリカでは人種間の不平等が強く，したがって社会システム全体で格差が大きく，社会統合が不十分だからであると説明できる。

このように，健康と社会的不平等の研究でソーシャル・キャピタルの機能が重要されるのは，社会的不平等性と社交性，団体参加，信頼性などのソーシャル・キャピタルの指標間に一定の関連が想定されるからである。寿命や生活水準の重要な決定因子にソーシャル・キャピタルの支援があることは，日常生活の実感と整合する。

一般的な説明では，以下のような推論が展開される。ソーシャル・キャピタルはまず精神的・物質的な資源として役に立ち，近隣の助け合いや家族や友人の支援として作用する。かりに社会的不平等が強くても，これらが十分に働けば，不安定な社会経済的条件によって生起する生活苦やストレスなどによる負の影響も緩和できる。

さらに，もしコミュニティにおいて公共空間の禁煙や禁酒といった健康に有利な社会慣行や規範が強くなれば，この異常行動を制御する機能も高まり，ソーシャル・キャピタルもまた有効に作用する。

ソーシャル・キャピタルの有効性尺度は複数存在するので，問題意識に沿って選ばれた指標次第では，その効果を明らかにできる。その意味では確かに万能の概念であるから，今後ともコミュニティ論を具体的に追究する際には，ソーシャル・キャピタルへの配慮は不可欠であろう。

第3節　高齢化する過疎社会

過疎地域とコミュニティ機能の喪失

私がこれまで実践してきた調査はいずれも地方都市を対象としており，いわゆる過疎地域*5は含まれていなかった。しかし，中山間地域，過疎地域，限界集落への目配りは維持してきた。コミュニティ論はもちろん地方都市だけで活用されるものではなく，人口減少が激しい過疎地域でも応用可能である。

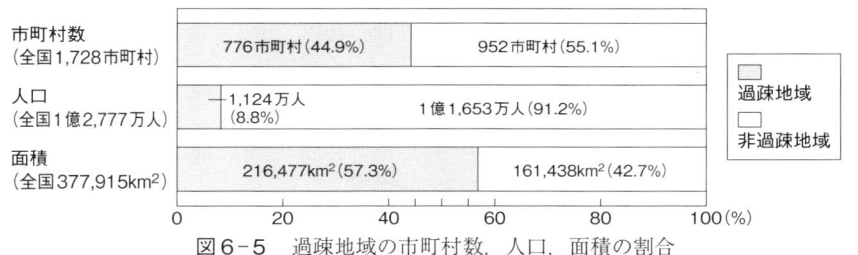

第6章　コミュニティとソーシャル・キャピタル

図6-5　過疎地域の市町村数，人口，面積の割合

市町村数（全国1,728市町村）: 776市町村(44.9%) / 952市町村(55.1%)
人口（全国1億2,777万人）: 1,124万人(8.8%) / 1億1,653万人(91.2%)
面積（全国377,915km²）: 216,477km²(57.3%) / 161,438km²(42.7%)

凡例：過疎地域／非過疎地域

（注）市町村数：2010年4月1日現在（東京都特別区を1団体とみなす）
　　　過疎地域の市町村数：過疎関係市町村数　人口・面積：総務省国勢調査（2005）
（出典）総務省自治行政局過疎対策室（2010）同ホームページ

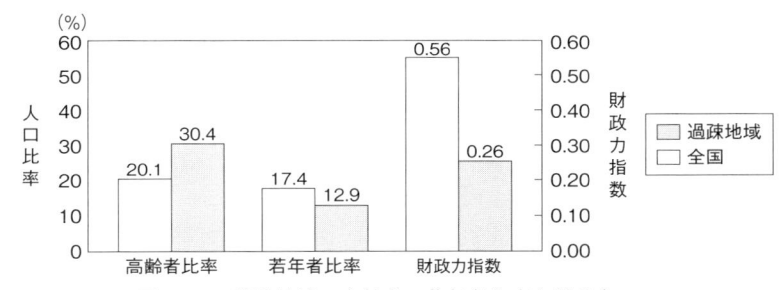

図6-6　過疎地域の高齢者・若年者比率と財政力

高齢者比率：20.1 / 30.4
若年者比率：17.4 / 12.9
財政力指数：0.56 / 0.26

凡例：過疎地域／全国

（注）過疎地域：2010年4月1日現在　高齢者比率：総人口に占める65歳以上人口の割合
　　　若年者比率：15～29歳人口の割合
（資料）高齢者・若年者比率：総務省国勢調査（2005）加重平均
　　　　財政力指数：総務省地方財政状況調査等（2008）単純平均
（出典）同上

　さてその過疎地域は，2010年4月段階の人口では全国の約9%にすぎないが，面積は国土のほぼ半分，市町村自治体数では約4割を占めている（図6-5）。どの過疎地域でも，高齢化の進行，若年者比率の低下，財政力の弱さが顕著である（図6-6）。

　地域社会が成り立つには最低限6つの機能が欠かせない。これらは，①商業機能（商店街），②交通機能（バス停や鉄道駅），③教育機能（小中学校），④医療機能（内科診療所），⑤治安機能（交番派出所），⑥コミュニケーション機

---

*5　「過疎地域自立促進特別措置法」に過疎地域の定義があり，詳細にわたるためここでは省略するが，要は人口減少が著しく，地域の活力が低下し，生産機能および生活環境の整備が相対的に劣っている地域社会のことである．

能（郵便局）としてまとめられる（金子，2007: 166）。北海道では過疎比率が79.8％もあり，このような機能が複数消失して，将来的な存続が危ぶまれる地域社会が多くなってきた。

郵政民営化で低下したコミュニケーション機能

　2005年10月に「郵政民営化法」が成立・公布されてから，特に過疎地域では郵便局を媒介とするコミュニケーション機能が弱まり始めた。地域社会で「国の顔」が見える最後の砦であった郵便局が民営化したことで，過疎地の高齢者に向けた「安心」機能は衰退した。市場原理の導入，つまり「利を求め，損をしない」ことをめざした郵政民営化の5年間は，少なくとも過疎地域では多くのデメリットを発生させた。

　北海道をはじめ全国各地で調査すると，「郵便局がなくなり困った」という高齢者の声が聞こえてくる。全国では約400の簡易局が依然として閉鎖中である。地元の郵便局が閉鎖され，年金引き出しにタクシーで隣町まで行く不便さをなげく高齢者の存在も報告されている。わずかの年金を受け取るのに，往復数千円のタクシー代を使わざるをえない非合理性もまた，合理化を求めた民営化の地域的到達点であった。

　ただし若干の事例のように，「出張サービス」があれば，年金などは受け取れる。たとえば，小樽市からクルマで30分程度の仁木町然別地区では，郵便局が廃止されてから1年3ヵ月後の2009年1月に，集会場を使って隣接する余市郵便局から週2回の「出張サービス」が始まった。しかし，道内でも全国でも，閉鎖郵便局の地区すべてで「出張サービス」がなされているわけではない。

ひまわりサービス

　郵政民営化は結局，国土的には過疎地域に，そして世代的には高齢者に大きなしわ寄せをもたらした。2010年の「民営化」路線見直しの決定は，ますます高齢化する過疎社会が直面したこれらの諸問題に再び取り組む機会を広げたので，日本社会の再起動にとっても意義がある。以下，現状を正確に踏まえて，見直しの積極的意義と方向性を点描しておこう。

第6章　コミュニティとソーシャル・キャピタル

　郵便局は近代日本の140年間，郵便，貯金，保険だけではなく，国内すべての地域で，見回りなどの安心機能を担ってきた。このうちの安心機能の象徴が1997年からの「ひまわりサービス」である。これはインターネットで検索できる『goo国語辞書』にさえ掲載されるほど馴染み深いサービスであった。「過疎地域における独居高齢者（70歳以上）向けの生活補助サービス，郵便局，地方自治体，社会福祉協議会等が協力して実施するもの。郵便局員が高齢者宅を毎日訪ね，声かけや生活用品の注文受付や配達などを行う。1997年（平成9）から全国展開」（『goo国語辞書』）。これこそ無償の地域貢献であり，これが代表的な「見えにくい国民貢献」機能であった。

　特に郵便物がなくても，独居高齢者宅を訪問して，健康を確認する。犯罪予防や犯人の逮捕につながったケースもある。郵便配達活動が地域内パトロールと同義になり，ボヤの発見で大火を未然に防いだことも多い。とりわけ北海道警察と北海道郵政公社が「P&Pセーフティ・ネットワーク」を締結して，無償の地域貢献を継続していた事実は「民営化」見直しの際に参考になるであろう（金子，2006: 201-203）。市場原理に直結した売り上げとは無縁なサービスは，民間企業では提供できない。かつての国営や公社時代の郵便局だからこそ，可能になった国民貢献的な取り組みであった。

郵政民営化では不可能な事業

　興味深いことに，民営化路線を走っていた小泉内閣メールマガジン「第2回政策アンケート」で，民営化後の郵便局への国民の希望が掲載されたことがある。2004年12月16日号では，そのアンケートに寄せられた「郵政民営化具体的なアイディア」として，6,800件のアイディアから100件を編集部が選び紹介している。

　そこでは「お年寄りや障害者の訪問，介護サービス」，「保育事業」，「住民票，戸籍の発行と配達」，「災害時の連絡サービス」，「地域の伝言板」などがトップにおかれている。これらは2005年9月に閣議決定された「市場原理」に立脚した「郵政民営化」路線ではとうてい成り立ちえないサービスメニューであった。これを平気で掲載したメルマガ編集部の勇気には敬服するが，しょせんすべてが市場原理の前には切り捨てられる運命にあった。

ただし，民営化見直しが決まった 2010 年段階では，これらの具体的なアイディアは，そのまま現在の郵便局機能への期待感を反映するものとして活用できる。これらこそが過疎地域だけではなく，都市部も含めた国民全体の安心感を増幅させる。

　郵政事業が過疎地域の振興を担う機能をもつという認識が，民営化見直しの第一歩である。そのための補助線が 4 本ある。いずれも郵政民営化の決定をめぐる際に声高に叫ばれていた争点である。

郵政民営化見直しの争点
（1）民業圧迫への反論

　まず，「民業圧迫」という批判を克服したい。「民間にできることは民間でやる」（竹中，2005: 29）という路線にこだわる論者はなお多い。そこでは，郵政公社のままでは，民間の宅配業，保険業，金融業に不利益が生じるという論理が横行している。しかし，不思議なことに，同じ文脈にある以下の事例，すなわち私立保育園が公立保育園に，私立高校が公立高校に，民間病院が国公立病院に対して批判されないことを考えると，郵政事業＝民業圧迫という言説には不自然な印象を受ける。

　加えて，たとえば治安を維持する警察機能は警備保障会社には譲れないし，戸籍管理業務をカード会社には任せないことと同じで，官民の特徴をそれぞれに発揮できる業務がある。郵政業務と競合する民間業界があることだけで，「民間活力が素晴らしい」や「民業圧迫」という言説が生まれるのはなぜか。この点を民営化見直し戦略ではきちんと詰めておきたい。

　また不思議なことに，同じ総務大臣が取り仕切る放送業に関しては「民間にできることは民間でやる」原則がなく，NHK を民放化しようとは決して誰も言わない。当時「郵政民営化」に賛成したマスコミでも，とりわけ民間放送連盟は NHK の「民営化」には反対であるから，この原則は放送界では貫徹してこなかった。郵便と放送はともに国民のコミュニケーション手段であるにもかかわらず，これら両者を比較するだけで，民業圧迫という原則が空転していることが理解できる。

　（2）イコールフッティングはありえない

第6章　コミュニティとソーシャル・キャピタル

　第二に，「イコールフッティング」（諸条件の平等）論にも気をつけておきたい。当時からマスコミは介護保険の保険料に関して地域格差をやや大げさに報道する傾向があったが，地域間には福祉だけではなく，教育，医療，経済活動，財政力，そしてたぶんに地方政治家の力量にも格差がある。すなわち郵政サービスだけでなく，イコールフッティングはどこにもない。水道の水質さえ異なる。大阪の水道水と札幌の水道水を比較すれば，結果は誰にでもわかる。下水道，都市ガス施設，小学校のプールの有無にも鮮明な地域間の差異がある。

　日本におけるこれらの「観察された事実」を基盤にして「イコールフッティング」を再考すれば，格差があることをむしろ前提として，ほとんどの組織も個人も競争してきたことに気がつく。厳密な意味での「イコール」などはありえない。郵政民営化はそれを伏せたままの民業優先路線であった。

（3）都市のまちづくり基金

　第三に，もちろん民営化の影響は都市にもあった。たとえば簡易保険の「団体払込制度」を利用して，町内会員が保険料の割引を受けていた札幌市内の99の連合町内会に，日本郵政公社北海道支社が団体を解散するように民営化直前に申し入れたことがある。札幌市の連合町内会総数は109だったから，90％を越える連合町内会がこの制度を活用して得た資金を，代表的な行事である「地域の祭りの開催費」，「防犯活動費」，「地区会館建設費の返済」などに充当していた。

　しかし，民営化路線のなかで，「町内会員以外の契約者」が含まれていることが確認されたので，個人契約者との公平性確保の観点から「適正化」という名目で，払込団体の解散が要請されたのである。それは自動的に都市町内会の活動資金の欠乏を引き起こすことになった。市場原理の貫徹とはこのようなものである。今後の民営化の見直しが，都市部でのまちづくり基金を捻出するきっかけを提供するかどうかは不明である。

（4）非市場化とコミュニティ

　第四に，この数年間，市場原理に忠実な郵政民営化路線を進んだ日本社会は，QOLを支える機能，すなわち非市場化された助け合い，支え合い，ボランティア活動，相互扶助，共助などを弱めてしまった。社会システムの原理に立ち帰れば，市場原理と非市場化された社会機能との適切な融合からしか，時代の

打開策はない。

　閉塞感が強まった「少子化する高齢社会」が進むなかで国民が求めているのは「大きな政府」でも「小さな政府」でもなく、「老後に安心できる公平社会」である。安心が得られ、世代間、男女間、中央と地方間でも公平な扱いが認められれば、負担に応じる用意を国民はもっている。「大きいか、小さいか」という二分法ではなく、公平という原則を、今後の民営化見直しの際に喚起したい。

第4節　高齢者のコミュニティ生活と意識

高齢者の調査結果から

　内閣府は「高齢者の生活実態に関する調査」と「高齢者の地域社会への参加に関する意識調査」を5年ごとに行い、それらの結果を公表してきた。ここでは前者をA調査（2008年度）、後者をB調査（2008年度）と命名しておこう。ABともに、全国の60歳以上の男女を対象として、住民基本台帳から層化二段無作為抽出法によって、標本数5,000人を得ている。調査期間はAB共通の2008年2月19日〜3月1日であり、訪問面接法であった。A調査の有効回収数は3,398人であり、全体の68.0％に当たる。また、B調査の有効回収数は3,293人であり、65.9％であった。訪問面接調査が困難になってきた現在では、精一杯の有効回収率である。これらから最新の高齢者を取り巻く生活実態が浮かんでくる。

　まず、高齢者がどのような住宅事情にあるかを見ておこう。A調査の住宅関連項目では、89％が「持ち家」であり、11％が「借家など」であった。限られた年金暮らしの高齢者にとって、家賃を払うことはかなりの負担になる。その意味で、9割近くが持ち家であったことは高齢者の生活実態の点からも望ましいものであった。それと生活実感を組み合わせると、図6-7が得られる。「生活の苦しさ」を尋ねると、「持ち家」の高齢者よりも「借家など」に住む高齢者のほうが半数以上「苦しい」と答えている。高齢期の生活基盤の安定のためにも、中年から向老期までに「持ち家」を取得しておきたい。

第6章　コミュニティとソーシャル・キャピタル

近隣関係と集団参加

　次に，高齢者がもつ社会関係を近隣関係，集団参加，友人数，社会参加などのソーシャル・キャピタルの実態，およびその関係性と生きがいとの相関などからまとめておこう。

　まず，過去5年ごとのB調査から「近隣関係の親しさ」は図6-8の通りに整理できる。2008年度に向けて，一貫して近隣関係の「親しい」度合が減少してきたことが特筆される。統計学的にもコミュニティの基盤にかげりが出ていると読み取れるし，ご近所づきあいが低下してきたとも見なせる。2008年度ではついに「あいさつ程度」が半数を越えた。一般に社会移動は定住志向を奪い，近隣関係を弱めるが，定住志向が強い高齢者でも，地域社会におけるインフォーマル関係が軽い方向に向かっている証拠が得られたことになる。

　ただし救いは，図6-9のように，統計学的に見ても集団参加が着実に進んでいる点にある。ここでの集団参加は，趣味，健康スポーツ，生産就業，教育関連，文化啓発活動，生活環境改善，安全管理，高齢者の支援，子育て支援，地域行事その他である。町内会や既存のサークルなどの団体，生活環境改善や子育て支援などの運動体も含まれているが，1988年度から「参加した」が一貫して上昇しており，2008年度では6割近くになった。

　図6-8と図6-9を合わせると，近隣関係の弱まりが集団参加の増加で補われていると見なされる。近隣は選択的な個人関係であり，今日の高齢者はそのような個人関係を楽しもうとする傾向に乏しい。むしろ，特定の目標をもつ集団や運動体に関与して，そこで共同活動をめざすという志向性が浮かんでくる。

　そこで図6-10によって社会参加の形態を点検しておこう。データが2年度分しかないが，2003年度に比べると，2008年度では「グループ団体活動」が「個人または友人」よりも増加したことに気がつく。すなわち，近隣関係が乏しくなった裏返しの効果として集団参加が活発化したことを象徴するかのように，集団活動への参加そのものが増大してきた。個人単独や友人と連れ立って社会参加するよりも，集団活動を経由する社会参加志向が濃厚に感じ取れるのである。

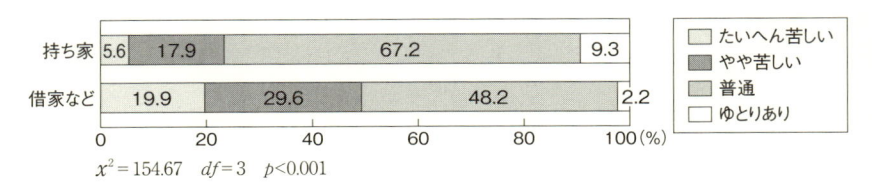

| 持ち家 | 5.6 | 17.9 | 67.2 | 9.3 |
| 借家など | 19.9 | 29.6 | 48.2 | 2.2 |

凡例：たいへん苦しい／やや苦しい／普通／ゆとりあり

$x^2 = 154.67$　$df = 3$　$p < 0.001$

図6-7　住居形態別高齢者の暮らし向き
（出典）内閣府「高齢者の生活実態に関する調査」同ホームページ

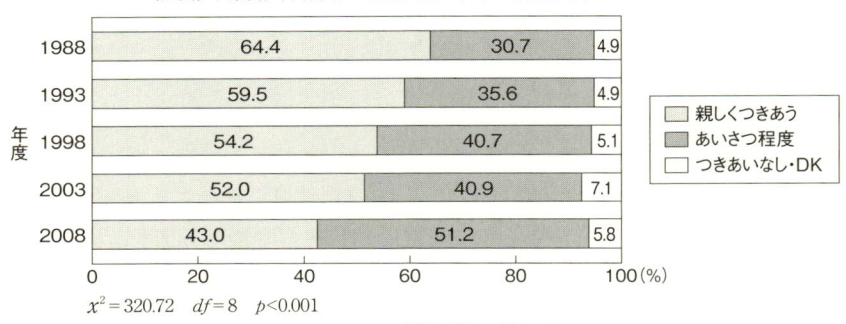

年度	親しくつきあう	あいさつ程度	つきあいなし・DK
1988	64.4	30.7	4.9
1993	59.5	35.6	4.9
1998	54.2	40.7	5.1
2003	52.0	40.9	7.1
2008	43.0	51.2	5.8

$x^2 = 320.72$　$df = 8$　$p < 0.001$

図6-8　近隣関係の親しさ
（出典）内閣府「高齢者の地域社会への参加に関する調査」同ホームページ

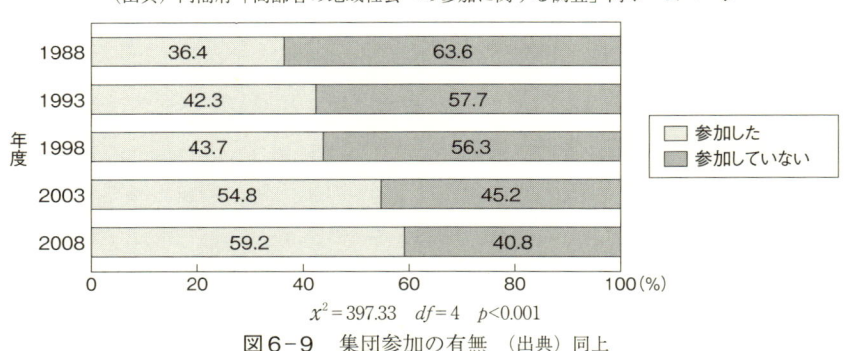

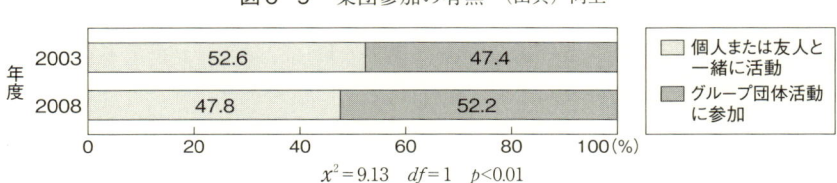

年度	参加した	参加していない
1988	36.4	63.6
1993	42.3	57.7
1998	43.7	56.3
2003	54.8	45.2
2008	59.2	40.8

$x^2 = 397.33$　$df = 4$　$p < 0.001$

図6-9　集団参加の有無　（出典）同上

年度	個人または友人と一緒に活動	グループ団体活動に参加
2003	52.6	47.4
2008	47.8	52.2

$x^2 = 9.13$　$df = 1$　$p < 0.01$

図6-10　社会参加の形態　（出典）同上

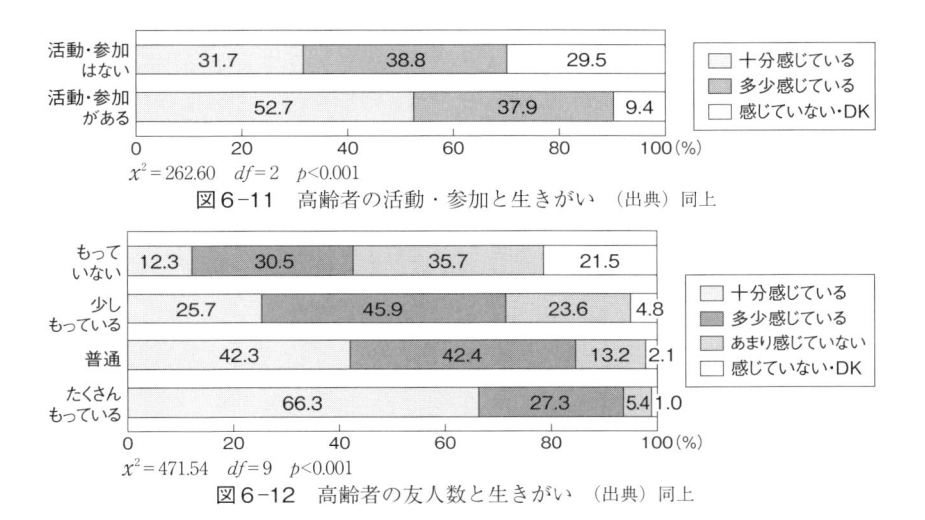

第6章　コミュニティとソーシャル・キャピタル

	十分感じている	多少感じている	感じていない・DK
活動・参加はない	31.7	38.8	29.5
活動・参加がある	52.7	37.9	9.4

$x^2 = 262.60$　$df = 2$　$p < 0.001$

図6-11　高齢者の活動・参加と生きがい　（出典）同上

	十分感じている	多少感じている	あまり感じていない	感じていない・DK
もっていない	12.3	30.5	35.7	21.5
少しもっている	25.7	45.9	23.6	4.8
普通	42.3	42.4	13.2	2.1
たくさんもっている	66.3	27.3	5.4	1.0

$x^2 = 471.54$　$df = 9$　$p < 0.001$

図6-12　高齢者の友人数と生きがい　（出典）同上

生きがいと友人数

　集団活動に参加する高齢者が増加したことは，「生きがい」の観点からも評価できる。なぜなら図6-11で示すように，活動への参加が「生きがい」を感じさせるからである。生きがいを「生きる喜び」と考えると，「生きがい」は「社会参加」により感じやすくなるのである。特定の目標を共同で達成しようとする行為が，参加者それぞれの「生きがい」の源泉となる。

　高齢者の「生きがい」が人との関わりの関数であることは，集団参加だけではなく，「友人数」によっても明らかになる。図6-12は友人数と「生きがい」との関連を示すが，友人は「たくさんもっている」ほうが生きがいを「十分感じている」。この傾向はデータの統計学的な有意性はもちろん，日常生活における実感としても適合する。

　社会の基盤は企業活動だけではなく，その従業者を支える家族と地域社会が果たす役割も大きい。「あこがれ，待ちこがれているだけでは何もできなかったのだ，だからやりかたをかえて，われわれの仕事にとりかかり，『時代の要求』をかなえるようにしよう」（Weber, 1919＝1962: 167）。

　「時代の要求」として，国民は家族志向をはっきり表明しているし（表3-4），高齢者は集団参加活動に熱心になってきた。大都市は多くの社会資源（表7-

157

4）をもっており，高齢者にはさまざまな生活機会が提供される。文化類型を「日常型と非日常型」，および「集団型と個人型」に分ければ，都市では日常的な集団参加活動が多い。

人生の最後の20年は，誰もが健康や生きがいを目標に位置づけるから，家族と集団参加への志向および友人との関わりなど，ソーシャル・キャピタルに包括される関係が，健康や生きがいの媒介項として見直される。

第5節　コミュニティ・アクション論

コミュニティは運動体

コミュニティづくりのためのコミュニティ・アクションは多くの場合，地域の素人集団によるサービス創造や提供という運動形態をとっている。NPOもしかりであり，non-profit organizationではなく，new-professional organizationへ転進しなければ，有効性は向上しない。

コミュニティ・アクションは「限られた領域の一部から生じる問題を処理するために，集合的に行為したり，もしくはその準備をすること」という定義から，特定の目標に向かって複数の人間が集合し，その達成に努力する運動である。たとえば少年非行防止を目標とする有害図書追放運動がある。ピンク雑誌が自動販売機で売られていて，中学生がそれを買い，翌日学校で回覧することが現に行われ，悪影響が認められることから，子どもたちの母親を中心として有害図書追放運動が始まった。これは立派なコミュニティ・アクションである。

高齢化との関連でも，地域福祉サービスの担い手として，コミュニティ・アクションへの期待が高まってきた。通常のコミュニティ・ケア論では，福祉施設関係者，医師，看護師，保健師，ソーシャルワーカー，ボランティア活動家，自治体福祉関係者といった専門家によるサービスと各種福祉制度によるサービスが議論されやすいが，反対にコミュニティ・アクション論では，非専門的な一般住民による集合的な福祉活動に焦点がおかれやすい。

ボランティア・コミュニティ

シンドラー－レーンマンとリピットは，「人的資源の創造的活用」の観点か

第6章　コミュニティとソーシャル・キャピタル

表6-1　ボランティア・コミュニティの目標

---
(1) コミュニティ・サービスのために，多くのボランティアを見出し，リクルートし，訓練し，配置し，また支援に必要な知識・技能・施設を開発する
(2) コミュニティのすべての地区の男性，女性，子どもが，ボランティア・サービスの機会についての知識を増大させ，その人々がサービスを提供する動機づけを強化する
(3) ボランティアが，コミュニティ・サービスできる場所とその方法を広げる
(4) ボランタリズムを，年齢，才能，性，人種，社会階級，経済的地位などを越えた横断した領域として開発する
(5) 専門職，準専門職，ボランティアよりなる人的サービス・チームの開発を積極的に実験する
(6) コミュニティ全体に関わるボランティア・サービスの企画を行う
(7) ボランティアや人的サービスのリーダーとしての適性をもつ専門家を養成する
(8) 国，市町村の計画とコミュニティ計画を連携させ，効果的な資源活用をはかる

(出典)　Schindler-Rainman & Lippit（1971〔1975〕=1979: 221-222）

ら「ボランティア・コミュニティ」（The Volunteer Community）を主張した。そして，その目標は**表6-1**のように想定されている。

コミュニティ・ケアの研究分野でも，コミュニティ・オーガニゼーション論やコミュニティ・ディベロップメント論さらにコミュニティ・ワーク論やコミュニティ・パートナーシップ論などが援用され，この領域を膨らませてきた。

コミュニティネス

比較的に早い時期に提唱された理論として，コミュニティネス（community-ness）（44頁）を核とするコミュニティ・アクション論がある（Warren, 1972: 303-339）。

(1) まず，そのアクションにどの程度ローカリティ（locality-based）が認められるのかが問われる。たとえば原子力発電所反対運動には，ローカリティよりもコスモポリタン的な性格が濃厚である。なぜなら，反原子力運動は多くの場合全国的に展開されていて，同時に全世界的な問題ともなっているから，コミュニティ・アクションの形態をとっているようにみえても，その運動にはあまりローカリティは存在しないのである。

しかし，地域福祉活動には強いローカリティが認められる。地域の一人暮らし高齢者を支援する運動や有害図書追放運動もきわめて限られた範囲の地域問題であり，ローカリティが強い運動といってよい。すなわち，コミュニティ・

アクションの指標の一つには、ローカリティの存在が不可欠なのである。

　(2) 第二の指標には、そのアクションに参加する人々が、どの程度その地元に住んでいるかが挙げられる (Poplin, 1972〔1979〕: 183)。ある種のコミュニティ運動には地元以外の人々が参入してくることが見受けられる。知床の自然保護運動や小樽市銭函地区の風力発電機増設計画に、札幌や東京の居住者が多数参加するような場合がそれであり、その是非はもちろん問えないが、地元よりも地元以外の人々が多数派ならば、コミュニティ・アクションの程度は低いことになる。つまり内部からの参加者が多いほど、コミュニティ・アクションの程度が高く、合わせてローカリティも強く認められる (中村, 1973: 76-93)。

　(3) 第三の指標には、そのアクションに参加する人数や比率はどの程度なのかが指摘される。それは固定していないので、参加者数もコミュニティ・アクションの指標になりうる。要するに、コミュニティ・アクションの性質は、コミュニティネスの程度によって左右されるのである。

コミュニティ・アクションの指標

　コミュニティ・アクションの指標についてまとめよう。そうすると、行為者の人数、その行為をどの程度地元住民が認知しているか、行為の目標が個人的か、集団的か、行為の対象はコミュニティ内部か外部かになる。もっと積極的にいえば、ある種の地域問題の「解決過程」がコミュニティ・アクションと見なせる。したがって、地域福祉の実践ももちろんコミュニティ・アクションといえる。

　同時代のトレンドである情報化を指標とするコミュニティ・アクションも存在する。たとえば、全国的にもかなり浸透してきた「緊急通報システム」は情報化の動向とは無縁ではない。一人暮らしの高齢者が緊急時にボタンを押せば、システムセンターにつながり、救急車や地域の緊急協力員に駆けつけてもらうシステムである。それは情報化の動向を意識した高齢社会の新しい地域福祉サービスであり、緊急協力員の立場から見れば、立派なコミュニティ・アクションといえる (金子, 1997: 144-149)。

　そのようにコミュニティ・アクションが、素人の住民間の相互手段性と相互依存性という基盤に依拠して、どの程度行われるかによってコミュニティネス

第6章 コミュニティとソーシャル・キャピタル

表6-2 コミュニティ概念の包括性

単位	要件	ヒラリーの分類
空間的・機能的 相互作用 象徴的	生存可能なニーズ充足 画一化 集合的同一性	地理的範域 社会的相互作用 共通の絆

が判断される。地域社会が活気にあふれた場所かそうでないかが，コミュニティ・アクションの指標によって測定できる。その意味でコミュニティ・ケアのなかで不可欠な住民の協力を取り付けるためにも，ケアのみに特化した研究では不十分である。やはり枕詞としての「コミュニティ」を超えるためにも，コミュニティそのものを問いかけておきたい。

コミュニティ・ケア論の弱点克服

「社会的資源の加工によって生み出されるサービスの供給システム」をコミュニティと理解する立場から，私はコミュニティ・ケア論のもつ理論的・実践的な弱さを指摘してきた（金子，1982: 60）。ケアはもちろんサービスなのであるが，ここに投入される専門的な社会資源[*6]には限界があり，いくら予算を増額しても急速に増大する福祉ニーズを満たすことはできない。どうしても非専門的なレベルで社会資源を加工し，福祉サービスに転化しなければ，コミュニティ・ケアの将来は先細りになる。その意味でコミュニティに力点をおいた地域福祉論が，もっと各方面で展開されることが望まれる。

コミュニティの包括性

第一にコミュニティにはたくさんの意味が詰まっているので，それはさまざまな記憶を呼び起こす。人々のもつ人間関係，具体的には家族，友人と近隣，あらゆる種類の団体，組織，集会，PTA，クラブ，チーム，近隣集団などが，コミュニティとの関連で浮かんでくる。もちろんソーシャル・キャピタルに換言できる対象も多い。加えて，「三丁目の夕日」に見るように，コミュニティ

[*6] social resourse. 人的資源，物的資源，財的資源，文化資源に分けられ，ソーシャル・キャピタルとも重なる．詳細は170頁表7-4参照．

は音，匂い，視覚とともに，温かさ，仲間意識，ノスタルジア，なにか恐ろしいもの，心配，葛藤もまた経験させる。宇宙飛行や航海中の例外を除くと，私たちはすべてどこかの地域社会で暮らしている。

コミュニティ概念の包括性はその多次元性から得られる。多くの場合はヒラリーの定義分類のような3次元構成をとる（**表6-2**）。

コミュニティの問題処理力

第二に社会成員の日常生活の大部分はコミュニティ機能に結びついている。一つには私たちが地理的に移動し，電子メディアやその他のメディアを通してますますお互いに結びついているからであり，もう一つには私たちが密接に関わる小コミュニティが，国際社会や全体社会のような大社会に埋め込まれているからである。

コミュニティは成員に豊かな個人生活と社会生活を提供する。それらは思考法と行為手段を形成し，行為の価値と規範，明示的な法律，暗黙のルールなどが成員を取り巻く。コミュニティは社会資源と機会を成員に開放し，たとえ不平等であっても働き，学び，成長し，売買，礼拝，親しいつきあい，気晴らしと休息，治療などの場所を提供する。それらは成員のQOLを規定する。

今後のコミュニティ研究においては，概念の操作化と洗練のための諸技術を駆使して，コミュニティの社会資源と機会を拡張し，問題処理力を高める方向を示すことこそ，専門社会学の公共化に合致するのではないか。

第7章　サクセスフル・コミュニティの探求

キーワード：コミュニティ税，成長と発展，ボランティア活動，共同利益，少子化克服，子育て基金，相違の恐怖，コミュニティづくり

第1節　社会負担としてのコミュニティ税

地域コミュニティ税

宮崎市は2008年3月議会で，「地域コミュニティ税」導入に関する条例を可決，成立させた。その概要は表7-1の通りである。

地域協議会会長やNPOの代表，学識経験者等15名の委員により組織された「地域コミュニティ税使途研究会」において，基本的な使途ルールが作られた。今後も地域コミュニティ活動交付金（地域コミュニティ税を利用。以下活動交付金と略す）をより適正かつ有効に活用するため，使途研究会で検証・研究を重ねながら，さらにルールを成長させていくとされている。

また，活動交付金の対象とならない事業は，①営利を目的とするもの，②宗教の教義を広めるもの，③政治上の主義を推進するもの，④政党や公職の候補者を支持するもの，などが該当する。

さらに，活動交付金の対象とならない経費は，①交際費，役員報酬，②懇親を目的とする飲食費，③継続的な雇用に係る経費，の3点である。

地域コミュニティ税では対象事業の決定が最大の課題であるが，このために，①地域住民から意見を聞く機会を設ける，②広く市民が参加する事業の構築に努める，③地域住民であれば，誰でも活動交付金を活用できる機会を設けるこ

表7-1　宮崎市地域コミュニティ税の概要

1. 税額	年額1人当たり500円（税収総額 約8,000万円）
2. 納税対象者	市民税均等割が課税されている市民（約37万市民のうち約16万人） ただし以下の場合は課税対象外 　パート，アルバイト収入のみ，給与収入が年額965,000円以下 　公的年金収入のみ，65歳以上年額1,515,000円以下，65歳未満年額1,015,000円以下 　未成年，給与収入年額2,043,999円以下など
3. 課税方式	市民税均等割超過課税方式（法定普通税）
4. 納付方法	市による普通徴収（給与所得者は事業主による特別徴収）
5. 税の使途	地域自治区・合併特例区で取り組む地域の課題解決のための活動（地域の防犯防災，地域福祉，環境，地域再生等の活動）
6. 交付団体	地域まちづくり推進委員会（地域協議会等の実行団体で，原則的に各地域自治区等に1団体）

とが謳われている。実際に制度を周知させるために，税の徴収は先送りにされ，条例制定後1年を経た2009年度から地域コミュニティ税制が始まった。

地域コミュニティ税の反対意見

このような条例は日本では初めてであり，賛否両論が見られる。反対論は，「コミュニティ税をなくす市民の会」に象徴されるように，条例制定過程の審議が不十分であり，市民の反対の声は無視されていたから，継続審議が必要という意見が多い。

税の目的に対しても，具体的な使途，許される活動の範囲，監査の方法などが曖昧だという批判がある。さらに税の説明会は参加人数が少なく，会場では反対意見が相次ぎ，大勢を占めたために，名ばかりの説明会を開いて実績づくりをしていると非難された。「コミュニティ税をなくす市民の会」がコミュニティ税導入に反対した理由は**表7-2**の通りである。

弱者いじめの悪法か

年間500円でもこのような反対意見が出るならば，国民一人当たり平均年収の1％である約5万円を子育て支援に拠出しようという私の「子育て基金」構想（182～183頁）には反対意見が殺到するであろう。構想中のこの制度では，

第7章 サクセスフル・コミュニティの探求

表7-2 地域コミュニティ税に反対する理由

1. 不景気の中で生活必需品の値上げが続き、市民の生活は苦しい
2. 消費税も論議に上がろうとしている時に、なぜ市民税の増税か理解できない
3. 市が行財政改革を進めれば、税分の財源捻出は簡単である
4. 宮崎市の職員給与はラスパイレス指数100.8と高く、所得水準の低い市民と格差がある職員給与を国家公務員並みにすれば、コミュニティ税分の財源はすぐにでもできる
5. 市町村合併を機に、無駄な施設建設が目白押しである
6. 税は年500円だが、いつ上げられるかわからない
7. 税に伴う新しい組織が、現在ある自治会組織と活動の範囲もダブリ、従来の地に足のついた自治会活動を壊そうとしている
8. コミュニティ税は使い道が明確でない
9. 宮崎市がこの税の徴収に成功すれば、県内の財源に困った自治体、さらに全国の自治体に広がることは目に見えている

子育て家庭には毎月4万円の「子育ち資金」が支給されるとはいえ、子育てしない（子育てが終わった）世帯も多いから、不公平だという批判も予想される。

しかしこのコミュニティ税負担を求める条例は、弱者いじめの悪法（条例）なのかどうか。自らの子どもの保育料や給食費を払わない市民に対しては、どのような評価をするのか。また、国民健康保険料の納付率は、2008年度で見ても、旭川市79.5％、函館市81.0％、釧路市84.2％、札幌市85.8％となっている。逆にいえば、15～20％程度の未納率が恒常化している。この未納者への保険診療を中止することは「弱者いじめ」になるのかどうか。

宮崎市のように、年間500円の負担を求める条例にも、「市民の生活は苦しい」から反対であるという批判が押し寄せることは、社会全体の子育て支援のために「子育て基金」を推進しようと主張してきた私には考えさせるものがあった。やはり、「いつ上げられるかわからない」という政治・行政不信が根底にあるのであろう。そうすると、国民の高負担が高福祉の裏づけになっている「北欧はすばらしい」という賛歌は、当分の間、日本では禁句にするよりほかに方法がない。

第2節　コミュニティの成長と発展

成長と発展

　社会システム論を基礎とするマクロ社会変動において，「成長」の概念は経済に限定して用いられるが，「発展」の概念は経済に加えて社会および文化も含む包括性を特徴とする（富永，1986: 280）。したがって，コミュニティ発展とは，多様な地域社会と文化の前進に役立つ過程として位置づけられる。この過程は2つの重要な下位要件に分かれる。一つは，社会成員自身が自主的に自分と家族の生活水準を向上させようとする改善意欲である。もう一つは，成員が居住する地域社会において，自治体が多くのサービスを提供できるような基盤づくりの推進である。

　総合すると，コミュニティ発展とは，コミュニティ社会システムがその要件充足機能を強化する過程である。これを成員の側から見れば，個人，家族，地域，企業のニーズ充足と適応水準の上昇を伴う。

　コミュニティ発展はコミュニティ社会システムの変動の一種であり，諸機能の強化が付随するので，成員の参加，協力，助け合い，自治能力の発揮にも直結する。それはまたコミュニティ「生活の質」（QOL）を向上させて，より良い生活環境を整えていくことになる。そのためには，成員自身の生活環境関連の知識増大と経済活動能力の向上が重視される。人的資源とそれを具体的に表わすソーシャル・キャピタルはコミュニティ発展の原動力であり，その人的資源は民間から教育や学習を経由して得られる。

　このような社会的文脈のなかでは，強制された市民参加（coercive participation）を高唱したり，ボランティア活動の義務化を推進したり，「コミュニティを創造することが可能か，または望ましいのかと問いかけること」（Williams, 2008: 59）などはほとんど価値がないように思われる。コミュニティは時空を超えた課題であるとしたり，追求すべきユートピアモデルとする視点では，一人暮らし高齢者へのボランティア活動支援や児童虐待問題の解明にも解決にも，無力なままである。

第7章　サクセスフル・コミュニティの探求

表7-3　コミュニティのインプット指標とアウトプット指標

インプット指標	教育のレベルが高い，成員に時間の余裕がある，参加意欲が高い，定住意思が強い，QOLの向上が期待される
アウトプット指標	成果を維持しやすい，コミュニティ意識の凝集性が確保できる，コミュニティ成長と発展の手がかりになる

インプット指標とアウトプット指標

　成長に関連する社会成員の能力の一つに，情報リテラシーがある。リテラシー向上の条件として，これまでの社会調査で得た成果を，表7-3のようにいくつかの指標に整理できる。

　コミュニティのインプット指標と，その結果期待できるコミュニティのアウトプット指標は表の通りとなる。もちろん程度の差があり，次のような段階にとどまっていると，有効なアウトプットは得られない。

（1）参加する成員がコミュニティ活動の知識をもっていない。
（2）総体として成員の側に参加活動への意欲が足りない。
（3）意識の個別性が抜けず，社会全体への普遍的な展開に至らない。

　中国語にいう「自持門前雪，莫管他人瓦上霜」（自分の家の前の雪だけを除くが，他人の瓦屋根にある霜を除かない）という閉鎖性からは，コミュニティ発展の原動力はもちろん得られない。

ボランティア活動の特質

　そこにはボランティア活動による社会参加への期待がある。コミュニティに関連するボランティア活動の特質は3点に整理可能である。

（1）すべての人が参加できる。

　関心がある成員は，児童から高齢者まで世代を越えて問題解決のために参加が可能になる。そこでは深い意味での専門性は問われない。私が長年にわたりボランティア活動を「義捐・微助人」*1活動と表現してきたのは，誰でもその見返りを求めない活動が行えるからである。

---

*1　義捐（ぎえん）は，慈善や被災者を救うという趣旨で金銭，品物，労力を差し出すこと。「捐」には見返りを求めないという意味がある。

(2) どこでも行うことができる。

ボランティア活動は，場所も時間も選ばない。病院でも公園でも災害時の救援活動でも構わないし，一人でも集団でもボランティア活動は可能である。

(3) 臨時の活動である。

恒常的なボランティア活動はむしろ語義矛盾に近い。なぜなら，継続的，定期的に持続する活動ならば，社会運動体としてのNPOや財団法人などの資格をとったうえで行うほうが有効な活動になるからである。「義捐・微助人」と表現しても，日常的な義捐は成立しがたく，微助人のままの日常性もまた効果に乏しいからである。

誰かが一人ぼっちで寂しい時，電話で何かを問い合わせたい時，病気で入院した時の看病，貧困や災害時の援助などで役に立つボランティア活動は，当面の課題を解決したら解消されることが多いし，むしろそれが健全な姿である。

ボランティア活動参加の条件

ボランティア活動への積極的参加の条件としては，以下のようなまとめが可能であろう。

(1) マスメディアやミニコミなどを通して，ボランティア活動が求められている社会的現実を広く宣伝する。活動への参加は，コミュニティへの貢献に結びつく。しかもその経験が，個人の成長だけでなく，家族の協力と凝集性を導き，地元の社会問題の解決と発展をもたらし，地域のQOL向上なども用意する。これはまた，コミュニティづくりの基本理念に通じる。

(2) コミュニティ内部で生涯学習の機会を増加させる。生涯学習は成員が学校を卒業してからも継続する文化活動の一種であり，個人が新しい知識，技能，観念，情報リテラシーを学ぶ機会になる。したがって，生涯学習の実践は個人がもつコミュニティ意識を強化し，学習分野に応じたコミュニティ・リーダーを培い，裾野の広い市民参加の基盤を提供するという成果を生み出す。

(3) 定期的な生涯学習や臨時のボランティア活動はともに参加者のソーシャル・キャピタルの源泉になる。参加住民は毎回の活動で，交流と交友の機会が多くなるので，地域全体におけるソーシャル・キャピタルとしての蓄積も高まる。

成員は多くの場合にそのままでも人材（人財）になりうるのだが，恒常的には人的資源を発掘して，組織的な訓練を行うことも，活動計画に含めておきたい。そのための方策をこれまでのいくつかの調査結果から拾っておこう。

ボランティア組織および住民の訓練
(1) 定期的に固定メンバーによる会食会を行う。
　この事例としては，15年前に余市町豊浜地区での昼食会を紹介したことがある（金子，1995: 97-103）。10人程度の昼食会で，雑談を通してそれぞれの孤立と孤独を予防するという成果が見られ，孤独死の回避にも結びついていた。一人暮らしの高齢者でも地元で広い人間関係を築き，支えあうライフスタイルが可能であった。
(2) 定期的に専門家の講演や講習会を企画する。
　長野県の保健補導員（指導員）制度は40年以上の歴史をもつ。これは，地元の専業主婦を対象に自治体が派遣した保健師が生活習慣病の講義をして，その保健知識を学習した主婦が周辺の50～80世帯に応用する制度である。これは2年間の輪番制度であり，まさしく専業主婦を軸とした草の根の地道な活動ではあるが，20年連続の「日本一長寿」と20年以上続く「1人当たり老人医療費」の日本一少額という成果をもたらしている。人力，財力，物力，情報力などが交差する地点に，コミュニティが形成される。
(3) ボランティア活動への積極的動機づけを行う。
　ボランティア活動は定義によると自発性の活動ではあるが，自発性を刺激するには2つの方法が考えられる。1つは活動者の表彰，2つには賞状やメダルの授与である。またボランティア活動の本義からはそれるが，金銭面の支援としては「所得税減免」や「賞金」もある。ともかくコミュニティ事業への継続的な関与を増加させたければ，これらの方法の検討もまた望まれる。

社会資源の結合と運用
　社会資源は，人的資源，物的資源，財的資源，文化資源などに分けられる。また有形資源と無形資源にも大別される。一般に社会資源は**表7-4**のように分類できる。

表7-4　社会資源の4分類

1. 人的資源	専門家，リーダー，ボランティア，NPO
2. 物的資源	土地，地勢，天然資源，設備，施設，資材
3. 財的資源	資金，信用，時間
4. 文化資源	伝統，意欲，信念，規範，価値の観念

　これらは適宜組み合わされて，コミュニティ発展の原動力になる。コミュニティ活性化事業においてもまた，多様性と統合性を並存させた社会目標が位置づけられる。

　同時に，コミュニティ・ケアの理念が普及してきた。ケアを必要とする者が可能な限り在宅で生活するには，まずはコミュニティ・ケアを受け入れることになる。ただし第5章で詳論したように，現代日本では'care in the community'（公的入所・在宅福祉の整備中心）でもなければ，'care by the community'（地域社会を巻き込んで公私が参画）にも程遠い状態にあることはしっかり認識しておきたい。

　実際には，(1)近隣レベルでケアの対象者に配慮して，地域社会全体で可能な限り互いに協力して支えあうというライフスタイルを生み出す，(2)インフォーマルなネットワークの形成を図り，近隣のコミュニティ・ケアの推進に利用できるようにその有効性を高める，というコミュニティ・ケアの目標が設定される。

　その意味で，コミュニティ・アクションやコミュニティ・ケアが推進されてきた現状は，「少子化する高齢社会」にとって望ましい姿である。そのような経験を通して，基層的な社会単位としてのコミュニティに成員が参加しやすくなるからである。

コミュニティ意識の醸成

　コミュニティ・アクションの今後の発展にとっては，**表7-5**の4点への配慮が欠かせない。

　実際のところ，コミュニティは「地域共存共生社会」であり，成員の共通意識はコミュニティ・モラールとノルムから構成される。これがコミュニティ意識である。コミュニティ・モラールには，C（コミットメント），I（インテグ

第7章 サクセスフル・コミュニティの探求

表7-5 コミュニティ・アクションの生成要件

1. コミュニティにおける組織や団体への支援
2. コミュニティのリーダー育成と支援
3. コミュニティにおける相談サービスの提供
4. コミュニティ・レベルの日常的な福祉サービス推進

レーション），A（アタッチメント）が含まれる（12頁）。ノルムには，格差と平準，普遍と個別，個人志向と集合体志向などが含まれる（鈴木広編，1978b）。

　成員のなかで共有されるような「コミュニティ意識」はどのようにして得られるか。それはコミュニティに非日常的な争点があり，コミュニティ・アクションが行われる際にのみ芽生えるのか。日常的な生活環境のなかの環境保全，治安，美化，交通，娯楽などの地域社会問題との関連はどうか。

　台湾台北市では，長い間，多くの公園で朝からカラオケが行われている（金子，1997: 232）。市内のいくつかの公園では，老若男女の市民が自主的に参加して，台湾語，中国語，日本語などのグループに分かれて歌っている光景に出会う。それは日常的な市民交流の場面であり，近隣公園の有効利用が毎日なされており，コミュニティ意識の涵養にも役立っている。この事例は公共性というより娯楽の域を越えないが，コミュニティ発展への通過点ではありうる。コミュニティは経験の共有によるコミュニティ意識の醸成がなければ，そのシステムの運営ができないからである。

　とりわけ都市コミュニティの基本はアソシエーション的な契約と共同利益の融合にあるから，たとえばきだみのるが描き出したような卵販売をめぐる自然な集合表象（représentation collective）によってのみ維持されているわけではない（きだ，1967: 62-63）。ソーシャル・キャピタルが豊富にあっても，契約による第二次関係が多くを占めれば，表面的で一時的な接触しか起こらない可能性も十分にある。

国と自治体によるコミュニティづくり

　30年にわたり国策であったコミュニティづくりの事例を検討すると，その実績は地域生活の根幹をなす集会機能に有効な施設提供に偏重してきたといっ

てよい。公民館，コミュニティセンター以外にも，さまざまな名称で地域生活のスポットとしての集会施設への配慮がうかがえる。施設の建設，その周囲のインフラ整備，開発，維持，管理などが連なって，日本全国でコミュニティのQOL向上が模索されてきた。

　自治体が主導した環境保全，防災，防犯などの生活防衛としてのコミュニティ活用事例は豊富にある。現役世代の成員の多くは自分自身の安全や権益剥奪の恐れがあればコミュニティへの関心を維持する。しかしそれが消えれば，職場と家庭しか念頭におかなくなり，ワークライフバランスを優先して，全体としてのコミュニティへの関心が失われるという限界がある。

サクセスフル・コミュニティの人材（人財）

　成功したコミュニティづくりや運動では，一般住民の共感と支持を獲得している。反対運動はもちろん，推進運動や支援活動でも事情は変わらない。主要な人材は，小中学校に児童を通学させる保護者の世代であり，専業主婦が主力をなす。運動のなかで研修を重ね，問題となった社会現象に関心をもち続け，最終的には自治体の幹部や地元政治家との協力，対話，対立を経由して，「緊急コミュニティ」問題打開に活路を開く。

　リーダーが組織や運動体を牽引するのは当然であるが，周辺住民の支持と動員能力もまた，成功の条件になる。動員への効果はマスメディアの報道量と報道姿勢にかかっている。札幌で生まれた「よさこいソーラン祭り」は，その象徴である。ただし，最初に仕掛けたリーダーは早い時期から政治家への転身をめざしていたと見られるので，「祭り」そのものは最初から手段的に創造されたような印象が強い。

サクセスフル・コミュニティの活動内容

　どのようなコミュニティづくりがあらかじめ設定された社会目標に達することができるか，またどう進めるのかということも重要である。マスメディアの役割はもちろん大きい。そのうえで，コミュニティづくりにはモノを重視する動きと，ヒトの支援を重視する動きがあることに配慮したい。施設建設の推進は前者であり，一人暮らしの高齢者支援は後者に該当する。どちらの過程にお

いてもコミュニティ意識の涵養は進む。

　両者の中間的性格をもつコミュニティづくりも多い。地域での学習会，地区センターの図書室，小学校のクラス会などの出会いから，コミュニティづくりへの広がりが生まれることもある。コミュニティの公共性に関するテーマが学習され，それをきっかけに活動が開始されることも少なくない。有害図書追放運動など子ども育成の健全な環境づくりのために，その親が学習会に参加して実践するのは「知は力」そのものになる。

　精神面に関連するコミュニティ活動には文化活動が含まれる。都市の歴史の学習から始まり，郷土史，地名探求や古地図の再生，史跡訪問のイベントや，音楽，芸能，美術などの文化祭でも，コミュニティ意識が醸成される。また，環境に関連する活動には，コミュニティの環境緑化や美化活動がある。

ソーシャル・キャピタルの架け橋機能

　成員の社会参加促進は結論ではなく，出発点である。理念はコントの「秩序の目的としての進歩」と「進歩の条件としての秩序」にある。進歩は発展であり，改善であり，前進でもある。秩序は統合であり，連帯であり，凝集でもある。

　コミュニティ発展あるいはコミュニティ再生にとっても，ソーシャル・キャピタルの架け橋機能が有効である（144頁）。未知との遭遇でも旧知の間柄でも，ソーシャル・キャピタルが「架け橋」となり，親しい関係が創造され，維持され，問題処理力を発揮する。部分的な成員の集まり，Coming, Keeping, Workingは，コミュニティ形成の根幹を成す（23頁）。

　この方向をめざす自治体の役割は，経費援助，人的支援，研究調査情報の開示，および専門家による訪問指導である。コミュニティは，成員のニーズ，人的資源，組織活動，活動の場所などの関数として形成される。

第3節　少子化克服のための社会資源

合計特殊出生率だけでは限界

　長い間，合計特殊出生率は少子化の指標として活用されてきており，日本全

体の2003～07年の平均は1.31であった。それだけを見て、少子化が下げ止まりになったと指摘する向きもある。しかし、この指標に深く関連する年少人口数と年少人口率という2指標の動向から、この認識は成立しない。

たとえば2010年3月現在の総務省推計によれば、日本の年少人口（15歳未満）総数は1982年から29年連続の減少を記録して1,694万人となり、日本新記録が続いている。ちなみに1980年の年少人口数は2,705万人であったので、約30年間で1,000万人の減少となる。

同じく年少人口率（全人口に対する15歳未満人口の割合）は13.3％となった。これは36年連続の低下を意味しており、日本新記録を更新した。1980年の年少人口率23.5％から、約30年で10％の低下である。平時において、短期間で若い世代がこれだけ減少した歴史はほかにない（**図7-1**，**図7-2**，**表7-6**）。

さらに、2007年の世界192ヵ国のうち、人口4,000万人以上をもつ国は26ヵ国を数えるが、日本の年少人口率はこの国々のなかで最下位である。これは世界新記録として位置づけられる。

このような新記録続出のなかで気がかりなのは、幼くなるほど5歳ごとの人口総数が少なくなるという事実である。**表7-7**は、合計特殊出生率指標の推移だけでは少子化論議が不十分であると教えてくれる。そして、停滞する合計特殊出生率とともに、年少人口数と人口率が連続減少している事実を重視すれば、現代日本社会は少子化の解消からは程遠いといわざるをえない。現状は合計特殊出生率の下げ止まりよりもむしろ、マクロ的な少子化の進行と人口減少が鮮明なように思われる。

日本人総数の50年半減説

国立社会保障・人口問題研究所は、日本人総数の50年半減説を精度の高い予測値として発表してきた。2006年と2008年での予測は**表7-8**の人口推計値ＡＢのようになっている。Ａは合計特殊出生率が1.26、出生性比（女子出生100に対する男子出生の値）が105.3、平均寿命が男性78.5歳、女性85.5歳として得られた推計値である。

一方、Ｂは合計特殊出生率が1.37、出生性比が105.2、平均寿命が男性79.29歳、女性86.05歳とした推計値である。

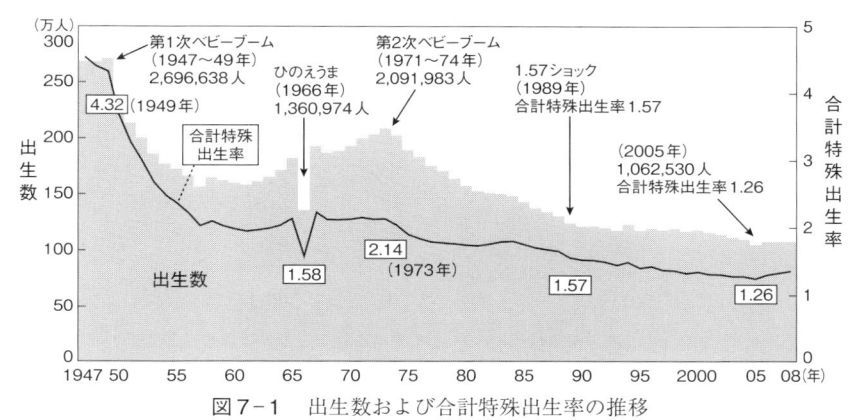

第7章 サクセスフル・コミュニティの探求

図7-1 出生数および合計特殊出生率の推移
(注) 1947～72年は沖縄を含まない　(資料) 厚生労働省「人口動態統計」
(出典) 内閣府『子ども・子育て白書』(2010) 同ホームページ

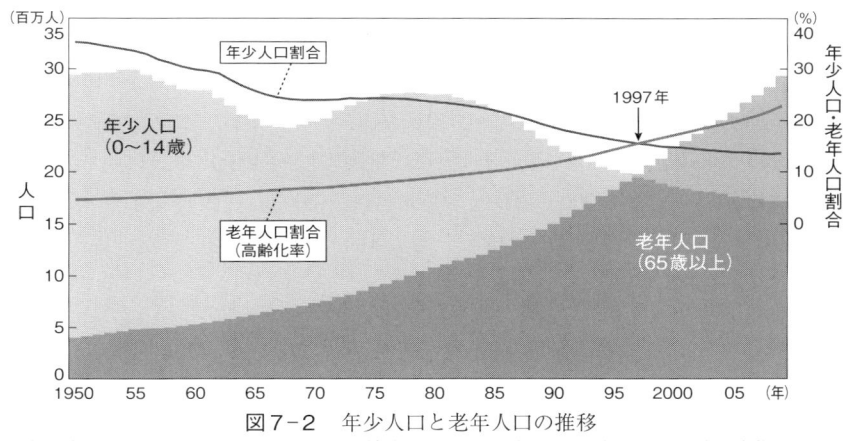

図7-2 年少人口と老年人口の推移
(資料) 総務省「国勢調査」「人口推計」(各年10月1日現在推計人口)をもとに内閣府作成
(出典) 内閣府『子ども・子育て白書』(2010) 同ホームページ

表7-6 高度成長期の合計特殊出生率

1955(年)	2.37
1960	2.00
1965	2.14
1970	2.13
1972	2.14

(出典) 表7-8と同

表7-7 5歳ごとの年少人口 (2010年3月)

年齢(歳)	人口(万人)	年齢(歳)	人口(万人)
0～4	537	0～14	1,694
5～9	564	0～19	2,301
10～14	593		
15～19	607		

(注) 総務省推計値　(出典) 同ホームページ

表7-8　将来の人口推計（A：2006年，B：2008年時予測）

年次	A人口推計値（千人）	B人口推計値（千人）
2005	127,768	127,768
2050	87,302	92,014
2100	39,053	46,632
2150	17,161	23,617
2200	7,531	11,953
2250	3,306	6,053
2500	54	201

（注）A：合計特殊出生率1.26，出生性比105.3，平均寿命男性78.5歳，女性85.5歳とした推計値
　　　B：同1.37，105.2，79.29歳，86.05歳とした推計値
　　　2005年は確定値
（出典）国立社会保障・人口問題研究所編『人口の動向　日本と世界2007』厚生統計協会（2007: 47）
　　　　『人口の動向　日本と世界2010』厚生統計協会（2010: 47）

　この驚くべき予測値に日本の政治家，官僚，マスコミ，企業，組合，研究機関，NPOなどは鈍感であり続けている。2050年には現在よりも人口がほぼ4,000万人少なくなる「50年人口半減法則」の確実な作動が，表7-8から読み取れる。約90年後の人口は実に4,000万人前後になると，国立法人が予測しているのである。しかし，これまでの20年間の政府少子化対策は百年河清を俟つに等しい（金子，2003; 2006a; 2006b; 2007; 2009a）。政府による集中的な資源投下による「待機児童ゼロ作戦」も「両立ライフ」支援策も，少子化対策としては不首尾に終わった（109～111頁）。

　以上のように，少子化を表わす3指標を総合点検すると，日本では子どもが生まれにくい状態が続くといわざるをえない。この状態から脱却する方策は各方面で模索されてきたが，依然として単一の特効薬は見当たらない。

新しい角度からの少子化対策

　私はこの失われた20年を反省して，日本における歴史的事実に学んで，もう少し広い観点から問題をとらえ直してみたい。たとえば1955～72年の高度成長期では，社会成員の老若男女すべてが貧しくはあったが，社会全体の階層格差が小さく，産業活動は活発であり，大都市の人間関係のなかで子育て協働も健在であり，増子化が基調であった（金子，2009a: 99-140）。社会全体で上昇する産業活動，全職業分野で勤労意欲の高い人々が従事する経済活動，「所

第7章　サクセスフル・コミュニティの探求

表7-9　札幌市・大分市と道県市部合計特殊出生率上位4〜5市の比較（2003〜07年平均）

	合計特殊出生率	年少人口率（％）	第1次産業率（％）	第2次産業率（％）	持家率（％）	住面積（m²）	製造品出荷伸び率（06/07）
札幌市	1.01	12.4	0.4	15.9	48.1	80.48	＋
1. 根室市	1.61	13.8	19.8	25.0	64.3	104.79	＋
2. 名寄市	1.59	12.8	14.5	13.2	60.5	96.77	＋
3. 留萌市	1.50	12.7	3.6	24.9	52.0	96.90	＋
4. 稚内市	1.49	13.0	7.9	23.4	54.5	99.32	＋
大分市	1.38	14.9	2.5	22.6	54.6	88.47	＋
1. 日田市	1.65	14.2	11.6	27.2	69.7	122.54	＋
2. 中津市	1.63	14.6	7.7	31.1	68.2	106.67	＋
3. 竹田市	1.59	10.4	33.2	15.4	81.6	113.05	－
4. 宇佐市	1.57	13.3	14.3	30.2	79.2	118.36	＋
5. 豊後高田市	1.57	12.5	18.3	27.9	80.9	119.40	＋

（資料）総務省統計局編『統計でみる市区町村のすがた2010』；東洋経済新報社編『地域経済総覧2010』；同『都市データパック2010』

得倍増」に典型的な将来の収入増加への期待，大都市でも見られた子育て協働などが，高度成長期の子育てに有効に作用して，増子化に結びついた。高度成長期の合計特殊出生率は表7-6のように平均で2.00を越えていたが，それは産業活動が活発で，年功序列や終身雇用も含めて働く男女に将来への確実な希望があったからであろう。

このような事実認識から何を学び，それから40年後の今日の日本において，どうすれば少子化対策の効果が生まれるかを考えてみる。資料として取り上げるのは，2003〜07年の5年平均「北海道市部合計特殊出生率」と「大分県市部合計特殊出生率」である。これらを比較して，新しい少子化対策についての何らかのヒントを得てみたい（表7-9）。

2010年4月現在で過疎地域市町村が全国に占める比率は44.9％，人口は8.8％にすぎないが，面積は57.3％にも達する（総務省自治行政局過疎対策室，2010，本書図6-5）。取り上げた北海道の過疎市町村率は79.8％，大分県は88.8％になっていて，ともに深刻な過疎問題に直面している。

表7-9の上部は5年平均の「北海道市部合計特殊出生率」の上位4市であ

り，下部は大分県の上位 5 市である。人口過疎に直面する市部で 1.5 以上の数値が出ている。合計特殊出生率とともに，子育てに関連すると見られるいくつかの指標を付加すると，特に説明が必要な指標は，住面積であろう。これは住宅の床面積，すなわち居住室，玄関，台所，トイレ，浴室，押入れ，廊下，農家の土間，店や事務所に使用する床面積の合計である。アパート，マンションの場合は，共同で使用している廊下や階段の面積は除いてあり，いわば住宅の専用部分だけの床面積になっている。

住宅の増子化効果

一般に住面積が広ければ，小学校の高学年から「子ども部屋」を用意できることになる。2005 年の都道府県データにおいて合計特殊出生率を被説明変数とした重回帰分析でも，「居住室数」による出生率の説明力の高さが判明している（金子，2007: 180-182）。出産への動機づけの一つには，子どもへの教育投資の実現性があるから，「子ども部屋」を設ける可能性が高ければ，もう一人産むという仮説への根拠にもなっている。「子ども部屋」は年収からも強い影響を受けるし，地価や住宅価格によっても左右される。一般的には，ある程度経済力に富み，地価が安く，住宅価格が手ごろならば，広い住面積の家が手に入り，したがって「子ども部屋」ができ，「居住室数」は確実に増加する。

この観点からデータを見直すと，少子化が顕著な札幌市や大分市とは異なり，北海道の上位 4 市や大分県の 5 市では，相対的に住面積が広い。たとえば，札幌市と名寄市では $16m^2$ の差があるし，大分市と中津市でも $18m^2$ の差がある。この差はやや広めの「子ども部屋」を用意できる可能性を示唆する。

表 7-9 で「製造品出荷伸び率」を合計特殊出生率の指標としたのは，産業活動が活発ならば，そこで製造される商品の出荷額は伸びると考えたからである。確かに，竹田市を除く 8 市では「伸び」が認められた。もちろん少子化が進んだ札幌市と大分市も「伸び」ているから，「製造品出荷伸び率」だけでは合計特殊出生率の説明にはならない。

しかし，これに持家率と住面積を加味すると，札幌市と大分市の持家率は低く，住面積も狭くなってしまうが，合計特殊出生率の高い 9 市ではどちらも住面積が広いという結果になる。このように指標をいくつか重ね合わせると，合

第7章　サクセスフル・コミュニティの探求

計特殊出生率の説明にも有効なように思われる。

活発な産業活動

　農業や製造業に限らず，一般的に産業活動が活発であれば，そこで働く若い男女の勤労意欲が高まり，将来生活設計への確実な希望が生まれる。小さな事例として，十勝管内足寄町の動向にその根拠が求められる。

　足寄町の人口は2010年7月現在で7,900人程度であるが，合計特殊出生率の5年平均で見ると，1998〜2002年が1.57だったのに，2003〜07年では1.74にまで上昇している。北海道内市部の第1位は根室市の1.61だったから，この数値はかなり高いといってよい。

　この理由の一つが将来性に富む放牧酪農であり，もう一つが保育ママの導入である。すなわち製造品出荷額を見ると，06〜07年増加率が5.3％と上昇していることに象徴される活発な経済活動と，保育ママという社会的子育て支援の存在が，合計特殊出生率を押し上げたと見られる。

　まず，活発な経済活動が合計特殊出生率の上昇に寄与したと認められる。なぜなら，将来性のある放牧酪農に，この数年で9世帯が新規就農したからである。道外出身で農家の子弟ではない大学卒の若者たちが集まったことから，17人の子どもが生まれたのである。

放牧酪農

　放牧酪農とは，自然の中で牧草を最大限に活用して行う酪農のことであり，その対極には畜舎内で穀物飼料を大量に与えて乳量を追求する大規模酪農がある。足寄町の山間地では農地価格が安く，放牧酪農に適していたことも追い風になった。10aあたり5〜10万円の土地代金も新規就農には魅力であった。同時に穀物飼料の高騰に影響されないという経済性もプラスになった。

　足寄町の放牧酪農はやや偶然にめぐまれた社会資源ではあるが，それをうまく利用した新規参入の若者を町が支援したことも大きい。1998年から新規就農者への奨励金制度を設け，2004年には「放牧酪農推進のまち」宣言をして，現在は最大で960万円の支給をするに至った。

　そのうえで出産後いずれ必要になる「子ども部屋」が可能な住環境が加われ

ば，結婚件数も出産件数も漸増すると考えたい。

子育て支援の現状と課題

20世紀末から今日までの20年のように，先行きが暗ければ誰しも自らの将来設計を立てにくく，結婚に踏み切れない。高度成長期の歴史から現状を見ると，若い男女の将来を暗くしている派遣という雇用実態と法の撤廃は急務となる。正規の職場の確保こそ若者の将来設計の基盤であり，都市の産業活動が活発になる条件である。ここでは，農業でいわれる「田をこしらえたら，米ができる」（越智，1982: 171）の発想を少子化対策に応用して，産業活動を軸とした社会全体の動きが活発になれば，個人が判断する結婚と出産も数的に漸増するという命題を強調しておきたい。

この観点から，20年来政府の少子化対策の中心になってきた「待機児童ゼロ作戦」は，いかにも小手先の対応であったと総括できる。そこには「少子化は社会変動」という社会全体の視点が皆無だった（金子，2003）。保育所の増設はもちろん必要だが，利用者はゼロ歳から5歳までの児童全体の2割程度にすぎない（119頁，図5-3）。

札幌市でも全国でも，この傾向は不変である。特に5歳児までの平均でも半数の児童が在宅保育の現状からすると，働く母親しか利用できない保育所の機能は限定される。だから20年間の「待機児童ゼロ作戦」は，少子化対策の効果として増子化への反転をもたらさなかったのである。

私は札幌市子育て支援総合センター利用者調査結果から，大都市における保育動向を把握している（116〜119頁）。子育て負担感は，経済面，精神面，身体面，時間面の4通りに分けられる（金子，2007: 110）。このうち精神的負担は，子どもの行動や態度から発生するものと，母親や妻としての日常的時間が足りないという2側面の負担感に分けられる。

子育て不安の緩和

もちろん働く母親も専業主婦の母親も，子育てに伴う負担感は大きい。とりわけ都市における子育ての不安要因の筆頭には，母親の孤立感がある。この孤立感は，子育てに苦労しているのは自分一人という強迫観念に，容易に転化す

る。

　この緩和には,「人は良薬である」という立場から, 母親が自ら獲得した子育て経験者との交流や子育て中の交友関係（ソーシャル・キャピタル）の支えが役に立つ。もちろん, 自らの子どもの世話を一時的でも他者に任せるのに不安をもつ母親もいる。反面, 夫の親と同居し, 姑の意見と自分の方針が合わないこともあり, むしろ他者である子育て経験者に依頼しようとする場合もある。

　不定期にではあるが, この数年間, センターを利用する母親たちにインタビューをしてきた経験からすると, 子育て中の支援として欲しいのは, いつでも安心して預けられる施設, そして子どもの病気などに速やかな対処ができる職場という回答が多かったように思われる。同時に「ゴミ有料化でオムツ費用がバカにならない」といった理由で, 金銭的支援が挙げられることも多かった。子育てサービスの支援者は, 身内ならばせいぜい祖父母までで, 全部を他人任せにしたくないというのが, 回答の最大公約数であった。

社会資源としての保育ママの活用
　最近ではこのような施設面の子育て支援に加えて, 北海道のいくつかの町村で行われている「保育ママ」の制度もまた, 専業主婦の子育てまで応援できるという意味で, 役立っている。たとえば, 先に紹介した足寄町では2007年度から「保育ママ」を公的資金で支援するようになった。利用者は保育所の保育料と同額の利用料を町役場に払う。2010年現在で平均保育料は月額約3万円であり, それを負担すれば, 町が認定した保育ママに子どもを預けられる。町は1人当たり月額7万円を保育ママに支払う。すなわち, 保育ママは生後6ヵ月以上の1人の子どもを預かると, 月額で10万円の収入になる。現在は保育ママ7人が乳幼児7人を預かっている。

　2000年度に始まったこの事業では, 保育ママの資格要件が満たされれば, 政府と道庁からそれぞれ事業費の3分の1が助成される。足寄町は道内で初めての対象となった。

　このように子育ての現状において, 周囲の協力としての「保育ママ」の活用と, 将来の安定した働き方の実践は, 行政, 企業, 子育て家庭, 地域社会の四本柱で支えられる。ここから私は, 旧来の少子化対策を越えた新しい増子化プ

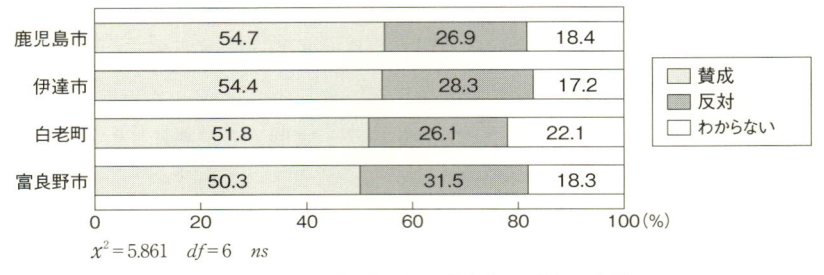

鹿児島市	54.7	26.9	18.4	
伊達市	54.4	28.3	17.2	
白老町	51.8	26.1	22.1	
富良野市	50.3	31.5	18.3	

凡例：賛成／反対／わからない

$x^2 = 5.861 \quad df = 6 \quad ns$

図7-3　金子案「子育て基金」に対する意見

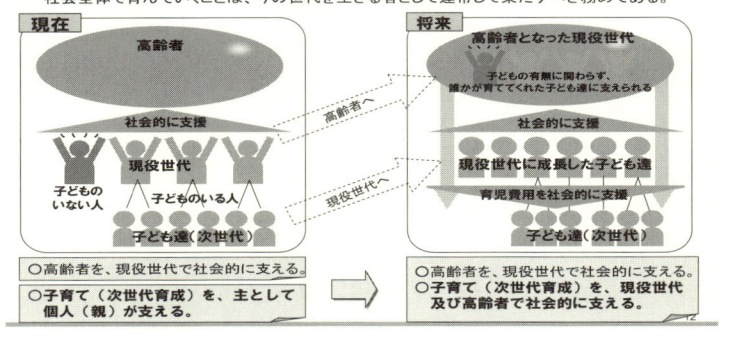

図7-4　佐賀県の育児保険モデル　（出典）佐賀県ホームページ

ランを引き出せると考える。

「子育て基金」への判断

　経済面の子育て負担軽減策には，私がこの10年来主張してきた「子育て基金」（金子，2003）を取り上げたい。私の基金案は30歳以上の国民が年間で5万円，年金受給者はその1割を子育て支援に拠出するというプランである。図7-3のように，2003年から開始した4都市調査（各都市で無作為抽出した500人を対象。24頁，140頁）では，「子育て基金」「賛成」が5割を越え，「反対」が3割，「わからない」が2割という反応が得られ，4都市間の相違があるとはいえなかった。しかし，新規負担に応じる住民の比率は軒並み半数を越えた。

　私の「子育て基金」に最も近い構想は2005年に発表された佐賀県の「育児

保険」(図7-4)である。佐賀県の場合，20歳以上の全国民が毎月2,100円を保険料とするという違いがある。

都道府県や市町村でも，このような社会全体の負担に基づく基金によって次世代育成をはかり，合計特殊出生率の反転をめざす考え方を共有したい。

民主党の「子ども手当て」は子育て家庭への直接的な現金給付であるという点では「子育て基金」や「育児保険」に類似しているが，その財源の議論が皆無であるところに欠陥がある。財政上の節約や見直しだけでは，「子ども手当て」の長期的な維持は不可能である。社会全体による負担のなかに「子育てフリーライダー」*2を取り込みつつ，人口減少社会における社会的公平性を堅持しながら，子育て家庭への直接支援がなされることが，効果が見込まれる実践的な少子化対策事業に結びつく（金子，2006a）。

第4節　相違の恐怖の克服

多方面での活用

コミュニティの定義と方法を学び，内外の理論・学説と調査データを読み進み，操作概念として総合的な活用を心がける際に，必ず直面する疑問がある。コミュニティが社会学にとって有無をいわせぬ重要な意味をもちながらも，同時にあまりにも漠然とした内容を包摂することから，終わりの見えない永久運動を強いられる気分に襲われる。

現状分析から社会目標，政策までの多方面においてこれほど活用される社会学概念も少ないが，学術用語としてのコミュニティはあまりにも曖昧模糊としており，すっきりした理解を与えてくれない。

『コミュニティの社会理論』(1982)から『社会分析』(2009a)までの期間，私はドン・キホーテさながらに，この曖昧さに向かって，ある時は直進して，またある時は迂回路を求めて，コミュニティを媒介にした社会学の知見を蓄積しようと心がけてきた。「都市化とコミュニティ」，「高齢化と地域福祉」，「少

---

*2　年金研究者高山憲之(2002)の成果を応用して，金子が造語した(2003: 3-4)．自分では子どもを産まず育てず次世代育成費用を逃れ，高齢になると次世代が支える年金，介護，医療を享受するライフスタイルの人々をさす．

子化と子育て支援」という35年間を貫く主題は、まさしく「コミュニティの探求」(ニスベット)であった。その経験から降り立ったところが本書の主題になった。

社会システム特性のなかで「集合体志向」が薄れ、個人主義の様相が濃厚な「私化」(privatization)が普遍化した現代都市では、個性が尊ばれ、自己責任が当然視されている。しかし家族、地域、組織のいずれにおいても、そこに集積する個人の人生はそれぞれに社会性を帯びた積極的関係を確立する。自己責任に隣接する個性重視という基本的傾向は受け入れながらも、同時に人間は自分一人だけで孤立した生活や人生を送ることは困難だから、「群居の欲望」(高田、1971〔2003〕：45-48)もまた払拭されることはない。

地域性を伴う群居

一般的にいえば、群居は地域性、組織性のどちらに依拠しても成り立つが、個人は60歳を過ぎた頃から職場という組織を失い始めると、地域性に頼る以外に群居ができなくなる。無職に加えて住所不定にはなりたくないと願う人は多いはずである。すなわち高齢者とその配偶者は、一定の住所に定住して、地域の中の群居を志向せざるをえなくなる。

それをコミュニティにおける連帯性や凝集性と読み換えて、「少子化する高齢社会」におけるコミュニティネスを探求してきたのが、35年間の私の主題であった。

相違の恐怖の緩和

私の試みは、結局のところ現代社会に蔓延する「相違の恐怖」(fear of difference)＊3を緩和させることにつながる。ジェンダー、世代、階層、コミュニティ、健康などの「相違」についての理解を深めて社会的寛容性を広げることで、「相違」を越えた信頼と協力を見出していく(Cantle, 2005: 188)。これには社会全体の「真実」(truth)と「寛大さ」(forgiveness)の追求が基本原則になる。

＊3　コミュニティのなかの異質な他者として身近な例は、若年世代と高齢世代、在日外国人コミュニティ、性的マイノリティ、ホームレスなどが挙げられる。

第7章　サクセスフル・コミュニティの探求

　もちろん社会システムのなかの相違，分離，棲み分け，差別への恐怖は，「少子化する高齢社会」におけるコミュニティ論だけでは解消できない。とりわけ，エスニシティや人種までの要因が加わった現代都市において，国際化をはじめとして考慮すべき変数も多くなるために，「相違の恐怖」の解消は簡単ではない。なぜなら，人種的平等の促進を結論とするエスニシティ研究＊4でも，一人暮らし高齢者支援や生活保護受給においても，広い意味での「平等問題」は，住宅の提供，就職への公平なアクセス，行政サービスの確保，学校教育の機会均等を保障するところからしか解決の見通しが得られないからである。

　この「平等」や「公平」の観点から，「少子化する高齢社会」における子育て支援や高齢者支援において，コミュニティ間の「架け橋」をどのように創造できるかは，日本政治における長年の政策課題であるとともに，現段階における社会学の有効性への問いかけでもある。すでに得られている知見としては，コミュニティの「凝集性」の促進が挙げられるが，その具体的方法についての議論はまだ不十分な段階にある。

　一般論としては，新しい個人主義に沿う「連帯性」の存在が必要であり，そのためには寛容と相互信頼こそが，異なった背景の人々の間で各々の伝統への理解を促進し，結びつけるという指摘はある。ただ，高齢者，社会的弱者，外国人と日本人それぞれの間にあるはずの「連帯性」創出の具体的方法が不鮮明なままに残っている（Hage, 1972＝1978: 25）。

　長年にわたる内外のコミュニティ研究には膨大な蓄積があるので，「コミュニティの凝集性は寛容性を増進し，異なった集団を受容し，平等と統合を促進する」（Cantle, *op. cit.*: 209）という知見を活かした理論化の補助線でも展開できれば，本書のねらいは達成される。

接触による対話と相互作用

　まずはコミュニティ・レベルでの「相違の恐怖」を緩和する方法を，具体的な事例によって解明することである。

　「相違の恐怖」は個人，家族，地域社会のどのレベルでも起こるから，周囲

　＊4　日本の都市社会のエスニシティ研究は，1988年から始まった奥田道大らの新宿・池袋のアジア系ニューカマーズ調査を嚆矢とする．

の支援を受け，地域社会全体の理解と寛容を促進して，相違を前提とした受け入れ活動を強化するために，異質な集団同士の接触が求められる。このコミュニティづくりのきっかけは，互いに分離する領域，たとえば教育，雇用，信仰，文化，レジャーなどでも構わない。あるいは『ミドルタウン』のように，生活費獲得，家庭生活，青少年育成，余暇活動，宗教活動，地域活動などでも十分である（第4章）。地域における共存は，街頭，近隣，小中学校，高等学習施設，病院，スポーツクラブ，企業，商店，スーパー，コンビニ，地区センター，コミュニティ集団，宗教集団などで行われる。

それらの場面で，接触の頻度が段階的なコミュニティの凝集性を用意する。コミュニティの凝集性の基本は，異なる地域で違う方法で交流する人々をそれぞれに孤立させないようにすることにある。まずは，ジェンダー，性愛の好み，世代，階層，コミュニティ，健康の相違を越えて，共通の言語による頻繁な対話と相互作用を行うことがその入口になる。たとえ「相違の恐怖」があっても，真摯な対話は共同価値を発展させるという性善説に依拠してみたい。

そうすると，架け橋の対象は，「自分たちのような人々」(people like us) と「自分たちとは違う人々」(people not like us) に大別できる（Cantle, op. cit.: 186）。どちらを重視してもコミュニティ凝集性として，共通の言語，文化，相互作用から醸し出される帰属感が芽生える。先に取り組む対象はどちらでも構わない。

国際化と高齢化が同時進行する日本都市でも，境界を越えないままの「相違の恐怖」と，それを越えることで発生する「相違の恐怖」が共存する段階に入っている。地域社会で暮らす人々が，階層や世代や宗教などの文化的な境界を越えて，積極的な相互作用の結果として，意味のある社会関係と相互扶助をどのように創造できるか。

共通の展望と帰属感

両方の「相違の恐怖」を緩和するには，分離した属性をもつ多くの主体間にいくらかでも共通の展望と帰属感を育むことにつきる。それには表7-10でまとめた内容を考慮したい。

パーソンズのパターン変数である「手段性」と「表出性」を利用すれば，こ

表7-10　相違の恐怖克服の3条件

1. 社会成員が，ジェンダー，世代，階層，健康において多様なことを理解する
2. 異なった主体間に，共通の制度や類似の生活機会を創造する
3. 強い相違の間に，横断的な接触と関係づくりの機会を発展させる

のような手段的コミュニティ凝集性の創出は，自治体による公共サービス，民間の私企業活動，各層の共生を求めるボランタリーな活動努力に依存するように思われる。公共サービスは表出性に該当し，同時に私企業の活動と成員のボランタリーな活動もまた表出性を補う。

表出性の象徴が特定目標の共有である。これは世代や階層だけではなく，エスニシティさえも相違する主体群がもつアイデンティティの収斂を促進し，異なった利害間における連合や結合を創造する。たとえば，'We all belong to Canada.' を共通目標にできるか。それが困難でも，代わりの 'One Scotland, many cultures.' を展望できるか（Cantle, *op. cit.*: 166）。

展望の方向を阻害する要因としては，異なる信仰，文化特性，エスニシティの相違がある。もちろん展望そのものは「短命な概念ではない」（*ibid.*: 170）。キャントルが提起した 'overarching goals' はほぼ 'common aims' なのだから，多様性のある積極的将来像を促進して，偏見と不寛容に取り組む努力を開始するしかない。

公平・平等な社会環境

相違を示す主体群のなかで，さしあたり雇用と住宅をはじめとする社会環境づくりに特化したい。それは QOL 指標である程度は測定可能であり，いくぶんかでも地域のなかで「相違の恐怖」を緩和する作用をもつであろう。成員のジェンダー，性愛の好み，世代，階層，コミュニティ，健康の変化は，開放性を必要とするはずである。それらの一部でも利害の一致があり，「相違の恐怖」を緩和できなければ，コミュニティの凝集性は進まない（*ibid.*: 179）。

公式，非公式に，そして間接的，直接的に，不利な扱いを受けやすいマイノリティに社会資源を集中する原則は，エスニシティだけではなく，高齢者，生活保護受給者，ホームレスなどにも応用できる。地域社会における公平性・平

等性の保証は，コミュニティ凝集性の創出にとって決定的に重要である。

現世利益

日常的な接触，相互信頼の発達，理解への努力が，偏見や差別を生む「相違の恐怖」を縮小するので，戦略的な展望の創造として，社会参加や社会的相互作用には利益があるという「現世利益」効果を示したい。

「現世利益」の志向には，①伝統と背景に基づく帰属感の涵養，②差別と不平等解消への取り組み，③居住地への誇りの増大，などが指摘される。その方法は，定期的な接触，偶然の会合，情報交換などに収束するが，これらは社会的接触の増進と異質集団における信頼と互恵性の創造を助ける（$ibid.$: 186）。

これによってコミュニティ凝集性の改善が引き出され，意欲と機会が高まり，分離と不満は減少する。個人における内的凝集性の達成には，成員の正直さ，地域への関与の維持，規範の遵守，地域生活上における依存可能な義務の遂行，関係の互恵性強化など，総体的には徳を増進させる方向がある。それには行政や社会集団が仕掛ける明確な戦略が必要であり，挑戦や競合が強調される。

おそらくは，「持続可能なコミュニティづくり」を標榜するだけでは何も解決しないから，インフォーマルな社会的相互作用とフォーマルな施設・場所で，社会的接触の機会を極大化する新しい地域デザインが求められるであろう。

その意味で，「コミュニティ凝集性は，一方で文化横断的な関係の構築を求めながら，異なるレベルの団体（職場，学校，近隣）とあらゆるコミュニティへの帰属感を強調して，基本的不平等性にしっかり取り組む」（$ibid.$: 212）ような戦略こそが，サクセスフル・コミュニティにとって現実的，漸進的，有望であると思われる。

参考文献

青山泰子, 2011,「地域医療の展開と医療過疎」金子勇編『高齢者の生活保障』放送大学教育振興会, 104-115.

新睦人, 2004,『社会学の方法』有斐閣.

新睦人・盛山和夫編, 2008,『社会調査ゼミナール』有斐閣.

Bailly, S., Brun, P., Lawrence, R. J. & Rey, M. C.(eds.), 2000, *Socially Sustainable Cities: Principles and Practices*, Economica.

Bauman, Z., 2001, *Community: Seeking Safety in an Insecure World*, Polity Press. (=2008, 奥井智之訳『コミュニティ――安全と自由の戦場』筑摩書房.)

Bayley, M., 1973, *Mental Handicap and Community Care: Study of Mentally Handicapped People in Sheffield*, Routledge & Kegan Paul.

Beck, U., 1986, *Risikogesellschaft Auf dem Weg in eine andere Moderne*, Suhrkamp Verlag. (=1998, 東廉・伊藤美登里訳『危険社会――新しい近代への道』法政大学出版局.)

Bellah, R. N. et. al., 1985, *Habits of the Heart: Individualism and Commitment in American Life*, University of California Press. (=1991, 島薗進・中村圭志訳『心の習慣――アメリカ個人主義のゆくえ』みすず書房.)

Bender, T., 1978, *Community and Social Change in America*, Rutgers University Press.

Bergson, H., 1934, *La pensée et le mouvant*, Presses Universitaires de France. (=1998, 河野与一訳『思想と動くもの』岩波書店.)

Blakely, E. J. & Snyder, M. G., 1997, *Fortress America: Gated Communities in the United States*, The Brookings Institution Press. (=2004, 竹井隆人訳『ゲーテッド・コミュニティ――米国の要塞都市』集文社).

Blau, P.M.(ed.), 1975, *Approaches to the Study of Social Structure*, The Free Press.（＝1982, 斎藤正二監訳『社会構造へのアプローチ』八千代出版.）

Burawoy, M., 2005, "2004 American Sociological Association Presidential Address: For Public Sociology," *The British Journal of Sociology*, Vol. 56, No. 2: 259-294.

Cantle, T., 2005, *Community Cohesion: A New Framework for Race and Diversity*, Palgrave Macmillan.

Carpiano, R., 2008, 小松裕和訳「健康に影響をおよぼす近隣の実体的・潜在的リソース」カワチほか編『ソーシャル・キャピタルと健康』日本評論社, 33-149.

Clements, D., 1981（2008）, "Faking Civil Society," in D. Clements, et. al.(eds.), *The Future of Community: Reports of a Death Greatly Exaggerated*, Pluto Press.

Cohen, A. P., 1985, *The Symbolic Construction of Community*, Ellis Horwood Ltd.（＝2005, 吉瀬雄一訳『コミュニティは創られる』八千代出版.）

Comte, A., 1822, *Plan des travaux scientifiques nécessaires pour réorganiser la société*.（＝1980, 霧生和夫訳「社会再組織に必要な科学的作業プラン」清水幾太郎編集『コント　スペンサー』中央公論社, 51-139.）

Comte, A., 1844, *Discours sur l'esprit positif*.（＝1980, 霧生和夫訳「実証精神論」清水幾太郎編集『コント　スペンサー』中央公論社, 147-233.）

Dahl, R. A., 1961, *Who Governs?: Democracy and Power in an American City*, Yale University Press.（＝1988, 河村望・高橋和宏監訳『統治するのはだれか？――アメリカの一都市における民主主義と権力』行人社.）

Delanty, G., 2003, *Community*, Routledge.（＝2006, 山之内靖・伊藤茂訳『コミュニティ――グローバル化と社会理論の変容』NTT出版.）

Drewnowski, J., 1976, *On Measuring and Planning the Quality of Life*, Uitgeverij Mouton & Co. B.V.（＝1977, 阪本靖郎訳『福祉の測定と計画』日本評論社.）

Durkheim, É., 1893, *De la division du travail social*.（＝1989, 井伊玄太郎訳『社会分業論』〔上下〕講談社.）

Durkheim, É, 1895, *Les règles de la méthode sociologique*.（＝1978, 宮島喬訳『社会学的方法の規準』岩波書店.）

Durkheim, É., 1897〔1960〕, *Le suicide: étude de sociologie*, nouvell édition,

Presses Universitaires de France.（＝1985, 宮島喬訳『自殺論』中央公論社.）

Durkheim, É., 1925, *L'éducation morale*, Libraire Félix Alcan.（＝1973, 麻生誠・山村健訳『道徳教育論』明治図書.）

Etzioni, A., 1996, *The New Golden Rule: Community and Morality in a Democratic Society*, Basic Books, A Division of Collins Publishers.（＝2001, 永安幸正監訳『新しい黄金律――「善き社会」を実現するためのコミュニタリアン宣言』麗澤大学出版会.）

Etzioni, A., 2001, *Next: The Road to the Good Society*, Basic Books.（＝2005, 小林正弥監訳『ネクスト――善き社会への道』麗澤大学出版会.）

Fischer, C. S., 1984, *The Urban Experience*, Harcourt Brace Jovanovich.（＝1996, 松本康・前田尚子訳『都市的体験――都市生活の社会心理学』未来社.）

Franklin, A., 1890, *L'hygiène: état des rues-égouts-voiries-fosses d'aisances-épidémies-cimentières*.（＝2007, 高橋清徳訳『排出する都市パリ――泥・ごみ・汚臭と疫病の時代』悠書館.）

Fromm, E., 1941, *Escape from Freedom*, Rinehart.（＝1951, 日高六郎訳『自由からの逃走』東京創元社.）

Fromm, E., 1955, *The Sane Society*, Rinehart & Co. Inc.（＝1958, 加藤正明・佐瀬隆夫訳『正気の社会』社会思想社.）

藤松素子編, 2006, 『現代地域福祉論』高菅出版.

藤澤研二, 2003, 『コミュニティパワーの時代』水曜社.

舩橋晴俊・長谷川公一・飯島伸子編, 1998, 『巨大地域開発の構想と帰結――むつ小川原開発と核燃料サイクル施設』東京大学出版会.

船津衛・淺川達人, 2006, 『現代コミュニティ論』放送大学教育振興会.

Gans, H. J., 1982, *The Urban Villagers: Group and Class in the Life of Italian-American*, Free press.（＝2006, 松本康訳『都市の村人たち――イタリア系アメリカ人の階級文化と都市再開発』ハーベスト社.）

Giddens, A., 1989, *Sociology*, Polity Press.（＝1992, 松尾精文ほか訳『社会学』而立書房.）

Glaser, B. G. & Strauss, A. L., 1967, *The Discovery of Grounded Theory*, Aldine Publishing Co.（＝1996, 後藤隆ほか訳『データ対話型理論の発見――調査からいかに理論をうみだすか』新曜社.）

Greer, S., 1962, *The Emerging City: Myth and Reality*, Free Press of Glencoe. (＝1970, 奥田道大・大坪省三訳『現代都市の危機と創造』鹿島出版会.)

Hage, J., 1972, *Techniques and Problems of Theory Construction in Sociology*, John Wiley & Sons, Inc. (＝1978, 小松陽一・野中郁次郎訳『理論構築の方法』白桃書房.)

長谷川公一, 1996,『脱原子力社会の選択——新エネルギー革命の時代』新曜社.

初谷勇, 2001,『NPO 政策の理論と展開』大阪大学出版会.

Hillery, G. A. Jr., 1955, "Definition of Community," *Rural Sociology*, Vol. 20, 111-123.(＝1978, 山口弘光訳「コミュニティの定義」鈴木広編『都市化の社会学』〔増補版〕誠信書房, 303-321.)

平野隆之, 2001,「コミュニティと福祉資源」平野隆之・宮城孝・山口稔編『コミュニティとソーシャルワーク——地域福祉論』有斐閣, 1-22.

広井良典, 2009,『コミュニティを問いなおす』筑摩書房.

細野助博, 2000,『スマートコミュニティ——都市の再生から日本の再生へ』中央大学出版部.

細内信孝, 1999,『コミュニティ・ビジネス』中央大学出版部.

Hunter, F., 1953, *Community Power Structure: A Study of Decision Makers*, University of North Carolina Press. (＝1998, 鈴木広監訳『コミュニティの権力構造——政策決定者の研究』恒星社厚生閣.)

今田高俊, 2000,「支援型の社会システムへ」支援基礎論研究会編『支援学——管理社会をこえて』東方出版, 9-28.

今田高俊, 2010,「リベラル＝コミュニタリアン論争を超えて」日本社会学史学会編『社会学史研究』第 32 号: 3-14.

今村晴彦・園田紫乃・金子郁容, 2010,『コミュニティのちから——"遠慮がちな"ソーシャル・キャピタルの発見』慶應義塾大学出版会.

Iriye, A., 2002, *The Role of International Organizations in the Making of the Contemporary World*, University of California Press. (＝2006, 篠原初枝訳『グローバル・コミュニティ——国際機関・NGO がつくる世界』早稲田大学出版部.)

石川直人ほか, 2001,『インターネットコミュニティ戦略——ビジネスにコミュニティをどう活用するか』ソフトバンクパブリッシング社.

磯村英一, 1959,『都市社会学研究』有斐閣.

参考文献

岩崎正洋・河井孝仁・田中幹也編,2005,『コミュニティ』日本経済評論社.
Jackson, B., 1968, *Working Class Community: Some General Notions raised by a Series of Studies in Northern England*, Routledge & Kegan Paul.(=1984,大石俊一訳『コミュニティ――イングランドのある町の生活』晶文社.)
Jacobs, J., 1961, *The Death and Life of Great American Cities*, Random House, Inc.(=2010,山形浩生訳『アメリカ大都市の死と生』鹿島出版会.)
籠山京編,1981,『大都市における人間構造』東京大学出版会.
梶田孝道編,1992,『国際社会学――国家を超える現象をどうとらえるか』名古屋大学出版会.
神谷国弘,1983,『都市比較の社会学――欧日都市の原型比較』世界思想社.
金子勇,1982(1989),『コミュニティの社会理論』(新版)アカデミア出版会.
金子勇,1984,『高齢化の社会設計』アカデミア出版会.
金子勇,1993,『都市高齢社会と地域福祉』ミネルヴァ書房.
金子勇,1995,『高齢社会・何がどう変わるか』講談社.
金子勇,1997,『地域福祉社会学――新しい高齢社会像』ミネルヴァ書房.
金子勇,1998,『高齢社会とあなた――福祉資源をどうつくるか』NHK出版.
金子勇,2000,『社会学的創造力』ミネルヴァ書房.
金子勇,2003,『都市の少子社会――世代共生をめざして』東京大学出版会.
金子勇,2006a,『少子化する高齢社会』NHK出版.
金子勇,2006b,『社会調査から見た少子高齢社会』ミネルヴァ書房.
金子勇,2007,『格差不安時代のコミュニティ社会学――ソーシャル・キャピタルからの処方箋』ミネルヴァ書房.
金子勇,2008,「社会変動の測定法と社会指標」金子勇・長谷川公一編『社会変動と社会学』(講座社会変動第1巻)ミネルヴァ書房,103-128.
金子勇,2009a,『社会分析――方法と展望』ミネルヴァ書房.
金子勇,2009b,『札幌市における子育て支援の現状と課題』北海道大学大学院文学研究科社会システム科学講座.
金子勇,2010a,『吉田正――誰よりも君を愛す』ミネルヴァ書房.
金子勇,2010b,「都市社会の出生力の低下と養育力の衰退」『日本都市学会年報』Vol. 43: 42-49.
金子勇・長谷川公一,1993,『マクロ社会学――社会変動と時代診断の科学』新曜社.

金子勇・藤田弘夫・吉原直樹・盛山和夫・今田高俊, 2011,『社会学の学び方・活かし方』勁草書房.

金子勇編, 2002,『高齢化と少子社会』(講座社会変動第8巻) ミネルヴァ書房.

金子勇編, 2003,『高田保馬リカバリー』ミネルヴァ書房.

金子勇編, 2011,『高齢者の生活保障』放送大学教育振興会.

金子勇・松本洸編, 1986,『クオリティ・オブ・ライフ——現代社会を知る』福村出版.

金子勇・長谷川公一編, 2008,『社会変動と社会学』(講座社会変動第1巻) ミネルヴァ書房.

片桐雅隆, 2006,『認知社会学の構想——カテゴリー・自己・社会』世界思想社.

片桐資津子, 2011,「コミュニティビジネスと超高齢集落」金子勇編『高齢者の生活保障』放送大学教育振興会, 34-47.

Katz, E. & Lazarsfeld, P. F., 1955, *Personal Influence: The Part played by People in the Flow of Mass Communications*, The Free Press. (＝1965, 竹内郁郎訳『パーソナル・インフルエンス——オピニオン・リーダーと人びとの意思決定』培風館.)

Kawachi, I. & Kennedy, B. P., 2002, *The Health of Nations: Why Inequality is Harmful to Youth Health*, The New Press. (＝2004, 西信雄ほか監修・社会疫学研究会訳『不平等が健康を損なう』日本評論社.)

Kawachi, I., Subramanian, S. V. & Kim, D. (eds.), 2008, *Social Capital and Health*, Springer Science +Business Media, LLC. (＝2008, 藤澤由和ほか監訳『ソーシャル・キャピタルと健康』日本評論社.)

川村健一・小門裕幸, 1995,『サステイナブル・コミュニティ——持続可能な都市のあり方を求めて』学芸出版社.

経済企画庁編, 1976,『昭和51年度 国民生活白書』大蔵省印刷局.

経済企画庁編, 1978,『昭和53年度 国民生活白書』大蔵省印刷局.

経済企画庁国民生活調査課編, 1979,『国民の生活と意識の動向』大蔵省印刷局.

経済企画庁国民生活局編, 1999,『新国民生活指標』大蔵省印刷局.

Keller, S., 2003, *Community: Pursuing the Dream, Living, the Reality*, Princeton University Press.

Kelling, G. H. & Coles, C. M., 1996, *Fixing Broken Windows: Restoring Order and Reducing in our Communities*, Free Press. (＝2004, 小宮信夫監訳『割

れ窓理論による犯罪防止——コミュニティの安全をどう確保するか』文化書房博文社.）

きだみのる，1948（1981），『気違い部落周游紀行』冨山房.

きだみのる，1963，『単純生活者の手記』朝日新聞社.

きだみのる，1967，『にっぽん部落』岩波書店.

小島廣光，1998，『非営利組織の経営——日本のボランティア』北海道大学図書刊行会.

国民生活センター編，1975，『現代日本のコミュニティ』川島書店.

今野裕昭，2001，『インナーシティのコミュニティ形成——神戸市真野住民のまちづくり』東信堂

倉沢進，1977，「都市的生活様式論序説」磯村英一編『現代都市の社会学』鹿島出版会，19-29．

倉沢進，1998，『コミュニティ論——地域社会と住民活動』放送大学教育振興会.

倉沢進編，1986，『東京の社会地図』東京大学出版会.

倉沢進編，1999，『都市空間の比較社会学』放送大学教育振興会.

倉沢進・秋元律郎編，1990，『町内会と地域集団』ミネルヴァ書房.

倉沢進先生退官記念論集刊行会編，1998，『都市の社会的世界』同刊行会.

倉田和四生，1970，『都市化の社会学』法律文化社.

倉田和四生，1985，『都市コミュニティ論』法律文化社.

Lipset, S. M., 1955, "Social Mobility and Urbanization," *Rural Sociology*, Vol. 20, No. 3: 220-228.（＝1978, 中村正夫訳「社会的移動と都市化」鈴木広編『都市化の社会学』〔増補版〕誠信書房, 151-164.）

Lynd, R. S. & Lynd, H. M., 1929, *Middletown: A Study in Contemporary American Culture*. 1937, *Middletown in Transition: A Study in Cultural Conflicts*, Harcourt, Brace & World, Inc.（＝1990, 中村八朗訳『ミドゥルタウン』〔現代社会学大系9巻〕青木書店.）

町村敬志，1994，『「世界都市」東京の構造転換——都市リストラクチュアリングの社会学』東京大学出版会.

MacIver, R. M., 1917, *Community. A Sociological Study: Being an Attempt to set out the Nature and Fundamental Laws of Social Life*, Macmillan & Co. Ltd.（＝1975, 中久郎・松本通晴監訳『コミュニティ——社会学的研究：社会生活の性質と基本法則に関する一試論』ミネルヴァ書房.）

MacIver, R. M., 1921 (1949), *The Elements of Social Science* (rev. ed.), Methuen & Co. Ltd. (＝1957, 菊池綾子訳『社会学講義』社会思想研究会出版部.)

MacIver, R. M. & Page, C.H., 1950, *Society: An Introductory Analysis*, Macmillan.

眞鍋知子, 2010,「コミュニティ再考」日本社会学史学会編『社会学史研究』第32号 : 29-40.

松原治郎, 1978,『コミュニティの社会学』東京大学出版会.

松宮朝, 2011,「『孤独死』・『孤立死』防止の取り組み」金子勇編『高齢者の生活保障』放送大学教育振興会, 62-75.

松本康編, 1995,『増殖するネットワーク』(21世紀の都市社会学第1巻) 勁草書房.

松下圭一, 1971,『シビル・ミニマムの思想』東京大学出版会.

Merton, R. K., 1949 (1957), *Social Theory and Social Structure* (rev. ed.), The Free Press. (＝1961, 森東吾ほか訳『社会理論と社会構造』みすず書房.)

Mesch, G. S., 1998, "Community Empowerment and Collective Action," *Research in Community Sociology*, Vol. 8: 43-63.

三重野卓, 2010,『福祉政策の社会学――共生システム論への計量分析』ミネルヴァ書房.

Mills, C. W., 1956, *The Power Elite*, Oxford University Press. (＝1969, 鵜飼信成・綿貫譲治訳『パワー・エリート』〔上下〕東京大学出版会.)

Mills, C. W., 1959, *The Sociological Imagination*, Oxford University Press. (＝1965, 鈴木広訳『社会学的想像力』紀伊國屋書店.)

三浦典子, 2004,『企業の社会貢献とコミュニティ』ミネルヴァ書房.

宮川公男・大守隆編, 2004,『ソーシャル・キャピタル――現代経済社会のガバナンスの基礎』東洋経済新報社.

Montoussé, M. & Renouard, G., 2006, *100 fiches pour comprendre la sociologie*, Bréal.

Moore, W. E., 1965, *The Impact of Industry*, Prentice-Hall, Inc. (＝1971, 井関利明訳『産業化の社会的影響』慶應通信.)

森岡清志編, 2000,『都市社会のパーソナルネットワーク』東京大学出版会.

森岡清志編, 2002,『パーソナルネットワークの構造と変容』東京都立大学出版

会.
中久郎, 1991,『共同性の社会理論』世界思想社.
内閣府国民生活局編, 2003,『ソーシャル・キャピタル』同局.
中村八朗, 1973,『都市コミュニティの社会学』有斐閣.
名和田是彦, 1998,『コミュニティの法理論』創文社.
日本都市社会学会編, 1997,『高齢化と地域福祉』日本都市社会学会年報, 同学会.
新原道信, 2002,「日本社会学者の言説」奥田道大・有里典三編『ホワイト「ストリート・コーナー・ソサエティ」を読む——都市エスノグラフィの新しい地平』ハーベスト社, 98-103.
Nisbet, R. A., 1953, *The Quest for Community: A Study in the Ethics of Order and Freedom*, Oxford University Press.（= 1986, 安江孝司ほか訳『共同体の探究——自由と秩序の行方』梓出版社.）
Nisbet, R. A., 1966, *The Sociological Tradition*, Basic Books.（= 1975, 中久郎監訳『社会学的発想の系譜』1-2, アカデミア出版会.）
Nisbet, R. A., 1970, *The Social Bond: An Introduction to the Study of Society*, Alfred A. Knopf.（= 1977, 南博訳『現代社会学入門』1-4, 講談社.）
Nisbet, R. A., 1976, *Sociology as an Art Form*, Oxford University Press.（= 1980, 青木康容訳『想像力の復権』ミネルヴァ書房.）
似田貝香門編, 2010,『自立支援の実践知——阪神・淡路大震災と共同・市民社会』東信堂.
Nocon, A. & Qureshi, H., 1996, *Outcome of Community Care for Users and Cares*, Open Univesity Press.
野沢肇, 2009,「書評 金子勇著『格差不安時代のコミュニティ社会学』」北海道社会学会編『現代社会学研究』Vol. 22: 49-54.
越智昇, 1982,「コミュニティ経験の思想化」奥田道大ほか『コミュニティの社会設計——新しい《まちづくり》の思想』有斐閣, 135-177.
尾高邦雄, 1981,『産業社会学講義——日本的経営の革新』岩波書店.
OECD (ed.), 1977, *Subjective Elements of Well-Being: Measuring Social Well-Being*.（= 1979, 小金芳弘監訳『「暮らし良さ」測定法の研究——国際比較の可能性をめざして』至誠堂.）
小川全夫, 1996,『地域の高齢化と福祉——高齢者のコミュニティ状況』恒星社

厚生閣.

Ogburn, W. F., 1922, *Social Change with Respect to Culture and Original Nature*, G. Allen.（＝1944, 雨宮庸蔵・伊藤安二訳『社会変化論』育英書院.）

奥田道大, 1971, 「コミュニティ形成の論理と住民意識」磯村英一・鵜飼信成・川野重任編『都市形成の論理と住民』東京大学出版会, 135-177.

奥田道大, 1983, 『都市コミュニティの理論』東京大学出版会.

奥田道大・有里典三編, 2002, 『ホワイト「ストリート・コーナー・ソサイエティ」を読む――都市エスノグラフィの新しい地平』ハーベスト社.

恩田守雄, 2006, 『互助社会論――ユイ, モヤイ, テツダイの民俗社会学』世界思想社.

大野晃, 2008, 『限界集落と地域再生』北海道新聞出版センター.

Ortega y Gasset, J., 1930, *La Rebelión de las Masas*.（＝1967, 神吉敬三訳『大衆の反逆』角川書店.）

大谷信介, 1995, 『現代都市住民のパーソナル・ネットワーク――北米都市理論の日本的解読』ミネルヴァ書房.

太田出版編, 2010, 『at プラス』05 号（コミュニティへの想像力）.

Park, R., 1916, "The City: Suggestions for the Investigation of Human Behavior in the Urban Environment," *American Journal of Sociology,* XX（March）: 577-612.（＝1978, 笹森秀雄訳「都市」鈴木広編『都市化の社会学』〔増補版〕誠信書房, 57-96.）

Park, R. E. & Burgess, E. W., 1921, *Introduction to the Science of Sociology*, University of Chicago Press.

Park, R. E., Burgess, E. W. & McKenzie, R. D., 1925 (1967), *The City*, University of Chicago Press.（＝1972, 大道安次郎・倉田和四生訳『都市』鹿島出版会.）

Parker, T., 1989, *A Place Called Bird*, Secker & Warburg.（＝1993, 橋本富郎訳『アメリカの小さな町』晶文社.）

Parsons, T., 1951, *The Social System*, The Free Press.（＝1974, 佐藤勉訳『社会体系論』現代社会学大系 14 巻, 青木書店.）

Parsons, T., 1960, "The Principal Structure of Community," in *Structure and Process in Modern Societies*, The Free Press.（＝1978, 三浦典子訳「コミュニティの基本構造」鈴木広編『都市化の社会学』〔増補版〕誠信書房, 340-

365.)

Plant, R., 1974, *Community and Ideology: An Essay in Applied Social Philosophy*, Routledge & Kegan Paul Ltd.（＝1979, 中久郎・松本通晴訳『コミュニティの思想』世界思想社.）

Poincaré, H., 1905, *La valeur de la science*.（＝1977, 吉田洋一訳『科学の価値』岩波書店.）

Poincaré, H., 1908, *Science et méthode*.（＝1953, 吉田洋一訳『科学と方法』岩波書店.）

Polsby, N. W., 1963, *Community Power and Political Theory*, Yale University Press.（＝1981, 秋元律郎監訳『コミュニティの権力と政治』早稲田大学出版部.）

Poplin, D. E., 1972（1979）, *Communities: A Survey of Theories and Methods of Research*（2nd ed.）, Macmillan Publishing Co. Inc.

Putnam, R. D., 2000, *Bowling Alone: The Collapse and Revival of American Community*, Simon & Shuster.（＝2006, 柴内康文訳『孤独なボウリング――米国コミュニティの崩壊と再生』柏書房.）

Riesman, D., 1961, *The Lonely Crowd: A Study of the Changing American Character*, Yale University Press.（＝1964, 加藤秀俊訳『孤独な群衆』みすず書房.）

札幌市社会福祉審議会, 2009,『児童虐待による死亡事例等に係る検証報告書』札幌市.

Schindler-Rainman, E. & Lippit, R., 1971（1975）, *The Volunteer Community*（2nd. ed.）, University Associates, Inc.（＝1979, 永井三郎訳『ボランティアの世界――人的資源の創造的活用』日本YMCA同盟出版部.）

清水幾太郎, 1966,『現代思想』（上下）岩波書店.

清水幾太郎, 1972,『倫理学ノート』岩波書店.

清水幾太郎, 1978,『オーギュスト・コント――社会学とは何か』岩波書店.

白波瀬佐和子, 2010,『生き方の不平等――お互いさまの社会へ向けて』岩波書店.

Smith, A., 1776, *The Wealth of Nations*.（＝1978, 大河内一男監訳『国富論』〔ⅠⅡⅢ〕中央公論社.）

園部雅久, 2001『現代大都市社会論――分極化する都市？』東信堂.

園田恭一, 1978,『現代コミュニティ論』東京大学出版会.

園井ゆり，2011,「里親活動と高齢者」金子勇編『高齢者の生活保障』放送大学教育振興会, 143-159.
Sorokin, P. A. & Zimmerman, C. C., 1929, *Principle of Rural Urban Sociology*, Hort.（＝1940, 京野正樹訳『都市と農村――その人口交流』刀江書院）.
総務省自治行政局過疎対策室，2010,『平成21年度版 「過疎対策の現況」について』同室.
鈴木栄太郎，1940（1968）,『鈴木栄太郎著作集 I-II 日本農村社会学原理』未来社.
鈴木栄太郎，1957（1969）,『鈴木栄太郎著作集Ⅵ 都市社会学原理』（増補版）未来社.
鈴木栄太郎，1977,『鈴木栄太郎著作集Ⅶ 社会調査』未来社.
鈴木広，1975,「比較都市類型論」倉沢進編『都市社会学』東京大学出版会，9-46.
鈴木広，1986,『都市化の研究――社会移動とコミュニティ』恒星社厚生閣.
鈴木広編，1978a,『都市化の社会学』（増補版）誠信書房.
鈴木広編，1978b,『コミュニティモラールと社会移動の研究』アカデミア出版会.
鈴木広・倉沢進編，1984,『都市社会学』アカデミア出版会.
鈴木広・倉沢進・秋元律郎編，1987,『都市化の社会学理論――シカゴ学派からの展開』ミネルヴァ書房.
鈴木広先生古稀記念論集刊行委員会編，2001,『都市化とコミュニティの社会学』ミネルヴァ書房.
高田保馬，1919,『社会学原理』岩波書店.
高田保馬，1925（2003）,『階級及第三史観』改造社（高田保馬社会学セレクション2, 金子勇監修, ミネルヴァ書房.）
高田保馬，1927,『人口と貧乏』日本評論社.
高田保馬，1971（2003）,『社会学概論』岩波書店（高田保馬社会学セレクション3, 金子勇監修, ミネルヴァ書房.）
高田保馬・新明正道・尾高邦雄，1951,「社会学に対する私の立場」『社会学評論』4: 79-104.
高橋勇悦，1993,『都市社会論の展開』学文社.
高橋勇悦，1995,『東京人の研究――都市住民とコミュニティ』恒星社厚生閣.
高山憲之，2002,「少子化対策における第3の切り札」金子勇編『高齢化と少子

社会』(講座社会変動第8巻) ミネルヴァ書房, 99-103.
竹中平蔵, 2005,『郵政民営化——「小さな政府」への試金石』PHP研究所.
玉野和志・浅川達人編, 2009,『東京大都市圏の空間形成とコミュニティ』古今書院.
田中重好, 2007,『共同性の地域社会学——祭り・雪処理・交通・災害』ハーベスト社.
de Tocqueville, A., 1835-40, *De la démocratie en Amérique.* (=1972〔1987〕, 井伊玄太郎訳『アメリカの民主政治』〔上中下〕講談社.)
de Tocqueville, A., 1856, *L'ancien régime et la Révolution.* (=1998, 小山勉訳『旧体制と大革命』筑摩書房.)
東京都福祉保健局, 2005,『児童虐待の実態 II』同局.
富永健一, 1965,『社会変動の理論——経済社会学的研究』岩波書店.
富永健一, 1986,『社会学原理』岩波書店.
富永健一, 1995,『社会学講義——人と社会の学』中央公論社.
富永健一, 1996,『近代化の理論——近代化における西洋と東洋』講談社.
富永健一, 2001,『社会変動の中の福祉国家——家族の失敗と国家の新しい機能』中央公論新社.
富永健一, 2004,『戦後日本の社会学——一つの同時代学史』東京大学出版会.
富永健一, 2008,『思想としての社会学——産業主義から社会システム理論まで』新曜社.
富永健一・徳安彰編, 2004,『パーソンズ・ルネッサンスへの招待——タルコット・パーソンズ生誕百年を記念して』勁草書房.
Tönnies, F., 1887, *Gemeinschaft und Gesellschaft.* (=1957, 杉之原寿一訳『ゲマインシャフトとゲゼルシャフト——純粋社会学の基本概念』岩波書店.
東洋経済新報社編, 2008,『週刊東洋経済新報』第6170号.
上野千鶴子, 2007,『おひとりさまの老後』法研.
Veblen, T. B., 1899, *The Theory of Leisure Class.* (=1961, 小原敬士訳『有閑階級の理論』岩波書店.)
Vogel, J., 1997, "The Future Direction of Social Indicator Research," *Social Indicators Research*, Vol. 42: 103-116.
Warren, R. L., 1970, "Toward a non-utopian Normative Model of the Community," *American Sociological Review*, Vol. 35, No. 2: 219-228. (=1978,

金子勇訳「コミュニティの非ユートピア的規範モデルを求めて」鈴木広編『都市化の社会学』〔増補版〕誠信書房,283-300).

Warren, R. L., 1972, *The Community in America*, Rand McNally & Co.

渡戸一郎・広田康生・田嶋淳子編,2003,『都市的世界／コミュニティ／エスニシティ——ポストメトロポリス期の都市エスノグラフィ集成』明石書店.

渡邉洋一,2000,『コミュニティケア研究——知的障害をめぐるコミュニティケアからコミュニティ・ソーシャルワークの展望』相川書房.

渡邉洋一,2005,『コミュニティケアと社会福祉の展望』相川書房.

Weber, M., 1904, *Die ›Objektivität‹ sozialwissenchaftlicher und sozialpolitischer Erkenntnis*.(=1998,富永祐治・立野保男訳 折原浩補訳『社会科学と社会政策にかかわる認識の「客観性」』岩波書店.)

Weber, M., 1904-05, *Die protestantisch Ethik und der ›Geist‹ des Kapitalismus*.(=1989,大塚久雄訳『プロテスタンティズムの倫理と資本主義の精神』岩波書店.)

Weber, M., 1919, *Politik als Beruf*.(=1962,清水幾太郎・清水礼子訳「職業としての政治」『世界思想教養全集 18 ウェーバーの思想』河出書房新社,171-227.)

Wellman, B., 1979, "The Community Question," *American Journal of Sociology*, 84: 1201-1231.(=2006,野沢慎司・立山徳子訳「コミュニティ問題」野沢慎司編・監訳『リーディングス ネットワーク論——家族・コミュニティ・社会関係資本』勁草書房,159-204.)

Whyte, W. F., 1943 (1955), *Street Corner Society: The Social Structure of an Italian Slum* (2nd ed.), The University of Chicago Press.(=1974,寺谷弘壬訳『ストリート・コーナー・ソサイエティ——アメリカ社会の小集団研究』垣内出版.)

Whyte, W. F., 1943 (1993), *Street Corner Society: The Social Structure of an Italian Slum* (4th ed.), The University of Chicago Press.(=2000,奥田道大・有里典三訳『ストリート・コーナー・ソサエティ』有斐閣.)

Whyte, W. H., 1956, *The Organization Man*, Simon & Schuster.(=1959,岡部慶三・藤永保・辻村明・佐田一彦訳『組織のなかの人間——オーガニゼーション・マン』〔上下〕東京創元社.)

Williams, A., 2008, "New New Urbanism," in D. Clements, et. al.(eds.), *The*

Future of Community: Reports of a Death Greatly Exaggerated, Pluto Press, 53-66.

Wirth, L., 1928, *The Ghetto*, The University of Chicago Press.（＝1981, 今野敏彦訳『ゲットー――ユダヤ人と疎外社会』マルジュ社.）

Wirth, L., 1938, "Urbanism as a Way of Life," *American Journal of Sociology*, Vol. 44.（＝1978, 高橋勇悦訳「生活様式としてのアーバニズム」鈴木広編『都市化の社会学』〔増補版〕誠信書房，127-147.）

Wirth, L., A. J. Reiss, Jr.(ed.), 1964, *On Cities and Social Life: Selected Papers*, The University of Chicago Press.

山田つね，1981,「あとがき」『気違い部落周游紀行』冨山房.

山本甲士，2005,『ALWAYS 三丁目の夕日』小学館.

山本甲士，2007,『ALWAYS 続・三丁目の夕日』小学館.

山崎朋子，1972（1975），『サンダカン八番娼館――底辺女性史序章』文藝春秋.

安永寿延，1976,『日本における「公」と「私」』日本経済新聞社.

矢崎武夫先生古稀記念出版会編，1987,『都市・社会学と人類学からの接近』ミネルヴァ書房.

吉原直樹，1994,『都市空間の社会理論――ニュー・アーバン・ソシオロジーの射程』東京大学出版会.

吉原直樹，2008,『モビリティと場所――21世紀都市空間の転回』東京大学出版会.

吉原直樹編，1996,『都市空間の構想力』勁草書房.

吉原直樹編，2005,『アジア・メガシティと地域コミュニティの動態――ジャカルタのRT/RWを中心にして』御茶の水書房.

吉原直樹編，2008,『グローバル・ツーリズムの進展と地域コミュニティの変容――バリ島のバンジャールを中心として』御茶の水書房.

おわりに

　21世紀になって，コミュニティ概念はますます多義性を帯び，使用する立場により恣意性が強まった。その結果，コミュニティ研究の適切な指標化が行われない混沌状態が現出しており，コミュニティは現状分析，政策提言，学術用語としてもその有効性を失い始めたように思われる。このような時代にあって，社会は新たなる理念，理想を創造することで更生するという社会学の伝統に立ち，コミュニティにその大役を期待できるのかという観点から，本書をまとめてみた。

　本書では，理論的立場を鮮明にして，都市化，高齢化，少子化が進む日本の都市社会において，コミュニティの内実を少しでも明らかにしようと模索した。合わせて，社会学史において悲喜劇（tragi-comic）が交差するコミュニティ論を，有効性と社会貢献を問う公共社会学の視点からまとめ直そうとした。孤独死・孤立死防止，自殺防止，虐待防止，事故・災害防止，元気な子どもの育成など，コミュニティが関わる今日的な課題への目配りも試みた。

　55年前の日本における「三丁目の夕日」の時代では，コミュニティに市民運動のような賛否表明の伝統はなく，集合表象としての全員一致に向けての共同関心が絶えず存在した。1955年のコミュニティは社会成員すべてを包み込む無限配慮をその特質としていた。これは村落型社会に本来備わった規範であり，そこでは今日ほどの経済格差や地域排除は見当たらない。高度経済成長期以前の上下水道や道路舗装の不備に象徴されるように，サービス供給システムとしてのコミュニティの水準と規模は最小限でしかなく，シビルミニマムは未達成であった。

　生活環境のうち社会資本整備ではようやく離陸を始めたばかりの時代ではあ

ったが，人間資本ともいうべき地域成員への無限配慮は健在であり，集落の統一性の維持は容易であった。もちろん無限配慮は個人がもつ地域社会関係をともすれば閉鎖的にする。加えて，都市型社会とは異なり，成員の地域移動は乏しく，定住者ばかりによる狭い日常空間が再生産されていた。

1955年から72年までの高度経済成長により，日本全国に都市型社会が成立するにつれ，たとえば人間の疎外，孤立，不信，分離などの社会現象が顕在化して，自殺，非行，犯罪の件数が増加した。それらの社会問題の予防と解決を目ざし，同時に社会全体のアノミーへの対処として，さらに環境汚染や環境破壊を阻止する住民運動のなかから，それぞれのパラダイムによるコミュニティづくりが主張され，熱心に模索された。これらは大きな流れになって現在でも続いている。

その後，モノとヒトの日常的移動を核とする都市化が進み，20世紀後半から全国の大半の町内会では「防犯は日ごと家ごと地域ごと」が活動スローガンの一つになり，安全のためのコミュニティの必要性が熱心に語られている。これは町内会活動，地域社会の防犯・防災活動，一人暮らし高齢者支援活動などに関連づけられよう。

日本のコミュニティ研究は実証研究に特化した都市社会学においておもに担われ，1980年代から私もいくつかの分野に参入した。しかしこの50年間におけるコミュニティ理論は，「相違の恐怖」（fear of difference）にこだわるあまり，異世代，ジェンダーの相違，階級・階層の格差，健常者とそうではない状態にある人々を含む地域社会全体を調和させることに性急であったと総括できる。

その潮流の中で1975年頃から都市コミュニティの調査を開始した私は，もはや地方都市ですら，集落の統一性ないしは凝集性を確定できなかった。むしろ，

(1)「大社会」発の社会・地域問題が普遍的になり，「小社会」としての集落発の地域問題が希薄になった。
(2) 個人行動圏が時間的・空間的に拡大した。
(3) 間接接触としての第二次関係が日常的に急増した。
(4) 成員の集団帰属や階層所属において，個別分散が進行した。

という社会構造の変容に直面した。時代の動きの中で複合した規範からの交差圧力を受ける成員が多くなり，全体社会も個人もアノミー感が強まり，個人のアイデンティティ基盤が錯綜しつつ，個別的には弱まってきた。時代をとらえ直すためにも，コミュニティ社会学理論の組み替えが必然化した。

　その課題を念頭におき，高度成長期以降の55年間を意識して，今日まで私が社会学の立場から実践してきたコミュニティ研究方法は，質問紙調査によって収集した量的データの分析，インテンシブ・メソッドといわれる対象者へのインタビューを徹底的に行って得られた質的調査データ分析，および自治体行政データや地域団体・企業が公開した資料の解読であった。

　そしてこの10年，より緊急性が高いと判断して精力を注いできた「少子化する高齢社会」研究において，地域福祉論を再び整理する必要を感じるようになった。それまで実施してきた都市化，高齢化，少子化を与件とした三種類のコミュニティ調査結果に依拠した論文・著書・収集資料などを改めて点検して，単なる枕詞としてのコミュニティ概念を克服したいと考えはじめた。

　本書が「粉末社会」の様相を濃くしつつある「少子化する高齢社会」の日本において，粉末化する個人の孤立の緩和と社会の凝集力回復のために少しでも貢献するところがあれば，たいへんうれしい。

人名索引

あ行
青山泰子　146
秋元律郎　61
有里典三　92, 94
飯島伸子　71
池田勇人　144
磯村英一　4
今田高俊　73-74
ヴェーバー, M.　31-32, 62, 90, 105, 157
ヴェブレン, T. B.　86-87
ウェルマン, B.　20, 34-35, 64, 118, 130
ウォレン, R. L.　3, 21, 23, 43, 45, 61, 97-98, 121, 159
エチオーニ, A.　72
大野晃　11, 62
奥田道大　9, 92, 94, 185
オグバーン, W. F.　92
尾高邦雄　63, 86
越智昇　180
オルテガ・イ・ガセット, J.　29

か行
籠山京　39
片桐資津子　38
片桐雅隆　105
カッツ, E.　113-114
カーピアーノ, R.　145
カワチ, I.　145, 147
きだみのる　4, 35, 95-96, 171
キャントル, T.　37, 61, 184-188
倉沢進　61, 65
クーリー, C. H.　33
グリア, S.　37
ケネディ, B. P.　147
ケラー, S.　66
ケリング, G. H.　17
小島廣光　67
コールズ, C. M.　17
コールマン, J. S.　137
コント, A.　31, 33, 75, 105-106, 173

今野裕昭　71

さ行
サリヴァン, W. M.　99
ジェコブス, J.　137
シンドラー—レーンマン, E.　158-159
ジンメル, G.　32
スウィドラー, A.　99
鈴木栄太郎　43, 58, 84
鈴木広　9, 12-13, 42, 47, 76, 170-171
スペンサー, H.　33
スミス, A.　119
園井ゆり　55

た行
高田保馬　3-4, 33, 42, 60, 88, 107, 120, 184
高山憲之　183
竹中平蔵　152
ダール, R. A.　37, 40
ティプトン, S. M.　99
デュルケム, E.　33, 34, 58, 71, 75, 146
テンニース, F.　31-33
トックビル, A.　61, 71
富永健一　62, 72, 166

な行
中村八朗　61, 160
名和田是彦　73
新原道信　94
ニスベット, R. A.　30, 67, 184
似田貝香門　71
野沢肇　142-143

は行
パーク, R. E.　34, 115
バージェス, E. W.　34, 115
長谷川公一　71
パーソンズ, T.　53, 61, 75, 78, 95, 105, 144, 186
初谷勇　67
パットナム, R. D.　107, 137-145
ハンター, F.　37, 40
ビュロウォイ, M.　76, 79, 105
平野隆之　64
ヒラリー, G. A.　22, 27-28, 41, 59

人名索引

フィッシャー, C. S.　11
藤松素子　122
舩橋晴俊　71
フランクラン, A.　102
フロム, E.　29, 39, 71, 113
ヘイグ, J.　185
ベイリー, M.　121
ベック, U.　119, 132
ベラー, R. N.　15, 77, 98-105
ベリー, S.　132
ベンダー, T.　35
ポプリン, D. E.　29, 70, 160
ホワイト, W. F.　34, 77, 92-98
ホワイト, W. H.　70

ま行

マッキーバー, R. M.　9, 33, 36, 52-53, 137
松下圭一　10
松宮朝　19
マドセン, R.　99
マートン, R. K.　106, 147
マルクス, K.　31

三浦典子　59
ミルズ, C. W.　78, 95
メイヨー, G. E.　86
メイン, H.　33
メッシュ, G. S.　69

や行

安永寿延　70-71
山崎朋子　82

ら行

ラザースフェルド, P. F.　113-114
リカード, D.　9
リースマン, D.　29, 39
リピット, R.　158-159
リブセット, S. M.　47
リンド夫妻　35, 62, 77, 79-92

わ行

ワース, L.　1, 6, 11, 33-34, 60, 93-94, 130
渡邉洋一　120-121

事項索引

あ行

アイデンティティ 47, 63, 187
アウトプット指標 167
足寄町 179, 181
アソシエーション 9, 12, 38-39, 43
　　専門—— 7, 20-22, 61, 124-126, 132
集まり 23, 36, 55, 66, 101, 173
アノミー 34, 146-147
アーバニズム論 1, 11, 31-34
安心 150, 154
安全 17, 30
育児保険（佐賀県） 182-183
イコールフッティング 153
異質性 11, 33-34, 184
一般命題 78
入会地・入会権 103
インタビュー調査 80-83, 99, 108
インプット指標 167
ウェルマン問題（3類型） 19, 34-35, 64
産み損，育て損 111
AGIL 図式 53, 144
エスニシティ 185-187
Aidez-moi（助けてください） 49-52, 65
NPO 67, 158
エンパワーメント 69
OECD 138, 140
大分市，大分県5市 178
親方・徒弟制 85-86

か行

介護保険制度 73, 109
階層格差 146-147
下位文化 11
家具製造 85-86
仮説 107-108, 116
家族 12, 20-21, 55-58, 89-90
　　——の個人化 57
　　——の失敗 72
　　定位—— 87
家族力 55, 115

——の低下 55-56, 111
過疎社会 148-152
　　高齢化する—— 148-149
過疎地域 148-152, 177
価値 66, 89, 100, 105, 139
Coming, Keeping, Working 16, 23
からゆきさん 82
環境問題 103
観察された事実（現象） 35, 80, 106-107, 153
感情的結合 i, 36, 65
ガン予防の12か条 114
義捐・徴助人 167-168
技術革新（イノベーション） 83-84
帰属感 12, 30, 61, 63, 132, 186-188
『気違い部落周游紀行』 96
機能的ネットワーク 7, 132
規範（ノルム） 12, 30, 36-37, 46, 139
ギャング団 96-97
旧産炭地域 59
凝集性 15-16, 36-37, 61, 184-186
共生 38
　　——社会 63
共通の絆 22-23, 59, 132, 161
共通の将来像 61
共通の展望 186-187
共同関心 53
共同性 69-73
共同善 101, 104
共同利益 171
業務階層 80-81, 84, 87, 91
緊急通報システム 160
近代化 31, 34
近隣（関係） 11-12, 24, 155-156
勤労意欲 86
偶然の会話 83
群居の欲望 42, 184
ケア
　　インフォーマル・—— 120-125
　　コミュニティ・—— 121-122, 170
　　コミュニティ・——研究 125-126
　　コミュニティ・——論 121-122, 130-134, 161
　　プロフェッショナル・—— 120-125, 128

ゲゼルシャフト　32
結合　22, 32, 36
結合定量と結合定質　4, 107
結節機関　5, 43, 84
ゲマインシャフト　2, 31-32
限界集落　11, 62
健康　102-103, 145-147, 158
　──と社会的不平等　146-148
現世利益　188
権力　19, 104
公共性　100-101
合計特殊出生率　50, 109, 111, 115-116, 130-131, 141-142, 173-178
　──上位と下位の市町村　130-131, 177-178
厚生労働省　126, 135
公と私　67-73
高度成長期　38, 62, 144, 175-177
公民意識　143-144
高齢化　19, 112, 149
　──と地域福祉　5, 10-11, 58
高齢者
　──支援　63
　──の生きがいと友人数　85-86, 157-158
　──のコミュニティ生活　154-158
　──の社会（集団）参加　155-156
　──への調査　154-157
高齢出産　112
互恵性　ii, 65
『心の習慣』　77, 98-106
誇示的消費　73
個人主義　49-51, 53, 76, 184
　──増殖への危惧　99
　　功利的──　98
　　倫理的──　98
子育て
　──基金　164-165, 182-183
　──共同参画社会　111, 133
　──支援　111, 116-118, 130-131, 180-181
　──の精神的負担　117-118, 180-181
　──の直接支援　118, 181
　──フリーライダー　103, 135, 183
誇大理論　77

国家　30, 66, 72
互と共　67-69
孤独死・孤立死　21, 57
コミュニケーション　113-115, 150
『コミュニティ』　52-53
コミュニティ
　──・アクション　44-46, 158-162, 170-171
　──意識　12, 65-66, 170-171
　──活動　172-173
　──機能　11, 22-23, 30, 34, 55-63, 162
　──空間　14-19
　──社会システム（論）　23, 43-45, 166
　──税をなくす市民の会　164
　──づくり　15-18, 25, 158, 168, 171-173
　──の境界　43-44
　──の空間領域　65
　──の活性化論　9-14
　──の成長　166-167
　──の喪失　130
　──の多義性　1-8
　──の探求　30, 67, 184
　──の定義　28-29, 47
　──の発展　9, 166-173
　──の包括性　161-162
　──の問題処理力　21, 121, 130-133, 162
　──の有効性　52-59, 66
　──・モラルとノルム　12-13, 47, 170-171
　──論　1-3, 7-8, 14-15, 64-65
　──論（概念）の有効性　14-15, 27
　学術用語（概念）としての──　1-2, 27-40, 183
　企業──　59
　規範としての──　36, 60
　サクセスフル・──　172, 188
　サービスシステムとしての──　63, 161
　実体としての──　36, 60
　集合共生する──　59-63
　戦略的概念としての──　64
　道徳的──　29-30
　都市──　14-19, 171
　都市化と──　i, 19, 30, 34, 183
　福祉──　25
　ホーム──（家郷）　44

ボランティア・―― 158-159
有限責任の―― 37
コミュニティネス 44, 65, 159, 184
婚外子 111, 134

さ行

在宅育児 119-120
支えあい 25, 70
札幌市 45, 68, 111-118, 177-181
　　――子育て支援総合センター 116-119, 180-181
産業化 31, 62, 83-85, 88-89
産業活動 179
『サンダカン八番娼館』 82
「三丁目の夕日」 4-6, 58
参与観察 79-83, 94-96
支援 69-70, 73-74
　　――学 73-74
ジェンダー，世代，階層，コミュニティ 106, 143, 184-187
私化（私生活主義） 3, 53, 76, 184
シカゴ学派 33-34, 75
自家用車 86, 88-89
自己責任 49-51, 76, 100, 184
自殺 55-56
『自殺論』 75, 146
市場原理 153
次世代育成支援対策推進事業 110
次世代育成市民啓発9か条 113-114
自然村 44
実証研究 75-77
質的調査 77, 108
私的生活と公共的生活 99, 102, 104
児童虐待 119-129
　　――防止 128-130
児童相談所 124-125, 128-130
CPS（コミュニティ権力構造） 37, 40
シビルミニマム 10
資本主義 31-32, 34
社会化 61-62, 87
社会階層 80
社会解体 34, 93, 130
社会科学 105
社会学
　　――古典 78, 94-96

――の非社会性 76
応用―― 49, 52-53
形式―― 32
公共―― 76-79, 105
専門―― 77, 79, 162
草創期の―― 75
社会学史 32-33, 27-47, 75-76
『社会学的想像力』 95
社会関係 4-6, 23, 32-39
社会構造 39-42
社会参加・政治参加 61
社会資源 2, 161-162, 169-170, 187
『社会システム』 78, 95
社会システム 13, 97-98
　　――論 39-40, 43-44
社会指標 19, 54, 143
社会集合 59-60
社会集団 42-43
社会調査 78-83, 94-95, 107-108
社会的共通資本 10, 137
社会的事実 46, 106-107
社会的実験室 115
社会的相互作用 22-23, 44-46, 59, 66, 97-98, 132, 161
社会的ネットワーク 15, 23, 36
社会的保護 49, 54
社会統合 47, 61, 97, 147-148
社会発展 62-63
社会負担 163
社会分析 75-76
社会変動 31, 35, 62, 83, 105, 112
社会目標 3, 65-66, 170-172
社会問題志向（解決） 54, 75, 92
自由，平等，博愛 49
自由意識 100, 107, 140-143
集会施設 16, 171-172
住宅（住面積） 101, 154, 178
集団参加 144
自由と束縛 70-71
住民運動 71
手段性と表出性 186-187
出生動向 111-113, 115
出生力の向上 133-134
出生力の低下 111, 134
少子化 2, 19, 87-88, 109-115, 173-176

事項索引

——と子育て支援　i, 19, 184
少子化する高齢社会　3, 20-21, 59, 110, 135, 184-185
少子化対策　112-115, 135
　——関連事業　110
　日本政府の——　109-110
　新しい——　176-183
少子社会　130-135
消費税　50, 135
情報化　160, 167
将来人口推計　176
『職業としての政治』　90
事例分析（研究）　77, 96
人口移動　84-85
人口減少社会　174-176, 184
人口構成，人口数　10-11, 175
人口方程式　88, 120
親密な他者　102
信頼性　143
スクール・ソーシャル・ワーカー　127-128
『ストリート・コーナー・ソサエティ』　77, 92-98
スラム　93, 95
生活協力・共同防衛　58-59
生活水準　87-88, 166
生活の質（QOL）　1, 45, 54, 131-132, 166
政治　90-91, 97
制度の再検討　92
世界銀行　138
世俗化　31, 35, 84
接触，対話，相互作用　186-188
絶対的貧困　146
専業主婦　118, 172
全体社会　30-31, 66, 112
専門相談員　128-129
相違の恐怖　184-188
　——克服の3条件　187
総合地域福祉システム（自助，互助，公助，共助，商助）　20-21
相互性　36, 69-74
相互扶助　21-22
早産　112
増子化　130-131, 176-178
組織人　6, 70

ソーシャル・キャピタル　2, 42, 60-61, 107, 116-117, 137-162, 166
　——概念の有効性　137-139, 148
　——の架け橋機能　144, 147, 173
　——の結合機能　144
　——の実証研究　140
　——の指標　147-148

た行
第一次関係　5-6
待機児童ゼロ作戦　92, 109-110, 176
大衆社会　29-30
大都市の保育動向　119
第二次関係　5-7, 22, 32, 171
台北調査　18, 171
他人志向型パーソナリティ　39
地域移動　5, 23, 84
地域空間　40
地域コミュニティ税（宮崎市）　163-165
地域社会　4-25, 44, 58-63, 121-122, 149
　態度決定の——　47
地域性　9-12, 35, 40-43, 132, 159-160, 184
地域福祉　131-132
中間集団　53, 66, 70-71, 46-77
　——の衰弱・劣化　57-58
町内会　72-73
　——加入率　57
地理的条件　9
地理（空間）的範域　22, 40-41, 59-60, 161
強い個人は強いコミュニティから　98
低体重児　111-113
伝統意識　140-143
統計の収集　83
都市化　1, 19, 31, 34
都市景観問題　68
都市高齢化　1, 64
都市社会学　8, 40-47
都市的生活様式　65
土着と流動　13

な行
内閣府　109-110, 154-157
内発的発展論　41
なまの事実（記録）　75-76, 80, 93
二重規範　14

213

2015年問題　135
日常的移動　9, 44
日本人の一番大切なもの　56
日本人総数の50年半減説　174-176
人間生態学　34, 46
年少人口数・年少人口率　111, 115, 174-175

は行

配分的正義　101
PACS（連帯民事協約）　55
パットナム命題　140-143
　　――の反証　140-143
パリ調査　49-52
阪神淡路大震災　71
汎用性　78, 108
比較と判断　107
比較優位　9
一人暮らし高齢者（世帯）　70-73, 115
P&Pセーフティ・ネットワーク　46, 151
ひまわりサービス　150-151
平等・公平　154, 185-188
貧困　115, 119
福祉介護　69-73
福祉社会学　120, 130
不登校　122-123
フランス　109
　　――の少子化対策　50
フリーライダー（ただ乗り）　100, 103
文化遅滞説　80, 92
文献資料　83
粉末社会　207
分離　32, 36
　　――効果　23
平均世帯人員　55-56, 115
保育ママ　181
方向性のある会話　108
訪問面接調査　46, 83, 154
保健補導員制度（長野県）　169
ホーソン工場実験　86
北海道4市　178
ボランティア活動　167-169
　　――の特質　167-168
　　――参加条件　168-169
　　雪下ろし――　70

ま行

まちづくり基金　153
未婚率の上昇　111, 134
『ミドルタウン』　62, 77, 79-92
　　――の調査方法と資料収集　81
民業圧迫　152
無作為抽出（データ収集）　46
メモの取り方　82
持ち家　115, 154
モデル・コミュニティ事業（自治省）　8, 16
問題追求型研究　78-79

や行

『有閑階級の理論』　86
郵政民営化　11, 150-153
　　――見直し　152-154
養育力の回復　133-134
養育力の低下　126
4都市調査　24, 140-142, 182

ら行

ライフスタイル　20, 89, 112, 114, 135
利益社会　3, 32, 39
離婚　87
リーダー　66, 115, 172
両立ライフ　17, 92, 103-104, 111, 176
連帯性　15, 36, 184-185
　　――の低下　64
労働組合組織率　56-57
老若男女共生社会　110, 133
労務階層　80-81, 84, 87, 91
路頭パフォーマンス　50-52

わ行

ワークライフバランス　17, 111, 134
割れ窓理論　17
われら性　22-23

著者紹介

金子　勇（かねこ・いさむ）

　1949 年　福岡県生まれ
　1972 年　九州大学文学部卒業（社会学専攻）
　1977 年　九州大学大学院文学研究科博士課程単位取得退学
　現　在　北海道大学大学院文学研究科教授　文学博士（九州大学）
　1989 年　第 1 回日本計画行政学会賞
　1993 年　第 14 回日本都市学会賞（奥井記念賞）
　2010 年　北海道大学研究成果評価「卓越した水準にある」SS 認定（社会貢献部門）
　主　著
　『コミュニティの社会理論』アカデミア出版会 1982 年（新版 1989 年）
　『高齢化の社会設計』アカデミア出版会 1984 年
　『都市高齢社会と地域福祉』ミネルヴァ書房 1993 年
　『高齢社会・何がどう変わるか』講談社 1995 年
　『地域福祉社会学―新しい高齢社会像』ミネルヴァ書房 1997 年
　『高齢社会とあなた―福祉資源をどうつくるか』NHK出版 1998 年
　『社会学的創造力』ミネルヴァ書房 2000 年
　『都市の少子社会―世代共生をめざして』東京大学出版会 2003 年
　『少子化する高齢社会』NHK出版 2006 年
　『社会調査から見た少子高齢社会』ミネルヴァ書房 2006 年
　『格差不安時代のコミュニティ社会学』ミネルヴァ書房 2007 年
　『社会分析―方法と展望』ミネルヴァ書房 2009 年
　『吉田正一誰よりも君を愛す』ミネルヴァ書房 2010 年
　『マクロ社会学』（共著）新曜社 1993 年
　『社会学の学び方・活かし方』（共著）勁草書房 2011 年
　『高齢化と少子社会』（編著）ミネルヴァ書房 2002 年
　『社会変動と社会学』（編著）ミネルヴァ書房 2008 年
　『高齢者の生活保障』（編著）放送大学教育振興会 2011 年

　　　　　　　　　　　コミュニティの創造的探求
　　　　　　　　　　　　公共社会学の視点

初版第 1 刷発行　2011 年 3 月 15 日 ⓒ

　　　　　　著　者　金子　勇
　　　　　　発行者　塩浦　暲
　　　　　　発行所　株式会社　新曜社
　　　　　　　　　　101-0051　東京都千代田区神田神保町 2-10
　　　　　　　　　　電話（03）3264-4973(代)・FAX(03)3239-2958
　　　　　　　　　　E-mail：info@shin-yo-sha.co.jp
　　　　　　　　　　URL：http://www.shin-yo-sha.co.jp/

　　　　　　印　刷　長野印刷商工(株)　　　　Printed in Japan
　　　　　　製　本　渋谷文泉閣
　　　　　　　　　　ISBN978-4-7885-1216-0 C3036

──── 関連書から ────

金子勇・長谷川公一
マクロ社会学
社会変動と時代診断の科学　　　　　　　A5判 352頁・本体 3200円

富永健一
思想としての社会学
産業主義から社会システム理論まで　　　A5判 824頁・本体 8300円

富永健一 編
理論社会学の可能性
客観主義から主観主義まで　　　　　　　A5判 312頁・本体 4300円

佐藤健二
社会調査史のリテラシー
方法を読む社会学的想像力　　　　　　　A5判 608頁・本体 5900円

佐藤郁哉・芳賀学・山田真茂留
本を生みだす力
学術出版の組織アイデンティティ　　　　A5判 584頁・本体 4800円

宮内泰介
開発と生活戦略の民族誌
ソロモン諸島アノケロ村の自然・移住・紛争　四六判 384頁・本体 4200円

山本富美子 編著
国境を越えて
[本文編] 改訂版　留学生・日本人学生のための一般教養書
　　　　　　　　B5判 168頁 音声CD付・本体 2500円
[タスク編] 留学生・日本人学生のための日本語表現練習ノート
　　　　　　　　B5判 204頁・本体 2200円
[語彙・文法編] 中・上級留学生のための語彙・文法ノート
　　　　　　　　B5判 240頁 index CD付・本体 2900円

──── 表示価格は税抜きです ────